코리아 디스카운트
VS
코리아 프리미엄

물질적 풍요와 정신적 성숙의 조화

코리아 디스카운트
vs 코리아 프리미엄

2014년 11월 25일 초판 1쇄 인쇄
2014년 12월 1일 초판 1쇄 발행

지은이 이영환
펴낸이 김희옥
펴낸곳 동국대학교출판부

주 소 100-715 서울시 중구 필동로 1길 30
전 화 02-2260-3483~4
팩 스 02-2268-7851
Homepage http://www.dgpress.co.kr
E-mail book@dongguk.edu
출판등록 제2-163(1973. 6. 28)
편집디자인 나라연
인쇄처 (주)타라티피에스

ISBN 978-89-7801-429-8 03300

값 15,000원

● 이 책의 무단 전재나 복제 행위는 저작권법 제98조에 따라 처벌받게 됩니다.

코리아
beyond the Korea Discount
디스카운트

물질적 풍요와 정신적 성숙의 조화

이영환 지음

VS 코리아
toward the Korea Premium
프리미엄

동국대학교출판부

머리말

코리아 디스카운트를 넘어 코리아 프리미엄으로

한국은 2차 세계대전 이후 식민지에서 독립한 나라들 가운데 민주화와 경제발전을 동시에 달성한 유일한 나라다. 이 사실 하나만으로도 한국은 세계의 모든 나라들로부터 존중을 받을 만하다. 또 한국은 1997년 외환위기를 잘 극복했으며, 2008년 금융위기를 가장 먼저 극복한 나라로 다른 나라들로부터 찬사를 받았다. 최근 한국은 GDP, 무역규모 그리고 시가총액과 같은 거시 경제지표의 관점에서 세계 10대 경제 규모를 달성한 나라가 되었다. 이 모든 업적을 남북분단이라는 불리한 상황에서 달성했으므로 한국은 국제적으로 존중받을 자격이 충분하다. 그 외에도 1988년 서울올림픽을, 2002년에는 일본과 공동으로 월드컵을 개최했으며, 2010년 G20 정상회담의 의장국가였다. 나아가 몇 년 전부터는 이른바 한류가 전 세계 젊은이들 사이에 대단한 인기를 누리고 있다는 점도 우리의 높아진 문화적 위상을 대변한다.

그렇지만 외국의 지식인들 대부분은 아직도 한국을 동북아시아의 변방에 있는 조그만 나라로 인식하고 있는 것 또한 사실이다. 그리고 적지 않은 외국인들은 한국과 북한을 혼동하고 있다. 이들은 한국 제품인 스마트폰, 고화질 TV 그리고 자동차 등을 사용하고 있으면서도 이것들이 한국 기업의 제품임을 모르고 있다. 그 주된 원인은 한국 정부와 기업들이 한국을 제대로 알리려는 의지가 없어 별다른 노력을 기울이지 않았기 때문이라고 할 수 있다. 그리고 이렇게 행동하는 배경에는 우리가 스스로를 폄하해 왔던 오랜 역사적·문화적 전통이 존재한다.

1997년 외환위기 이후 한국의 자본시장이 본격적으로 개방되자 외국인 투자자들은 한국 주식에 관심을 갖고 적극적으로 투자하기 시작했다. 그 후 한국의 자본시장을 대변하는 용어로서 외국인 투자자들이 즐겨 사용하는 용어가 바로 '코리아 디스카운트'다. 표면적으로 한국의 주식 가치가 저평가되는 현상을 이르는 코리아 디스카운트는, 이들의 주장에 의하면 남북 간의 대립이나 지나친 수출의존형 경제구조 때문이 아니라 재벌들의 반사회적 행위와 열악한 지배구조로 인한 것이라고 한다. 일각에서는 과거에는 그랬으나 지금은 아시아의 다른 나라들 주식에 비해 한국의 주식이 더 이상 저평가되지 않는다고 주장하기도 한다. 그렇지만 필자 생각에 코리아 디스카운트는 여전히 진행되고 있으며, 이 점에서 외국인 투자자들의 지적은 전적으로 옳다.

그런데 더 이상 간과할 수 없이 중요한 것은 코리아 디스카운트가 주식과 같은 금융상품에 국한된 게 아니라 한국의 거의 모든 분야에 해당되는 현상이 되었다는 사실이다. 그리고 그 배경에는 한국의 정체성 문제가 자리 잡고 있음을 주지하고 싶다. 외국인들은 한국의 정체성에 대해 거의 아는 것이 없다. 그 이유는 우리 스스로가 우리 정체성에 대해 확신이 없기 때문이다. 그래서 외국인들에게 우리의 정체성을 알리는 데 실패했기 때문이다. 그들에게 한국은 중국과 일본 사이에 끼어 있는, 정체성이 모호한 나라일 뿐이다. 이런 상황에서 그들이 한국의 잠재력을 제대로 평가해 주기를 기대하는 것도 어불성설이다. 우리 스스로 정체성을 확인해야 할 것이다.

우리 정체성에 관련한 한 예로 한국의 고대사에 관해, 현재 한국사회에는 극단적으로 대립하는 두 가지 견해가 공존한다. 주류 사학계는 단군신화를 문자 그대로 신화에 불과하다고 보는데, 고조선은 북방에 위치한 조그만 부족국가로 그 역사는 아무리 소급해도 기원전 15세기를 넘을 수 없으며 기원전 2세기 중국의 한나라에 의해 멸망당했다고 본다. 반면 재야 사학계와 일부 강단사학자들은 단군신화가 단순히 신화가 아니라 신화의 형식을 빌려 우리 고대사의 핵심 메시지를 전해 주는 것이라고 본다. 고조선은 단군신화에서 말하듯이 기원전 24세기에 건국되었으며, 높은 수준의 문화를 가진 고대국가로 고대 중국과 중원의 패권을 놓고 다투었던 막강한 국가였다고 본다. 다름 아닌 우리의 역사에 대해 이렇게 상반된 주장이 대립하는 한 외국인들에게 우리 정체성을 제대로 주장할 수 없다. 이에 대해서는 정부와 학계 모두 책임을 면하기 어렵다.

한국은 오랫동안 빈곤한 나라였다. 그러다가 1960년대 경제개발이 추진된 이후 비로소 경제적 빈곤에서 해방될 수 있었다. 오늘날 많은 사람들이 물질적 풍요를 즐길 수 있을 정도로 경제발전을 이룩한 것이 사실이지만, 동시에 한국경제가 거의 완벽하게 재벌에 의해 장악되었다는 것 또한 부인할 수 없다. 소수의 재벌로 경제력이 지나치게 집중한 것은 어떤 의미에서든 한국의 잠재력을 약화시키는 요인이다. 외국인들은 코리아 디스카운트의 근본 원인으로 이 점을 특별히 강조한 것이다. 한 걸음 더 나아가 필자는 재벌로의 경제력 집중은 단순히 한국경제가 저평가되도록 만드는 요인에 그치는 것이 아니라, 한국사회 전체가 저평가되고 궁극적으로는 한국의 선진사회로의 진입을 가로막는 장애 요인이 된다고 생각한다. 특히 한국사회에 물질만능주의가 팽배하게 된 데는 재벌의 책임이 크며, 이로 인한 여러 가지 부작용이 우리의 의식 상승을 가로막고 있다. 이런 상태에서는 코리아 디스카운트를 극복하고 코리아 프리미엄을 실현하는 것이 사실상 불가능하다.

물질적 풍요 자체는 한국사회가 선진사회로 진입하는 데 긍정적인 역할을 할 것이다. 나아가 이와 함께 정신적 성숙이 이루어져 양자 간에 조화를 이룬다면 물질만능주의가 사회 전반으로 확산되는 것을 막을 수 있다. 그러나 현재 한국의 상황은 정반대다. 지나친 물질만능주의가 사회 전반에 확산되어 있으며, 이로 인해 정신적 가치는 폄하되고 있다. 한마디로 물질적 풍요가 정신적 성숙을 방해하고 있다. 이런 상태가 지속된다면 우리는 결코 코리아 디스카운트를 극복할 수 없다. 이런 의미에서 물질적 풍요와 정신적 성숙 간의 조화가 절실하게 필요하다.

최근 정부는 재벌개혁을 통해 경제민주화를 달성하는 것을 주요 정책으로 제시했다. 그러나 이것은 본말이 전도된 발상이다. 지금의 막강한 재벌은 과거 역대 정부가 모든 정책을 동원해 집중적으로 지원해 준 결과다. 따라서 정부는 재벌을 비난할 입장에 있지 않다. 오히려 정부는 경제민주화라는 관점에서 재벌과 함께 국민들에게 사죄해야 하는 입장에 있다. 이들이 공동으로 국민들에게 사죄하고 진정 경제민주화를 달성하는 방안을 모색한다면 코리아 디스카운트를 극복하고, 더불어 코리아 프리미엄을 실현할 가능성이 열릴 것이다. 이를 위해서는 무엇보다도 한국사회에서 파워엘리트들의 의식 수준이 상승해야 한다. 과거의 의식 수준으로는 이런 변화를 기대하기 어렵다. 이들의 의식 수준이 상승하고 이를 바탕으로 국민들의 의식 수준이 전반적으로 상승할 때 비로소 물질적 풍요와 정신적 성숙 간의 조화를 달성할 수 있다. 필자는 이것이 코리아 프리미엄을 실현할 수 있는 최선의 방법이라고 생각한다.

2014년 11월
이영환

차례

머리말 • 005

1부 코리아 프리미엄과 한국인의 의식 수준

1장 기로에 선 대한민국 ·············· 017
1. 코리아 프리미엄은 가능한가? ············ 017
   1) 코리아 디스카운트 vs 코리아 프리미엄 / 017
   2) 코리아 디스카운트의 본질 / 024
   3) 코리아 디스카운트와 한국인의 결함 / 031
   4) 코리아 프리미엄과 한국인의 업적 / 036

2. 코리아 프리미엄의 장애 요인 ············ 040
   1) 가족주의 / 042
   2) 형식주의 / 046
   3) 군집행동 / 051
   4) 역사의식의 부재 / 056

3. 이성의 시대를 준비하며 ············ 063

2장 코리아 프리미엄과 문화·규범 및 의식 ·············069

1. 코리아 프리미엄과 문화적 전통·규범·············069
1) 문화적 전통과 관습의 역할 / 069
2) 사회규범의 역할 / 073

2. 코리아 프리미엄과 한국인의 특성 ·····················077
1) 조급함과 불안감 / 077
2) 소심함과 두려움 / 083
3) 시기심과 경합 / 086

3장 코리아 프리미엄과 이성·감성 및 교육의 역할 ······091

1. 코리아 프리미엄과 이성·감성적 측면·····················091
1) 한국인의 이성적 측면 / 091
2) 한국인의 감성적 측면 / 099

2. 코리아 프리미엄과 교육의 역할 ·····················103
1) 알파와 오메가로서 교육 / 103
2) 교육열의 한계 / 106
3) 교육 내용의 중요성 / 111

2부 코리아 디스카운트와 한국경제

4장 외환위기 전·후 한국경제의 특징 ·················· 121

    1. 경제개발계획 이전 한국경제의 특징 ·················· 121
        1) 한국경제의 경로의존성 / 121
        2) 기업가정신의 부재 / 125

    2. 경제개발계획 이후 한국경제의 특징 ·················· 130
        1) 경제개발계획의 개관 / 130
        2) 경제개발의 양면성 / 141

    3. 외환위기와 한국경제의 구조 변화 ·················· 148
        1) 외환위기의 원인에 대한 회고 / 148
        2) 외환위기 이후의 구조 변화 / 154

5장 코리아 디스카운트와 재벌 ·················· 159

    1. 재벌의 역사적 배경 ·················· 159
        1) 재벌의 탄생과 진화 / 159
        2) 정부와 재벌의 담합 / 164

    2. 코리아 디스카운트와 재벌의 지배 ·················· 176
        1) 4대 재벌의 경제력 개관 / 176

2) 삼성그룹의 압도적 위상 / 187

6장 코리아 디스카운트와 증권시장 ································· 203

1. 증권시장의 역사적 개관 ································· 203
1) 증권시장의 역할 변화 / 206
2) 증권시장과 환율의 역할 / 216
3) 증권시장에서 삼성전자의 위상 / 220
4) 코리아 디스카운트와 증권시장의 과제 / 224

2. 코리아 디스카운트와 파생상품시장 ································· 231
1) 파생상품시장의 도입 / 231
2) 파생상품시장의 현황 / 232

3. 코리아 디스카운트와 재벌의 반사회적 행위 ································· 239
1) 재벌과 증권시장 / 239
2) 지배와 소유의 불일치 / 242

4. 코리아 디스카운트와 금융주권 ································· 252

7장 코리아 프리미엄의 과제 ································· 261

1. 코리아 프리미엄과 물질·정신의 조화 ································· 261
1) 물질적 풍요와 정신적 성숙의 조화 / 261

2) 물질적 풍요의 이중적 측면 / 265
　　3) 조화와 균형의 회복 / 268

2. 코리아 디스카운트와 한국사회의 현주소····················273
　　1) 한국사회의 가치체계 / 273
　　2) 사례로 본 한국사회의 현황 / 277

3. 코리아 디스카운트를 넘어 코리아 프리미엄으로 ·········288

참고문헌 • 293

코리아 프리미엄과

1부

한국인의 의식 수준

1장_ 기로에 선 대한민국

1. 코리아 프리미엄은 가능한가?

1) 코리아 디스카운트 vs 코리아 프리미엄

　최근 국제사회에서 한국에 대한 평가는 크게 둘로 나뉜다. 하나는 세계 10위권의 경제 규모를 자랑하는 경제강국이자 OECD 회원국으로서 여러 면에서 이미 선진국의 대열에 진입했다고 보는 것이다. 다른 하나는 분단된 국가로서 전쟁의 위험에 노출되어 있으며, 글로벌 시장에서 두각을 나타내고 있는 몇몇 기업들을 보유하고 있지만, 여전히 미래 전망이 불투명하다는 것이다. 전자는 괄목할 만한 한국의 경제발전에 초점을 맞추고 있는 반면, 후자는 한국의 잠재력에 대한 의구심에 근거하고 있는 것으로 보인다. 글로벌 시대라는 큰 흐름을 무시하거나 이에 역행하는 것은 개인적으로나 국가적으로 현명한 전략이 아니다. 이런 의미에서 스스로를 평가하기에 앞서 국제사회의 평가를 진지하게 검토할 필요가 있다. 그 목적이 한국사회의 진정한 선진화에 있다면 이것은 결코 사대주의적인 태도가 아니다.

많은 외국인들은 한반도가 지금도 남과 북으로 분단되어 있다는 것을 잘 알고 있다. 또한 한국은 1988년 단독으로 하계올림픽을 주최했으며 2002년에는 일본과 공동으로 월드컵을 주최했음에도 불구하고 많은 외국인들이 종종 남과 북을 혼동하고 있는 것도 사실이다. 이것은 외국인들에게 여전히 한국의 정체성identity이 문제가 되고 있다는 명백한 증거다. 한국의 정체성 문제는 곧 한국인의 정체성 문제를 의미한다.[1] 오랫동안 한반도라는 제한된 공간에서 삶을 공유해 온 한국인에게 정체성이 무엇이냐고 물었을 경우 과연 얼마나 많은 사람들이 당당하게 자신의 정체성을 주장할 수 있을지 의문이다. 달리 말해 한국인으로 살아가는 것이 자랑스러운지 물었을 경우 긍정적으로 대답하는 사람들이 얼마나 될지 궁금하다.

한 국가의 정체성은 개인의 정체성의 총화總和다. 따라서 개인의 정체성을 확인하기 어려운 경우에는 국가의 정체성을 통해 간접적으로 개인의 정체성을 확인할 수 있다. 부분의 특성을 모두 알면 전체의 특성을 알 수 있다는 것이 과학적 환원주의의 기본 시각이다. 그런데 사회현상의 경우에는 반대 논리가 가능하다. 즉, 전체의 특성을 알면 부분의 특성을 이해할 수 있다. 이런 의미에서 2차 세계대전 종전 직후 시작된 냉전체제의 첫 번째 피해자가 된 지 70년이 가까워 오는 현 시점에서 한국은

---

[1] 한국과 한국인에 대해 우호적인 미국인인 이만열(임마누엘 페스트라이쉬)은 『한국인만 모르는 다른 대한민국』(2013)에서 한국의 정체성에 대해 의문을 제기했다. 그는 중국이나 일본과는 달리 한국의 정체성으로 내세울 만한 것이 없다는 점을 지적하고 있다. 필자도 그의 주장에 동의한다. 우리는 외국인들에게 한국의 정체성을 알리는 데 실패했다. 우리 스스로 정체성에 대한 확신이 없으므로 외국인들이 한국의 정체성에 대해 의문을 제기하는 것은 당연하다.

세계사적 관점에서 어디에 위치해 있는지 냉정하게 생각해 볼 필요가 있다. 왜냐하면 한국은 현재 세계사의 변방에서 중심으로 나아갈 수 있는 중대한 기로에 있기 때문이다. 지금의 대내외적인 상황을 제대로 이해하지 못하면 선진국의 초입에서 좌초할 위험을 안고 있는 반면, 냉정하고 객관적으로 우리 자신을 돌아본다면 향후 세계사의 전개 과정에서 중요한 역할을 할 수 있다. 이런 의미에서 한국은 지금 기로에 있는 것이다. 따라서 이제는 편협한 민족주의적 관점이 아니라 세계사적 관점에서 한국의 정체성과 이를 뒷받침하는 한국인의 정체성이 무엇인지 진지하게 고민해야 한다.

한국의 오랜 역사에서 지금처럼 물질적으로 풍요로웠던 시대는 없었다. 이것은 지난 50여 년간 대기업을 중심으로 수출을 통한 경제발전이라는 목표를 달성하기 위해 국가적인 차원에서 모든 자원을 투입해 이룩한 결과다. 역대 정부는 정경유착이라는 비난에도 불구하고 대기업 중심의 경제발전을 통한 선진국 진입이라는 단순한 국가경영 전략을 유지해 왔다. 그리고 이 과정에서 발생한 모든 경제적·사회적·문화적 갈등은 사실상 억압되거나 무시되어 왔다. 이것이 경제발전이라는 물질적 풍요를 위해 지금까지 지불한 사회적 비용이다. 그런데 이제는 이 비용이 지나치게 과도해 경제발전 자체를 위태롭게 하고 있다. 이 세상에 공짜는 없다는 것은 불변의 진리다. 이런 관점에서 한국의 미래에 가장 큰 장애 요인은 무엇인지 깊이 생각해 볼 필요가 있다.

오랫동안 한국의 근대화 과정을 지켜본 사람으로서 필자는 경제발전과 민주화의 동시 달성이라는 세계적으로 전례가 없는 업적에도 불구하고 한국의 미래는 결코 낙관할 수 없다고 생각한다.[2] 왜냐하면 이런 업적을 달성하는 과정에서 도덕적·문화적 가치를 경시함으로써 우리의 잠재력을 크게 약화시켰기 때문이다. 우리는 물질적 풍요의 대가로 도덕적·문화적 빈곤이라는 사회적 비용을 지불한 셈이다. 그런데 도덕적·문화적 측면은 모두 인간의 정신 작용, 즉 의식 수준의 반영이므로 모든 것은 물질적 풍요와 의식 수준의 저하라는 대극對極적인 현상으로 귀착된다. 따라서 여기서는 물질과 의식이라는 대극의 관점에서 한국의 문제를 다루고자 한다.[3] 이것이 필자가 한국의 미래를 바라보는 기본 시각이다.

1962년 경제개발 5개년계획이 본격적으로 추진된 이래 역대 정부는 북한과의 체제 경쟁에서 우위를 보여주어야 함과 동시에 정권의 정통성

---

[2] 미래학자 최윤식은 『2030 대담한 미래』(2013)에서 각종 자료를 바탕으로 한국의 미래에 대해 매우 우울한 전망을 제시하고 있다. 그는 과거 '일본의 잃어버린 10년'보다 더 암울한 '한국의 잃어버린 10년'이 도래할 가능성을 강력하게 경고하고 있다. 그가 설득력 있게 제시하고 있듯이 출산율 저하, 인구고령화, 넛크래커nut-cracker 현상, 중앙정부와 지방정부 및 민간부문의 과도한 부채, 부동산 거품의 붕괴, 그리고 한국 대표기업인 삼성전자의 몰락 등 한국경제에 치명적인 사건들이 동시다발적으로 벌어진다면 한국의 미래는 암울할 수밖에 없다. 필자는 그의 예측에 공감하면서도 지나치게 물질적인 측면에만 초점을 맞춘 데는 동의하지 않는다. 한국의 미래를 불안하게 만드는 것으로는 경제적 요인만이 아니라 문화적·정신적 요인도 있기 때문이다. 지금은 문화적·정신적 요인이 기업 경영 및 국가 경영에 큰 장애 요인이 되고 있는 실정이다. 우리 사회에 만연한 도덕적 해이는 이것과 밀접하게 관련되어 있다. 그리고 최근에 발생한 비극적인 세월호 사건은 도덕적 해이가 얼마나 위태로운 현상인지 보여주었다. 따라서 우리에게 필요한 것은 경제적 번영을 뒷받침하는 문화적·정신적 성숙이다. 그리고 이를 위해서는 우리의 의식 수준이 전반적으로 상승해야 한다. 왜냐하면 사회 모든 분야에서 합리적인 시스템을 구축하기 위해서는 전반적인 의식 수준이 상승해야 하기 때문이다. 이런 변화가 가능하다면 앞으로 닥칠지 모르는 어려움을 극복할 수 있다.

[3] 이것은 분석심리학의 창시자인 칼 융Carl G. Jung이 제시했던 대극반전과 대극합일의 개념을 한국의 현재 상황과 미래 전망을 논하는 데 적용하려는 것을 의미한다.

을 확보하기 위해 수입대체와 수출촉진정책을 근간으로 경제발전을 추구해 왔다. 그리고 이 기조는 지금까지도 근본적으로 변하지 않고 있다. 경제개발 초기부터 정부는 금융자원을 비롯한 각종 자원에 대한 완벽한 통제권을 바탕으로 대기업을 통제하고 지원했는데, 재벌은 이런 정책의 산물이다. 정치인과 기술관료로 대변되는 정부와 기업집단으로서의 재벌, 이 두 주체는 한국의 물질적 풍요와 의식 수준의 저하라는 대극적인 결과를 초래한 장본인들이다. 이들은 물질적 풍요를 달성하기 위해 최선을 다했을 뿐, 의식 수준의 저하에 대한 책임은 부당하다고 항변할지 모른다. 그러나 이것은 무책임한 변명에 불과하다.

때로는 자연현상에서 발견한 원리를 사회현상에도 적용할 수 있다. 빛의 예를 들어 보자. 오랜 논쟁 끝에 빛의 이중성二重性, 즉 빛은 입자임과 동시에 파동이라는 것이 입증되었다. 빛의 입자로서의 특성에 초점을 맞추면 파동의 성질은 사라지며, 파동으로서의 특성에 초점을 맞추면 입자로서의 성질은 사라진다. 그렇지만 이 두 가지 성질은 모두 빛의 고유한 특성의 일부일 뿐이다. 따라서 빛의 성질을 제대로 이해하려면 이 두 가지 특성을 함께 고려해야 한다. 이 원리를 인간과 사회에 적용하면 다음과 같이 말할 수 있다. 물질적 가치를 지나치게 강조하면 정신적 가치를 경시하게 되어 의식 수준이 낮아진다. 반면 정신적 가치를 지나치게 강조하면 물질적 가치는 사소한 것으로 간주되어 빈곤을 극복하기 어렵게 된다.

조선시대를 비롯해 과거 한국사회에서는 유교원리를 추종했기에 물질적 가치가 지나치게 경시되었던 반면, 오늘날 한국사회에서는 물질만능주의에 사로잡혀 정신적 가치가 철저하게 무시되고 있다. 물질적 가치만을 중시하는 경제제일주의 자체가 의식 수준을 낮추는 데 일조했던 것이다. 정부와 재벌 그리고 사회지도층에 속하는 대부분의 사람들이 이 점을 중시하지 않았고, 그래서 지금 대가를 치르고 있는 것이다. 이런 이유로 이 논의에서 재벌의 행태가 핵심적인 쟁점이 될 수밖에 없다. 재벌은 물질만능주의를 상징하기 때문이다. 정부는 권력을 장악한 특정 정치 세력과 이들의 정책을 수행하는 기술관료들로 대변되는데, 선거를 통해 주기적으로 그 핵심 세력이 변해 왔다. 반면 재벌은 가족 중심의 소유와 경영 및 상속을 통해 그 정체성을 그대로 유지해 왔다. 나아가 경제개발 초기와는 달리 재벌이 정치권력에 영향력을 행사할 정도로 엄청난 경제력을 과시하고 있다. 그래서 한국사회에서 대부분의 쟁점들은 재벌과 연관되어 있다.

하부구조가 상부구조를 결정한다는 유물론적인 도식을 그대로 인정하지 않더라도 정신 활동에 물질적 기반이 중요하다는 사실은 부인할 수 없다. 지금까지 인류 역사에서 찬란한 문명을 꽃피웠던 나라들은 모두 당대의 다른 나라들에 비해 물질적으로 풍요로웠기에 이를 기반으로 독자적인 문명과 문화를 형성할 수 있었다. 그러나 여기서 간과해서는 안 되는 사실은 높은 수준의 문화를 가능케 했던 정신적 성숙 내지 의식 수준이 뒷받침되지 않은 경우 물질적 풍요는 오래 지속되지 않았다는 점이다. 이것은 고대부터 근대에 이르기까지 모든 문명에 해당된다. 이런 관점에서 우리는 물질적 풍요를 달성하는 과정에서 의식 수준의 하락이라는 대가를 지불했던 것의 의미를 깊이 생각해야 한다. 왜냐하면 한국사회에서 오랫동안 지속되고 있는 물질적 풍요와 정신적 성숙의 불균형이 한국과 한국인이 국제사회에서 높게 평가받지 못하게 하는 근본 원인이기 때문이다. 코리아 프리미엄Korea premium의 가능성 또한 이 문제의 해결 여부에 달려 있다.

개인이든 기업이든 자신이 이룩한 것에 상응하는 가치를 인정받고 싶어 하며 이것은 국가도 마찬가지다. 나아가 미래의 잠재력까지 인정받을 수 있다면 가치평가에 적절한 프리미엄이 반영될 것이다. 어떤 기업이 미래의 성장 잠재력을 인정받는다면 그 기업은 시장에서 내재가치intrinsic value 이상으로 평가받을 수 있다. 이것이 그 기업의 프리미엄이다. 과거 미국의 마이크로소프트나 현재의 애플이 이런 기업에 해당한다. 반면 이런저런 이유로 내재가치에 비해 낮게 평가되고 있다면 그 기업은 시장에서 할인, 즉 디스카운트되고 있는 것이다. 개인이나 기업 나아가 국가도 상황에 따라 프리미엄을 받을 수도 있고 디스카운트될 수도 있다. 따라서 한국이 국제사회에서 지금까지 이룩한 업적 이상 높게 평가받으려면 잠재력을 입증해야 한다. 이것이 코리아 프리미엄을 위해 해결해야 할 근본 과제다.

그러면 지금까지 이룩한 물질적 풍요를 유지하면서 그동안 무시되었던 정신적·문화적 가치를 회복해 이들 간의 조화를 달성할 수 있는가? 이것은 중요한 질문이다. 왜냐하면 이런 조화를 달성하지 못한다면 우리의 잠재력을 실현하기 어렵기 때문이다. 이 과제를 풀어 나가는 방법은 크게 두 가지다. 하나는 과거 우리의 역사와 문화적 전통으로부터 보편적인 가치를 갖는 긍정적인 요소들을 발굴한 후 이를 바탕으로 정신적·문화적으로 성숙한 사회를 만드는 것이다.[4] 둘째는 물질적 풍요 속

---

4 이만열(2013)은 이런 관점에서 우리의 전통문화 속에 코리아 프리미엄을 구현하는 데 기여할 수 있는 요소들이 다수 존재한다고 주장했다. 예를 들면 홍익인간사상, 선비정신, 주자학 전통, 예

에서 정신적·문화적 가치를 폄하하게 만들었던 부정적인 요인들을 제거함으로써 코리아 디스카운트Korea discount를 극복하는 것이다. 한국인들 모두가 공유하는 가치체계가 존재하지 않는 현 시점에서 한국의 잠재력을 실현하기 위한 효과적인 방법은 한국의 장점을 강조해 막연한 낙관론을 심어 주기보다는 한국의 단점을 철저하게 분석해 분발하도록 만드는 것이다. 그래서 이를 바탕으로 코리아 디스카운트를 극복할 수 있다면 코리아 프리미엄을 달성하는 길은 자연스럽게 열릴 것이다. 코리아 디스카운트의 극복이 곧 코리아 프리미엄의 실현을 의미하는 것은 아니지만 여기서는 '코리아 디스카운트의 극복=코리아 프리미엄의 실현'이라는 단순한 논리에 입각해 논의할 것이다. 이것이 일차적으로 코리아 디스카운트의 극복에 초점을 맞추는 이유다.

2) 코리아 디스카운트의 본질

코리아 디스카운트라는 용어는 1997년 외환위기 이후 한국 자본시장에 본격적으로 진출한 외국투자자들이 사용하기 시작했다. 당시 국제통화기금IMF이 구제금융을 제공하면서 요구했던 여러 조건들 중 하나가 자본시장을 개방하고 환율은 외환시장에서 자유롭게 결정되도록 하는 것이었다. 이를 계기로 외국투자자들에게 우호적인 투자 환경이 조성되었으며 그들은 선진적인 투자기법을 이용해 적극적으로 한국 증권시장

학禮學, 사랑방 전통 등 온고지신溫故知新을 통해 글로벌 시대에 모든 나라에 적용될 수 있는 가치들이 우리 전통문화 속에 숨어 있다고 강조한다. 그는 우리가 이 명백한 사실을 모르고 있을 뿐이라고 안타까워한다. 필자 또한 기본적으로 그의 주장에 공감한다. 그렇지만 방법론적으로 볼 때 보다 근본적인 변화를 위해서는 우리의 고질적인 취약점들을 먼저 치유하는 것이 바람직하다.

의 블루칩에 투자하기 시작했다. 블루칩은 삼성전자를 비롯해 증권시장의 우량주를 말한다. 그 덕택에 한국 증권시장은 거의 모든 면에서 한 단계 업그레이드되었다. 이와 동시에 그들은 한국 주식의 가치를 높게 평가할 수 없다는 견해를 공개적으로 밝히기 시작했다. 그들의 입장을 한마디로 대변하는 용어가 바로 코리아 디스카운트다. 즉, 한국 주식은 할증은 고사하고 할인된 가격에 거래될 수밖에 없다는 것이었다. 그들은 주식과 같은 위험자산의 가치평가와 관련해 우월한 지식을 갖고 있었기에 누구도 그들의 주장을 체계적으로 반박하지 못한 가운데 코리아 디스카운트는 한국 증권시장을 상징하는 공식적인 용어로 자리 잡았다.

그들의 주장에는 나름 근거가 있다. 비록 코리아 디스카운트라는 용어가 모욕적이더라도 우리는 이성적으로 판단하고 이에 대처해야 한다. 우선 우리는 코리아 디스카운트의 문제를 제기한 그들의 의도를 제대로 이해해야 한다. 나아가 그들이 제기한 것 이상으로 코리아 디스카운트의 문제를 여러 각도에서 분석할 필요가 있다. 그래서 이를 바탕으로 우리의 취약점들을 극복할 수 있다면 코리아 프리미엄을 구현하는 데 크게 기여할 것이다. 이런 관점에서 필자는 '협의俠義의 코리아 디스카운트'와 '광의廣義의 코리아 디스카운트'를 구분해 논의하고자 한다.

협의의 코리아 디스카운트

협의의 코리아 디스카운트는 외국인들이 사용한 원래 의미의 코리아 디스카운트에 해당한다. 이것은 기본적으로 한국 증권시장에 상장된 주식들이 내재가치에 비해 저평가된 현상을 의미한다. 같은 맥락에서 이것을 한국 상품이 글로벌 시장에서 품질에 비해 상대적으로 낮은 가격에 거래되는 것으로 확대 해석할 수 있다. 그렇지만 원래 의미는 어디까지나 한국 주식의 저평가와 밀접하게 관련되어 있다. 국내투자자들은 한국 주식이 아시아 다른 나라의 주식에 비해 저평가되었다는 점을 꾸준히 지적해 왔다. 협의의 코리아 디스카운트는 한국 증권시장의 대표적인 종합주가지수인 코스피KOSPI가 아시아의 다른 지수들에 비해 현저하게 낮은 주가이익비율PER을 보였다는 자료에 의해 확인되었다.[5]

많은 한국인들은 북한으로부터의 끊임없는 위협, 지나치게 수출 의존적인 경제구조 등을 코리아 디스카운트의 주요 원인으로 이해하고 있다. 그렇지만 한국인들과는 달리, 대부분의 외국투자자들은 취약한 기업 지배구조와 재벌 계열사인 대기업들에 의한 반사회적인 터널링tunneling과 프랍핑propping을 코리아 디스카운트의 주요 원인으로 지적해 왔다.[6] 간단히 말해 터널링은 일감 몰아 주기,[7] 프랍핑은 부실 계열사 지

---

[5] 세계적인 명성을 가진 영국 잡지 『이코노미스트The Economist』에 의하면 2012년 기준으로 일본의 니케이Nikkei225 지수는 주가이익비율price-earning ratio이 20으로 가장 높았고, 인도의 주가지수BSE는 주가이익비율이 15 정도로 두 번째로 높았으며, 타이완의 주가지수TWI는 14 정도였다. 그밖에 아시아의 다른 나라들-필리핀, 싱가포르 및 인도네시아-도 한국보다 높은 주가이익비율을 보였다. 당시 한국의 주가이익비율은 다른 나라들보다 훨씬 낮은 10 정도였다. 자세한 내용은 2012년 2월 11일자 『이코노미스트』를 참조하라. 여기서 새삼 과거 기사를 인용한 이유는 외국인들은 한국의 주식이 저평가될 수밖에 없다는 확고한 신념을 가지고 있다는 점을 강조하기 위해서다. 진짜 문제는 이런 추세가 지금도 그대로 유지되고 있다는 점이다.

[6] 코리아 디스카운트의 원인들로는 북한 존재로 인한 불안정, 수출 중심의 경제구조 등이 지적될 수 있다. 그렇지만 코리아 디스카운트의 가장 주된 원인으로는 한국경제를 지배하는 가족 중심의 재벌 계열사들의 취약한 지배구조를 지적하지 않을 수 없다. 자손들에게 경영권을 승계하려 하고, 세금을 포탈하며 재벌총수와 그 일가의 이익을 위해 기업가치를 떨어뜨리는 의사결정을 하는 등 여러 가지 비도덕적인 관행이 사라지지 않고 있다. 외국투자자들은 재벌총수들이 저지르는 이런 반사회적인 행위가 코리아 디스카운트의 주요 원천이라고 주장해 왔다. 이와 관련된 상세한 내용은 2012년 2월 11일 『이코노미스트』에서 확인할 수 있다.

[7] 정확하게 말해 터널링은 지배주주가 의결권과 이익청구권의 차이를 이용해 자신의 이익청구권이

원에 해당한다. 그들의 주장에 의하면 재벌이 코리아 디스카운트의 궁극적인 원천인 셈이다.

외국인들은 1992년부터 한국 주식에 직접 투자할 수 있게 되었음에도 불구하고 처음에는 관심이 없었으나 1997년 외환위기 이후 돌변했다. 그 이유는 IMF가 제시한 구제금융의 전제조건들로 인해 한국의 투자 여건이 그들에게 유리하게 변했기 때문이다. 그들은 선진투자기법으로 무장한 가운데 막대한 자금을 한국 주식에 투자하기 시작했다. 그 후 한국 증권시장의 시가총액에서 외국투자자들이 차지하는 비중이 30% 이하로 내려간 적이 거의 없었다. 이것은 한국 증권시장이 외국인들에게 매력적인 투자처가 되었다는 명백한 증거다.[8] 이런 상황에서 코리아 디스카운트의 문제는 많은 외국투자자들의 주목을 받게 되었다.

코리아 디스카운트와 관련해 한 가지 더 언급할 것은 환율의 역할이다. 1962년 경제개발 5개년계획이 추진된 이래 한국정부는 수출을 장려하기 위해 인위적으로 고환율을 유지해 왔다. 고환율은 한국의 통화인 원화의 가치가 미국의 달러화나 일본의 엔화에 비해 상대적으로 낮게 유지되는 것을 의미한다. 이런 환율정책은 수출에 크게 의존했던 과거에는 어느 정도 타당성이 있었으나 국내시장의 안정이 중요해진 현 시점에서는 더 이상 그렇지 않다. 더욱이 고환율은 외국투자자들에게 한

낮은 계열사로부터 이익청구권이 높은 계열사로 부를 이전함으로써 자신의 이익을 극대화하는 행위를 말한다. 이런 행위는 대부분 부당 내부거래로 이루어지는데, 일감 몰아주기는 그 대표적인 사례에 해당한다. 이에 대한 상세한 논의는 박상인의 『벌거벗은 재벌님』(2012)을 참고하라.

8 1997년 외환위기 이후 유가증권시장에서 그들의 지분율은 1998년에는 18.23%, 1999년에는 21.39%로 일시적으로 30% 미만으로 하락한 적이 있었으나 2000년에는 30.24%로 상승했다. 그리고 그들의 지분율은 2008년 리먼 브라더스가 파산한 이후 28.74%로 하락했으나 2013년에는 다시 35.23%로 상승했다.

국 주식을 저렴하게 살 수 있는 기회를 제공했다는 의미에서 우리 스스로 금융자산을 헐값에 그들에게 넘긴 셈이다. 그리고 경제 규모에 비해 한국의 외환시장은 상대적으로 작기 때문에 아시아의 다른 나라들보다 환율의 변동성이 컸으며, 이것이 협의의 코리아 디스카운트의 또 다른 원천으로 작용해 왔다. 국민경제를 대표하는 가격으로서 환율의 중요성은 아무리 강조해도 지나치지 않다. 이런 문제의식이 코리아 디스카운트에 관한 논의의 출발점이다.

광의의 코리아 디스카운트

지난 50년간 한국에서 일어난 역동적인 변화를 지켜본 사람으로서 필자는 코리아 디스카운트의 문제를 제기한 외국투자자들에게 감사하고 있다. 그 이유는 우리가 그동안 성취한 것들을 되돌아 봄으로써 우리의 약점을 강점으로 전환하는 계기를 마련할 수 있기 때문이다. 가끔 타이밍이 원대한 계획의 성과를 결정하는 핵심적인 요인이 될 수 있다. 지금이 잠재력의 관점에서 한국의 미래에 관해 생각해 볼 적절한 타이밍이다. 앞에서 언급한 협의의 코리아 디스카운트는 우리가 간과하고 있는 근본적인 쟁점들이 주가株價에 반영된 것에 불과하다. 이런 이유로 광의의 코리아 디스카운트를 초래하는 다양한 원인들에 대해 논의하려는 것이다.

한국은 남과 북으로 분단되기 훨씬 전부터 오랫동안 가난에 시달렸고 끊임없이 주변 국가들의 침략을 받아 왔다. 이런 열악한 여건으로 인해 시간이 갈수록 한국은 과거의 영광을 잃고 점점 더 무기력해졌다. 그 결과 세계사에 거의 아무것도 기여하지 못한 채 변방의 작은 국가로 명맥을 유지해 왔다. 단군왕검이 개국한 고조선부터 기산한다면 대략 4,300년의 오랜 역사를 자랑한다지만 이 긴 기간 동안 우리가 인류에게 기여한 바가 거의 없다. 그렇지만 최근 적지 않은 한국인들이 우리의 잠재력을 의식하고 이것을 실현하기 위해 최선을 다하기 시작한 것은 고무적이다. 이런 한국인들의 노력은, 한편으로는 전례가 없는 경제발전으로, 다른 한편으로는 주목할 만한 지적知的 성장으로 개화하기 시작했다. 갑자기 한국인들은 인류 역사에서 당당한 위치를 차지할 기회를 갖게 된 것이다. 그렇지만 유감스럽게도 오직 소수의 외국인들만이 지난 50여 년간 한국인들이 성취한 것을 알고 있을 뿐이다. 한국은 아직도 거의 모든 분야에서 외국인들에게 제대로 알려지지 않았다. 특히 외국의 지식인들 가운데 한국의 역사 및 현재의 발전상에 대해 정확한 지식을 가지고 있는 사람들은 극히 제한적이다. 심지어 한국의 대표적인 수출 상품들인 고화질 TV나 스마트폰 및 자동차와 한국을 연계시켜 생각하는 외국인들은 극소수다.[9] 이와 같이 협의의 코리아 디스카운트는 증권시장과 외환시장에 국한되어 있는 반면 광의의 코리아 디스카운트는 한국의 거의 모든 측면들과 관련되어 있다.

  오랜 세월 동안 외국인들로부터 부당하게 대접받은 것은 상당 부분 우리 자신의 책임이다. 그래서 그동안 우리는 무엇을 성취했으며 어떻게 행동해 왔는지 되돌아보아야 한다. 간단히 말해 과거 압축성장 과정에서 많은 취약점들이 노출되었으며 현재 이것들이 광의의 코리아 디스

---

[9] 글로벌 시장에서 고급 가전제품과 스마트폰의 선두주자인 삼성전자나 승용차 시장에서 돌풍을 일으킨 현대차와 기아차 같은 기업들이 한국과 연계해서 마케팅을 하지 않는 이유는 역설적으로 외국에서 한국의 이미지가 어떤 수준에 있는지 말해 준다. 그들에게 한국은 여전히 미지의 나라인 것이다.

카운트의 주요 원인이 되고 있다. 이런 취약점들은 두 가지 범주로 나눌 수 있다. 하나는 외국인들이 우리가 성취한 것을 인식하지 못하도록 만든 우리 자신의 특성과 관련되어 있다. 이를테면 지나친 소심함과 소통 기술의 미숙이 이 범주에 속한다. 다른 하나에는 우리의 잠재력을 실현하는 것을 직접 또는 간접적으로 방해하는 특성들이 포함된다. 이를테면 우리 역사와 문화에 대한 무지, 양극화의 확대, 그리고 극단적인 물질만능주의가 이 범주에 포함된다. 나아가 이 모든 특성들이 우리의 사고방식mindset, 즉 의식구조뿐만 아니라 경제력 집중의 상징인 재벌과도 밀접하게 관련되어 있다는 사실을 인식하는 것이 중요하다.[10] 국제사회에서 한국과 한국인이 저평가되도록 만드는 경제적·비경제적 요인들은 다양하다. 만약 우리가 광의의 코리아 디스카운트를 극복할 수 있다면 협의의 코리아 디스카운트는 자연스럽게 극복될 것이다. 그러면 코리아 프리미엄의 실현이 불가능한 과제는 아니다.

---

10 여기서 사고방식과 의식구조consciousness structure는 같은 의미로 사용되지만, 의식 수준level of consciousness과는 다른 의미로 사용될 것이다. 현재의 의식구조는 일정한 의식 수준에 대응한다. 따라서 의식구조가 변해야 의식 수준이 상승할 수 있다. 필자가 기대하는 것은 궁극적으로 의식구조의 변화를 통한 의식 수준의 상승이다. 여기서 말하는 의식이란 과학적·심리학적 관점에서 말하는 인간의 보편적인 정신활동으로서 무의식에 대응하는 개념으로서 의식이라기보다는 보통 문제의식, 시민의식이라고 할 때의 의식에 가깝다. 즉, 의식이란 주어진 정치적·경제적 그리고 문화적 상황에 대한 가치판단을 바탕으로 개개인이 형성하는 사고의 깊이와 범주를 의미한다. 이런 의미에서 여기서 의식은 미국의 영성운동가인 데이비드 호킨스David Hawkins가 『의식혁명』(2011)에서 말하는 의식과 유사하다. 정신과 의사이기도 했던 그는 오랜 실험을 통해 의식 수준을 측정하는 기법을 고안했으며, 이를 바탕으로 의식 수준을 높이는 구체적인 방법을 제시했다. 그의 유작인 『놓아버림』(2013)에는 의식에 관한 그의 탐구가 잘 정리되어 있다. 그의 주장이 아니더라도 우리는 참선이나 명상 수행 그리고 진지한 기도, 나아가 깊은 생각을 통해 의식 수준을 높일 수 있다는 것을 알고 있다. 중요한 것은 자신의 노력을 통해 의식 수준을 높일 수 있다는 믿음이다. 이런 의미에서 한 사회의 도덕적·문화적 전통은 매우 중요하다.

3) 코리아 디스카운트와 한국인의 결함

지금까지 한국이 이룩한 놀라운 성과에도 불구하고 여전히 한국의 미래를 불안하게 만드는 요인들이 존재한다. 그래서 때로는 우리가 면도날 위를 걷고 있는 것 같은 생각이 든다. 이런 생각을 하게 되는 이유 중 하나는 각 분야의 지도층 인사들이 주변의 불운한 사람들에 대한 연민과 공감보다는 자신의 특권과 부를 추구하는 데만 관심이 있는 것처럼 행동하는 데서 찾을 수 있다. 한국사회에서는 그들이 진심으로 권한 행사를 절제하고 있다는 증거를 찾기 어렵다. 최근 자주 거론되는 노블레스 오블리주Noblesse oblige가 진정 무엇을 의미하는지 제대로 이해하고 있는 지도층 인사는 극소수에 불과하다.[11] 그들은 도움이 필요한 사람들을 위해 뭔가 명예로운 일을 하기보다는 자신의 체면을 위해 과시적인 차원에서 이 말을 남용하는 경향이 있다. 그들은 명예와 체면을 혼동하고 있다.

한국의 미래를 불확실하고 불안정하게 만드는 또 다른 요인은 경제발전 성과의 분배가 점점 악화되고 있다는 사실이다. 지난 40여 년 동안의 압축성장은 절대적인 의미에서 한국인들에게 물질적 풍요를 가져다 주었지만, 소득분배 면에서 불평등의 확대는 좌절감과 박탈감을 안겨 주

---

11 노블레스 오블리주는 프랑스어에서 유래한 용어로 '귀족의 의무'를 지칭한다. 이 용어는 일반적으로 부와 권력과 특권에는 책임이 따른다는 것을 의미하곤 했다. 특히 미국의 전통에서 이 용어는 더 운이 좋은 사람들이 덜 운이 좋은 사람들을 도와야 한다는 일반적인 의무를 지칭하는 것으로 사용되어 왔다. 서양에서는 노블레스 오블리주의 전통이 잘 확립되었던 반면 한국사회에서는 제대로 이해되지 못했다. 한국에서 이 정신에 충실했던 대표적인 사례로 거론된 것은 100여 년 전 경주 지방에 살았던 '최부자'로 알려진 가문의 선행이었다. 흉년과 역경의 시절에 행한 그들의 선행으로 인해 이 가문은 인근 주민들로부터 크게 칭송을 받았다. 한국의 오랜 역사에서 이 가문 외에는 이런 정신을 실천한 사례를 찾아보기 어렵다는 것은 부끄러운 일이다.

었다. 설상가상으로 한국사회에는 건전한 사회규범이 정립되어 있지 않기 때문에 가난한 사람들은 물질적으로만이 아니라 정신적으로 심한 박탈감을 느끼고 있다. 소외된 사람들을 따뜻하게 대해 주는 사회규범이 형성되지 않았다는 것은 물질만능주의가 우리의 의식 속에 깊이 침투했음을 보여준다. 이 때문에 사려 깊은 한국인들은 한국의 미래를 염려하는 것이다. 이 세상에 공짜가 없다는 사실에는 예외가 없다. 오늘날 우리는 경제적 번영을 위협하는 각종 사회적 쟁점들과 힘든 싸움을 하고 있다는 점에서 물질적 풍요의 대가를 치르고 있는 셈이다. 그렇기 때문에 광의의 코리아 디스카운트를 극복하기 위해서라도 이런 사회적 쟁점들에 대한 해결 방안을 모색해야 한다. 사회계층의 양극화, 소득분배 불평등의 확대, 건전한 사회규범의 부재 그리고 사회지도층의 천박한 행동 등이 우선적으로 해결되어야 할 사회적 과제들이다.

필자는 이런 사회적 과제들을 근본적으로 해결하기 위해서는 무엇보다도 한국인의 의식 수준이 전반적으로 상승해야 한다고 생각한다. 전반적인 의식 수준이 낮은 상태에 머물러 있으면 선진사회를 위해 필요한 법과 제도를 정비할 수 없을 뿐만 아니라 설사 그런 것들이 갖춰지더라도 제대로 운용할 수 없기 때문이다. 만약 우리가 자아의식과 가족이기주의의 한계를 조금이라도 극복할 수 있다면, 이것이 의식 수준을 상승시키는 바른 길이다. 필자가 여기서 주장하는 것은 종교의 심층적인 차원이나 신비주의적 관점에서 말하는 깨달음enlightenment에 도달할 정도로 의식 수준을 향상시켜야 한다는 것이 아니다. 필자는 단지 건전하고 이성적인 사회를 만들기 위해 필요한 만큼은 우리의 의식 수준을 향상시켜야 할 필요가 있음을 강조하는 것이다. 예를 들어 지금보다 한국인들의 전반적인 의식 수준이 10% 정도 상승한다면 선진사회로의 진입을 가로막는 장애 요인들을 대부분 극복할 수 있다.

그런데 한국인들은 이런 면에서 뚜렷한 한계를 가지고 있다. 이것은 지금까지 스스로를 부정하거나 비하해 왔던 의식의 어두운 면 때문이다. 우리는 여러 대안들 중에서 하나를 택한 후 그것이 탁월한 선택이었다는 것이 드러나면 최선을 다하는 경향이 있다. 이것이 지금까지 한국인들이 보여준 것이다. 반면 하나의 대안을 택한 후 잘못된 선택이라는 것이 드러나더라도 집요하게 그것을 고집하는 경향이 있다. 이것은 지금까지 북한에서 벌어지고 있는 현실이다. 우리는 북한 사람들과 유전자와 문화적 전통을 공유하기 때문에 자칫하면 북한의 전철을 밟을 수 있다. 북한은 우리가 냉소적으로 바라볼 대상이 아니라 아직 실현되지 않은 우리 자신의 모습일 수 있음을 자각해야 한다. 이런 이유로 한국인에게 가장 시급한 일은 의식 수준을 향상시키는 것이다. 이런 상황에서 재벌을 비롯한 기업의 역할이 중요하다. 왜냐하면 한국인들 가운데 기업과 관련되어 있는 사람들의 비중이 가장 클 뿐만 아니라 이들은 상대적으로 낮은 의식 수준에 머물면서 스스로를 폄하해 왔기 때문이다.

우리가 해야 할 또 다른 일은 인종적 동질성을 강조하는 편협한 민족주의를 극복하는 것이다. 편협한 민족주의는 세계 번영을 위한 진정한 세계화 정신에 위배된다. 여기서 세계화는 패권주의적인 기존의 세계화와는 정반대로 조지프 스티글리츠Joseph E. Stiglitz를 비롯해 양식 있는 지식인들이 주장하는 진정한 세계화다.[12] 만약 단군신화에 등장하는 홍익

---

12 조지프 스티글리츠는 미국이 선전하고 있는 세계화는 가난한 사람들과 부유한 사람들 간의 불평등뿐 아니라 후진국과 선진국 간의 불평등을 확대시키는 신자유주의의 전략이라고 강하게

인간弘益人間 사상의 원래 정신을 회복할 수 있다면 우리는 진정한 세계화에 기여할 수 있을 것이다. 왜냐하면 홍익인간 사상은 진정한 인본주의 정신을 실현하는 것을 목표로 했기 때문이다. 우리는 이미 그런 정신을 보유하고 있으나 그 사실을 인식하지 못할 뿐이다.[13] 고려 말 일연이 쓴 『삼국유사』의 「고기古記」에 수록된 단군신화에 보면 환인의 아들 환웅이 널리 인간을 이롭게 하기 위해 인간 세상에 내려와 다스렸다는 내용이 나온다. 단군신화를 문자 그대로 신화로 여기고 의미를 부여하지 않은 사람들이 있는 반면, 어떤 사람들은 단군신화는 보편적으로 다른 곳에서도 발견할 수 있는 신화의 유형으로서 신화에는 당시 사람들의 사고방식 내지 문화의 원형archetype이 담겨 있다고 주장한다. 따라서 단군신화를 문자 그대로 신화로 보는 사람들은 홍익인간에 담긴 깊은 의미를 무시하는 경향이 있는데, 이것이 현재 한국의 현실이다. 비록 한국의

비판했다. 그는 『Globalization and its Discontents』(2002)에서 처음 이런 주장을 전개했으며, 최근에는 『불평등의 대가』(2013)에서 더욱 강력하게 주장하고 있다. 그를 포함해 일부 학자들이 비판했듯이 세계화는 여러 국가에서 양극화와 불평등 확대의 주요 원인으로 간주되고 있다. 이것이 진정한 의미의 세계화 정신을 회복해야 하는 이유다.

[13] 이런 점에서 윤내현이 『우리 고대사: 상상에서 현실로』(2014)에서 다음과 같이 지적한 것은 주목할 만하다. "홍익인간의 이념은 만물 가운데 '사람'을 가장 중요한 존재로 보고 있다. 사람이 만물의 중심이며 역사의 주체라고 생각했던 것이다. 신까지도 인간사회를 이상적인 사회로 만들기 위해 일했던 것이다. 홍익인간 이념은 본질적으로 인간은 평등하다는 전제에서 출발한 지극히 인본주의 사상이다."(69쪽) 이와 같이 단군신화가 단순히 신화가 아니라 당시 우리 조상의 문화의 원형을 반영하고 있다면 홍익인간 사상은 진실로 위대한 사상이다. 기원전 2,000여 년에 이런 사상을 펼칠 수 있었던 민족이라면 상당히 높은 문화 수준을 보유하고 있었음이 틀림없다. 독일의 실존주의 철학자 칼 야스퍼스Karl Jaspers는 기원전 8세기부터 기원전 2세기 사이에 세계 곳곳에서 영적으로 큰 변화가 있었고 이를 기반으로 높은 정신문화를 이룩한 이 시대를 '축의 시대Axial age'라고 불렀다. 이 시대보다 훨씬 전에 홍익인간 사상을 제창한 우리 선조는 문화적·영적으로 이미 이런 높은 수준을 경험했음에 틀림없다. 잃어버린 이 전통을 되찾는 것이 코리아 프리미엄의 핵심 과제다.

교육법에 홍익인간을 교육 이념으로 삼는다는 표현이 있다지만 이를 실천하기 위한 구체적인 교육 프로그램이 없다는 것은 홍익인간 사상이 공식적으로는 사문화되었다는 것을 의미한다. 이 말의 진정한 의미를 복원하기 위해서는 무엇보다도 단군신화가 우리 고대사에서 갖는 역사적 의미를 제대로 이해해야 한다.

마지막으로 우리는 지나친 물질만능주의를 극복해야 한다. 이것은 부의 획득에 지나치게 집착하는 사회적 분위기가 바뀌어야만 가능하다. 한국은 민주주의와 자유시장경제의 기반 위에 건립되었기 때문에 사유재산권이 헌법에 의해 보장되어 있다는 점은 의심의 여지가 없지만, 사유재산권에 애초 제약이 없는 것은 아니다. 많은 한국인들이 아직도 이런 한계를 제대로 이해하지 못하고 있다. 특히 오늘날 한국경제를 지배하고 있는 재벌은 이 점을 명확하게 인식해야 한다. 한국의 재벌총수와 그 일가는 자신들의 노력이나 창의성보다는 정부의 지원과 근로자들의 희생, 나아가 일반 국민들의 협조를 바탕으로 막대한 부를 축적했다는 사실을 인식해야 한다. 경제개발 5개년계획이 실시된 이래 대기업에게 일방적으로 유리했던 각종 수출장려정책, 금융지원정책 및 연구·개발정책 그리고 우호적인 조세정책과 환율정책 등 국가적 차원에서 그동안 그들은 천문학적인 규모의 특혜를 받았다. 그럼에도 불구하고 재벌총수와 그 일가가 사유재산제도 운운하면서 막대한 부에 대한 배타적인 권리를 주장하는 것은 자신들의 무지와 몰염치를 그대로 드러내는 것이다. 이것은 그들이 재산권을 행사하는 데 법적으로 문제가 있다는 것이 아니라, 그들이 받았던 특혜를 인정한다면 재산권을 행사할 때 공공의 이익을 더 많이 고려해야 한다는 마땅한 책임을 의미한다. 한국사회에서 가난했던 시절 형제가 여럿인 집에서는 다른 자식들을 희생하면서 장남을 적극 지원하는 것이 관행이었다. 그 결과 장남이 출세하고 재산도 많이 축적했다면 다른 형제자매들을 배려하는 것이 당연하다. 이 이야기에서 장남은 재벌총수를 비유한 것임은 누구라도 쉽게 짐작할 것이다.

한국은 옛날부터 자원이 부족한 나라였다. 따라서 선택과 집중의 논리에 의해 제한된 경제적 자원을 재벌을 비롯한 대기업들에게 집중적으로 지원했다. 그 이유는 선성장·후분배의 원칙에 따라 우선 국부國富를 증진시킨 다음 공정한 분배를 추구하려 했던 것이다. 그런데 고도성장은 이루었지만 공정한 분배는 이루어지지 않았다. 이것은 정부의 무책임한 정책과 재벌총수 및 그 일가의 낮은 의식 수준이 만들어 낸 합작품이다. 현재 우리에게 필요한 것은 다른 사람들과 물질적 풍요를 공유하려는 정신을 조금 더 확대하는 것이다. 만약 그럴 수만 있다면 우리의 의식 수준을 높이는 데 크게 기여할 것이다. 이것이 진정한 의미에서 코리아 디스카운트를 극복하기 위한 전제조건이다. 그래서 역설적인 의미에서 재벌의 역할이 중요한 것이다.

4) 코리아 프리미엄과 한국인의 업적

2012년 중반 국내 여러 신문에 한국이 인류 역사상 7번째로 20-50클럽에 가입했다고 보도된 적이 있었으나 주목받지 못했다.[14] 일부 사람들

---

14 20-50은 일인당 국민소득 2만 달러와 인구 5천만을 상징한다. 이 개념은 국제적으로 널리 공인된 기관이 아니라 국내의 모 일간지에 의해 주도적으로 고안된 것임이 나중에 밝혀졌다. 비록

은 이 클럽이 특별한 정치적 목적을 가지고 인위적으로 고안된 것으로, 특별한 의미를 부여할 가치가 없다는 입장을 취했다. 그렇지만 누군가 한국이 이룩한 업적을 사적인 목적으로 이용하려 한다 하더라도 이것이 한국의 업적 자체를 과소평가할 이유가 될 수는 없다. 한국이 국제사회에서 특히 주목받고 있는 것은 경제 분야다. 주지하다시피 한국경제가 현재 높게 평가받는 이유는 메모리 반도체, 고화질 TV, 스마트폰, 자동차, 건설 및 조선 등의 산업 분야에서 괄목할 만한 성과를 달성했기 때문이다. 현재 세계는 다양한 한국 제품에 구현된 수준 높은 디자인과 고급 기술에 놀라고 있다. 불과 10여 년 전만 해도 삼성전자 제품의 질이 매우 낮아 일본의 소니 제품과 비교한다는 것은 생각조차 할 수 없었다. 그런데 지금은 상황이 완전히 역전되었다. 이제는 소니 제품을 삼성전자 제품과 비교하는 것이 무의미하게 되었다. 이것은 그동안 한국이 이룩한 경제발전을 상징적으로 보여주는 사건이다.

조선산업의 경우에도 같은 이야기가 성립한다. 20세기 말까지만 해도 일본은 기술과 건조 능력 모든 면에서 세계 최고의 국가였다. 그렇지만 현대중공업을 비롯해 한국의 조선사들이 2000년대 초반부터 일본의 가와사키중공업이나 미쓰비시중공업을 추월하기 시작했으며, 그 이후 한국은 세계 최고의 조선국으로서 확고부동한 위치를 지키고 있다. 이

이것이 사실이라 할지라도 한국이 이 두 가지를 달성했다는 엄연한 사실 자체는 변함이 없다. 일본은 1987년에 처음으로 이 클럽에 가입했으며 그 뒤를 이어 미국(1988), 프랑스(1990), 이탈리아(1990), 독일(1991) 그리고 영국(1996)이 가입한 것으로 알려졌다. 2012년 한국이 이 클럽에 가입함으로써 인류 역사상 7번째 나라가 되었다는 것이다. 이미 지적했듯이 이 자체는 우리가 자랑할 만한 역사적 사실임에는 틀림없다. 단지 당시 정치권에서 이 사실을 정치적으로 이용하려 했다는 것 때문에 비난을 받았을 뿐이다.

것 또한 놀라운 반전 사례에 해당한다. 현재 '포춘 글로벌 500'에 등재된 기업 숫자의 관점에서 볼 때 한국은 미국이나 일본에 훨씬 뒤처져 있다. 그렇지만 현재와 같은 추세가 지속된다면 글로벌 무대에서 경쟁력 있는 한국 기업들이 계속 등장할 것으로 기대할 수 있다.[15]

한편 서울에서는 2010년 G20 정상회담과 2012년 핵안보 정상회담을 비롯해 다양한 국제행사가 개최되었다. 그리고 2018년 동계올림픽이 한국의 평창에서 개최될 예정이다. 명망 있는 한국인들이 UN과 세계은행을 비롯한 주요 국제기구의 수장으로 활동하고 있는 것도 주목할 만하다. 이런 일들은 국제사회에서 한국인들의 평판에 변화가 있다는 명백한 증거로 해석할 수 있다. 더욱이 많은 한국 연예인들이 아시아의 여러 나라에서뿐만 아니라 유럽과 미국에서 그들조차 놀랄 정도로 엄청난 대중적 인기를 누리고 있다. 한류Korean wave로 불리는 이런 현상은 한국인 래퍼 싸이Psy의 놀라운 국제적인 성공으로 그 절정에 달했다.

또한 많은 한국인 프로 운동선수들이 유럽과 미국에서 맹활약을 하

---

[15] '포춘 글로벌 500(Fortune Global 500)'은 연간 매출액을 기준으로 세계에서 가장 큰 500개 기업을 의미한다. 2013년에 『포춘』지가 발표한 자료에 의하면 2012년 말 기준 132개 미국 기업들이 '포춘 글로벌 500'에 포함되었다. 2위는 중국으로 89개 기업이 포함되었는데, 2012년의 73개에 비해 16개 기업이 늘어났다. 3위는 일본으로 2013년에 68개 기업이 포함되었는데, 2012년의 62개에 비해 6개 기업이 늘어났다. 한국의 경우 2013년에 14개 기업이 포함되었는데, 2012년의 13개에 비해 단지 1개 기업만 늘어났을 뿐이다. 14개의 한국 기업 가운데 가장 큰 기업은 역시 삼성전자로 매출액 1,768억 달러를 달성해 2012년 22위에서 2013년에는 14위로 상승했다. 2013년 '포춘 글로벌 500' 가운데 가장 큰 기업은, 고유가 덕택으로 영국의 로열 더치 쉘Royal Dutch Shell이 차지했는데 매출액이 4,817억 달러였다. 한편 시가총액을 기준으로 하는 '파이낸셜타임스Financial Times 글로벌 500(FT Global 500)'에서는 2012년 말 기준 미국의 애플 사가 시가총액 5,006억 달러로 1위 기업으로 선정됐으며, 2위는 3,946억 달러의 엑슨모빌Exxon Mobil이 차지했다. 그리고 삼성전자는 시가총액 2,276억 달러로 8위를 차지해 매출액이나 시가총액 어떤 기준으로도 세계 10위권의 기업임을 입증했다. 2013년에도 이런 추세는 그대로 유지되었다.

고 있는 것도 전례가 없던 일이다.[16] 나아가 한국의 피겨 스케이팅 여왕 김연아는 국제대회를 석권했다. 얼마 전까지만 해도 한국인은 이 분야에서 이름조차 없었다는 사실을 감안한다면 그녀가 이룩한 쾌거는 어떤 기준에서도 놀라운 것이다. 게다가 한국 여성 골퍼들은 세계 여성 골프계를 평정하고 있다. 이런 사례들을 거론하는 이유는 다양한 국제적 경쟁 무대에서 그들이 보여준 자신감 때문이다. 이것들은 한국인들이 두려움과 불안을 극복함으로써 치열한 글로벌 경쟁에 잘 적응하고 있다는 증거다. 그렇지만 그들이 이룩한 성과를 강조하는 것이 여기서의 진정한 목적은 아니다. 왜냐하면 그들은 재능 있는 일부 한국인들로서 한국인의 잠재력을 보여주었지만 한국인들 전체를 대변하는 것은 아니기 때문이다.

필자는 광의의 코리아 디스카운트를 극복하기 위해 꼭 필요한 것이 한국인의 의식 변화, 특히 지도층의 의식 변화라고 생각한다. 이것은 우리의 의식 수준을 전반적으로 상승시키지 않으면 달성하기 어렵다. 다시 강조하지만 여기서 의식 수준의 상승이란 가족 중심의 이기적인 차원을 넘어 주변 이웃에게도 연민과 공감을 느낄 수 있도록 자아의식의

---

16 오늘날 적지 않은 한국인 축구선수들이 유럽의 명문 구단에서 활약하고 있으며, 많은 한국인 야구선수들이 미국의 메이저리그에서 환영받고 있다. 또한 많은 남녀 한국인 프로 골퍼들이 미국의 PGA와 LPGA 무대에서 전세계에서 선발된 선수들과 경합하고 있다. 특히 미국의 LPGA 무대에는 30명이 훨씬 넘는 한국인 골퍼들이 맹활약하고 있는데, 그 숫자가 지나치게 많아 미국에서 다소 논란이 된 적이 있다. 심지어는 영국의 『이코노미스트』에서조차 이것을 기사화할 정도였다. 당시 『이코노미스트』가 밝힌 바에 의하면 세계 랭킹 10위 안에 한국인 골퍼가 4명이 들어 있었으며 랭킹 100위 안에는 38명, 랭킹 500위 안에는 144명이 들어 있었다고 한다. 비록 이것은 특정 스포츠 분야에서 이룩한 성과지만 국제사회에서 한국인들의 입지가 높아졌다는 것을 보여주는 자료임은 분명하다. 상세한 내용은 2012년 1월 29일자 『이코노미스트』를 참조하라.

한계를 극복하는 것을 말한다. 이것은 결코 쉬운 작업은 아니다. 우리에게 필요한 것은 자신의 성과를 주변의 다른 사람들과 공유하려는 열린 마음이다. 엄청난 노력을 통해 가난을 극복한 사람이 가난을 면하고 부를 즐길 수 있게 된 사실에 만족해 주변 사람들을 무시한다면 그 사람의 의식은 여전히 낮은 수준에 머물고 있는 것이다. 프로 선수의 경우 자신의 높은 연봉에 만족하는 것으로 그친다면 그는 그저 노력을 보상받은 운 좋은 사람에 불과하다. 이런 사람들이 많이 배출된다 하더라도 그 사회의 전반적인 의식 수준은 상승하기 어렵다. 이를 위해서는 사회적으로 성공한 사람들이 어떤 방식으로든 자신의 성공을 다른 사람들과 공유하려는 자세가 필요하다. 그리고 이것은 진정 명예를 존중하고 고통을 분담할 수 있을 정도로 의식 수준이 상승해야만 가능하다. 만약 이런 방향으로 우리의 의식 수준을 조금이라도 상승시킬 수 있다면 코리아 디스카운트를 코리아 프리미엄으로 바꿀 수 있다.

2. 코리아 프리미엄의 장애 요인

한국은 과거 식민지를 보유하지 않았던 나라들 가운데 유일하게 경제발전과 민주화라는 두 가지 측면에서 성공을 거둔 나라다. 그럼에도 불구하고 한국은 국제사회에서 이에 걸맞는 대접을 받지 못하고 있다. 그 근본 원인은 한국에 대한 외국인들의 무지와 우리 스스로를 폄하하는 소극적인 태도에서 찾을 수 있다. 그런데 외국인들의 무지 또한 우리의 소극적인 태도에서 비롯된 것이므로 결국 우리의 태도가 문제라고 할 수 있다.

우리나라에서는 언제부터인가 우리의 고유한 가치보다 외국에서 수입된 것들의 가치를 더 존중하는 풍토가 형성되었다. 예를 들어 과거 불교문화나 유교문화가 수입된 이후 우리의 고유문화는 소홀하게 취급받았다. 그리고 이런 전통은 기독교문화가 도입된 최근까지도 그대로 유지되고 있다. 수입문화는 고급 문화로, 고유문화는 저급 문화로 취급받은 데는 정치적 이유가 컸다. 어느 시대나 지배층은 새롭게 도입된 외래문화를 독점하는 가운데 이것을 지배이념으로 활용했기 때문이다. 그렇지만 한국이 오랜 역사를 가지고 있다는 사실은 우리 고유문화가 어떤 방식으로든 전승되어 왔다는 것을 의미한다. 따라서 우리 고유문화에 대한 올바른 인식에서 코리아 프리미엄의 원천을 찾아야 할 것이다. 이것은 편협한 민족주의적 관점에서 우리의 우월성을 강변하려는 것이 아니라 우리의 정체성을 확인하고 이를 바탕으로 글로벌 차원에서 인류에게 기여하기 위해서다.

그런데 지금 우리 사회에는 고대사를 둘러싸고 양립하기 어려운 견해들이 대립하고 있다. 이것은 단순히 역사관의 문제가 아니라 한국인들의 의식 수준에 영향을 미치고 있는 중요한 문제인데, 우리는 이 점을 간과하고 있다. 우리가 옛날부터 높은 수준의 고유문화를 가지고 있었다는 사실을 인식하는 것만으로도 우리 자신을 폄하해 왔던 굴절된 역사를 극복할 수 있다. 이런 의미에서 우리는 고대사에 대해 관심도 없고 제대로 알지도 못하는 것을 반성해야 한다. 우리 고대사를 모르면 우리의 정체성을 알 수 없으며 외국인들에게 우리 자신을 당당하게 소개할 수도 없다. 게다가 우리는 외국인들에게 한국을 소개하는 데 시간과 노력을 충분히 기울이지도 않았다.

이런 의미에서 코리아 프리미엄을 저해하는 주요 원인들은 외부가 아니라 내부에서 찾아야 한다. 개개인의 행동은 모두 그들의 사고, 정서 그리고 의도를 반영한 것에 불과하다. 그리고 이 모든 정신적 활동은 의식 수준을 반영한다. 이와 같이 행동과 의식 수준 간에는 명백한 관계가 있음에도 불구하고 지금까지 코리아 프리미엄을 논의할 때 이 점이 충분히 고려되지 않았다. 이런 의미에서 한국인들의 행동에 보편적으로 영향을 미치는 역사적·문화적 그리고 정신적 요인들을 논의할 필요가 있다. 이 가운데 몇 가지 중요한 것을 지적하면 다음과 같다.

1) 가족주의

한국에 특별한 것 중 하나가 오랜 농경사회의 전통이다. 이것은 공동체정신community spirit의 형태로 한국인들의 무의식에 깊이 각인되어 있다.[17] 일반적으로 공동체정신은 서구 여러 나라에서 사회질서의 근간을 이루고 있는 개인주의individualism와는 상반된다. 그리고 최근 서구에서 개인주의에 대한 대안으로 논의되고 있는 공동체주의communitarianism는 하나의 정치사상으로서 역사적 산물인 우리의 공동체정신과는 다르

---

[17] 『조선일보』의 주필이었던 이규태는 이런 관점에서 한국인의 의식구조를 설명한 대표적인 논객이다. 그의 생각은 4권으로 구성된 『한국인의 의식구조 1-4』(1983)에 잘 요약되어 있다. 그렇지만 그가 농경사회의 전통을 지나치게 강조한 나머지 한국인의 의식구조가 전적으로 농경사회의 전통에 의해 결정된 것으로 보는 데는 동의하기 어렵다.

다.[18] 따라서 혼동을 피하기 위해 여기서 말하는 공동체정신이 무엇인지 분명히 해둘 필요가 있다.

한국인들의 강한 가족주의familism는 자타가 공인하는 바다. 가족주의의 특성은 가족구성원들의 신뢰를 바탕으로 서로 이타적으로 행동하는 반면 다른 사람들에 대해서는 강한 불신을 보인다는 점이다. 한국사회에서 공동체정신은 이런 가족주의의 느슨한 확장에 해당한다. 공동체정신은 신뢰, 협동, 공유 그리고 평등과 같은 좋은 덕목들과 부분적으로 관련되어 있는 한편, 사생활 침해, 개인적 권리에 관한 모호함, 무임승차 그리고 헌신의 부재와 같은 나쁜 가치들과도 관련되어 있다. 많은 한국인들은 이 두 개의 극단 사이에서 우왕좌왕하는 경향이 있다. 그 원인은 전통적인 사회규범이 파괴된 이후 새로운 사회규범이 제대로 정립되지 않았기 때문이다.

이런 정신을 나타내는 전형적인 사례 가운데 하나로 한국인들이 일상생활에서 흔히 '나' 대신 '우리'라는 말을 사용하는 것을 들 수 있다. 한국인들은 '내' 집보다는 '우리' 집, '내' 부인보다는 '우리' 부인 그리고 '내' 자식보다는 '우리' 자식이라고 말하는 데 익숙하다. 이것은 중국이나 일본과 같은 아시아의 다른 나라에서는 찾아보기 어려운 우리의 독특한 사회적 관습이다. 서구 사람들은 한국인들이 가족을 왜 이런 방식으로 표현하는지 이해하기 어려울 것이다. 한국인들은 항상 '우리는 하나'라는 것을 확인하고 싶어한다. 이것은 우리는 항상 정서적으로 연결되어 있

---

18 공동체주의라는 개념은 마이클 샌델Michael Sandel의 『정의란 무엇인가』(2010)를 통해서 일반에 널리 소개되었다. 그렇지만 그 후 한국사회에서 이와 관련된 논의는 거의 찾아보기 어렵다. 이 책이 선풍적인 인기를 누렸던 것을 감안한다면 이에 대한 일반인들의 관심이 급속히 식은 것은 이해하기 어렵다.

고 싶어한다는 것을 나타낸다. 가족주의의 핵심은 인격적 내지 도덕적 일체감이 아니라 정서적 일체감이다. 여기에는 이성적인 판단이 일체 개입하지 않는다. 그 결과 가족주의는 다른 나라에서는 찾아보기 어려운 배타적인 지역감정으로 발전했다. 이것은 가족주의가 한국인의 무의식에 깊이 각인되어 있다는 증거다.

한국은 비교적 짧은 기간에 전통적인 농경사회에서 근대화된 산업사회로 전환되었기 때문에 전통적인 공동체정신은 영향력을 상실해 간 반면 일종의 왜곡된 개인주의가 그 자리를 차지했다. 그래서 한국인들은 평등보다는 개인적인 자유를, 책임보다는 개인적인 권리를 주장하게 되었다. 그렇지만 공동체정신의 흔적은 여전히 그들의 무의식에 남아 있기 때문에 필요할 때마다 드러나게 되어 있다. 따라서 외형적으로 한국사회를 주도하는 산업화의 영향과 무의식에 남아 있는 농경사회의 전통이라는 두 가지의 특이한 조합으로 인해 외국인들의 눈에는 한국인들의 행동이 이상하게 보일 수 있다. 이를테면 외국인들의 시각에서 보면 한국인들은 공공의 이익을 희생하면서 개인적인 이익을 추구하는 사람들로 간주될 수도 있다. 또한 한국인들은 지나치게 감정을 앞세우면서 일관성 없이 행동하는 것으로 보일 수도 있다.

한국인들은 타인의 도움을 받기 위해 때때로 공동체정신에 호소하는 반면 이익을 추구하는 경우에는 철저히 개인적인 경향이 강하다. 즉, 한국인들은 비용은 부담하지 않으면서 가능한 한 이익을 모두 챙기려 한다는 의미에서 무임승차자처럼 행동하는 경향이 있다. 그리고 한국인들은 필요할 때마다 가족주의와 왜곡된 개인주의를 적절히 활용해 자신의 행동을 정당화하려 한다. 그래서 우리들은 사회적 책임을 실천하고 공동선을 추구하기보다는 개인적인 권리와 자유를 주장하는 데 익숙해 있다. 이 논리는 재벌에도 그대로 적용된다. 재벌은 한국에서 대가족주의의 부정적인 발현發顯에 해당한다. 달리 말하자면 재벌은 경제력에 의해 한층 강화된 극단적인 가족주의를 상징한다. 이에 덧붙여 재벌은 전략적 결혼을 통해 다른 재벌과 유대를 강화함으로써 그들의 경제력을 더욱 견고하게 하려 한다. 이것은 그들의 의식 수준이 극단적인 가족주의에 의해 제약받고 있다는 것을 의미한다. 더 우울한 것은 그들은 이것이 한국사회의 선진화에 얼마나 큰 장애 요인으로 작용하는지 모르고 있다는 사실이다.

한국사회에서 재벌과 관련된 모든 쟁점들은 앞에서 정의한 두 가지 코리아 디스카운트와 밀접하게 관련되어 있다. 역으로 이것은 코리아 프리미엄을 실현하기 위해서는 재벌의 역할이 중요하다는 반증이기도 하다. 재벌은 문제를 일으킴과 동시에 문제를 해결할 능력도 가지고 있다. 지금까지 재벌은 코리아 디스카운트의 원천이었지만 결자해지結者解之의 차원에서 향후 코리아 프리미엄을 실현하는 데 선도자 역할을 해야 한다. 그렇지만 재벌총수와 그 일가의 의식 수준에 변화가 없다면 코리아 프리미엄을 실현하기란 요원한 일이다. 현재 재벌의 경제력이 지나치게 강력해져 정치적 차원에서 어떤 조치를 취한다 하더라도 그 효과를 기대하기 어려운 실정이다. 왜냐하면 재벌은 이미 모든 것을 자신들에게 유리하게 만들기에 충분한 경제권력을 확보했기 때문이다. 국회의원, 관료, 언론인 그리고 학자들을 포함해 거의 모든 파워엘리트들이 재벌의 영향으로부터 자유롭지 못하다.[19] 이것이 지금 한국의 냉혹한 현실이다.

---

19 박창기는 『혁신하라 한국경제』(2012)에서 재벌들을 위해 기꺼이 봉사하고 있는 다양한 집단들에 대해 매우 상세한 논의를 전개했다. 이들 집단의 행태에 관한 구체적인 설명은 그의 저서 7

따라서 코리아 디스카운트를 극복하고 코리아 프리미엄을 실현하기 위해서는 재벌의 경제력을 약화시킨다는 관점이 아니라 그들의 의식 수준을 상승시킨다는 관점에서 접근하는 것이 바람직하다. 대부분의 사람들에게는 이것이 비현실적으로 보일 것이다. 그렇지만 재벌 문제의 본질을 이해한다면 이것이 문제를 해결하는 근본적인 방법이 될 수 있다. 소위 '재벌 때리기chaebol bashing'는 재벌 문제의 효과적인 해결 방안이 아니다. 정부를 포함해 재벌의 비정상적인 성장에 책임이 있는 모든 주체들이 국민들 앞에 진정으로 유감의 뜻을 표하고 공동으로 해결 방안을 모색해야 한다. 이것이 여기서 의식 수준에 초점을 맞추는 이유다.

2) 형식주의

유교원리가 한국사회를 지배한 이래 과거에는 예의범절을 지키는 것이 매우 중요했다.[20] 그렇지만 당시 예의범절이 무엇을 의미했는지 정확하게 이해해야 한다. 그것은 인간의 존엄성이나 보편적인 가치에 기반을 둔 것이 아니라 지배계층이 봉건적 권력을 유지하는 데 필요해서 발전시킨 예의범절이었다. 물론 일부 보편적인 가치를 내세운 것도 있지만 한국사회에서 예의범절의 본질은 그러했다.[21] 그리고 유교원리가 도

장을 참조하라.
20 정확하게 말하면 당시 한국을 지배한 것은 신유교neo-Confucianism원리였다. 그렇지만 여기서는 구유교원리와 신유교원리를 특별히 구별하지 않을 것이다. 한국에 관한 훌륭한 안내서를 쓴 대니얼 튜더Daniel Tudor도 『Korea ; the Impossible Country』(2012)에서 이 점을 분명히 지적하고 있지만, 논의의 단순화를 위해 이 둘을 구별하지 않을 것이다.
21 김경일의 『공자가 죽어야 나라가 산다』(1999)가 출간되었을 때 이 책을 둘러싸고 적지 않은 논란이 있었다는 사실 자체가 아직도 한국사회에는 유교적 예禮를 강조하는 세력이 적지 않다는

입되기 전부터 가부장적 질서가 한국사회를 지배하고 있었으며 유교원리에 의해 이 질서가 더욱 강화되었을 뿐이다. 이런 사회에서 훌륭한 예의범절로 간주되었던 것은 상황에 맞춰 연장자들과 상급자들에게 공손하게 대하는 것이었다.

이런 예의범절은 상류계층에서는 엄격하게 지켜졌지만 중간과 하위 계층에서는 그렇지 않았다. 또한 이것은 왕의 절대권력을 강화하고 다양한 상황에서 지배계층을 뒷받침함으로써 당시의 위계질서를 보존하는 데 기여했다. 이런 점에서 모든 사람들에게 적용되었던 공통의 예의범절은 없었다. 당시 한국사회에는 "다른 사람이 너에게 베풀기 바라는 바대로 다른 사람에게 베풀어라."와 같은 황금률이 적용되지 않았다.[22] 따라서 어린 사람이나 하급자들은 이런 형식적인 예의범절을 제대로 지켰는지 늘 조심해야 했다. 이런 전통이 오랫동안 지속되었기 때문에 극단적인 형식주의가 한국사회를 지배하게 되었다. 이로 인해 명예보다는 체면을 중시하는 경박한 문화적 전통이 수립되었다.

한국어에는 영어에서 일인칭을 나타내는 'I'에 해당하는 명칭이 36가지나 있으며, 영어의 'you'에 해당하는 다양한 명칭들이 존재한다.[23] 한

것을 의미한다. 저자가 적절하게 지적했듯이 유가에서 말하는 예는 기본적으로 과거 서주西周의 왕실을 중심으로 신분질서를 유지하기 위한 예에 불과하다. 이것은 인류의 보편적인 가치와 상충될 수밖에 없다. 특히 이것은 글로벌 시대에 필요한 창의적인 사고를 저해하는 요인이다.

22 『신약성경』의 4복음서 중 하나인 『누가복음』 6장 31절에 나오는 이 구절은 예수 그리스도가 사람들이 첫 번째 원리로 준수하기를 바랐던 것이다. 필자는 이 말이 좋은 예의범절의 시작이자 끝이라고 생각한다. 원로 언론인 홍사중에 의하면 한국을 동방예의지국이라고 부르는 것은 잘못이라고 한다. 공자를 포함해 중국인들은 과거 한국인들이 중화사상에 심취해 중국에 대해 과분한 존경을 보였기 때문에 한국인들을 그렇게 칭찬한 것이라 한다. 이와 관련된 상세한 내용은 그의 저서 『한국인, 가치관은 있는가』(1998)를 참조하라.

23 이에 관한 상세한 내용은 이규태의 『한국인의 의식구조 2』(1983) 2장을 참조하라.

국인들은 항상 이 가운데 적절한 명칭을 선택하는 데 신중해야 했다. 만일 어떤 사람이 모임에서 상대방에게 부적절한 명칭을 사용했다면 무례한 사람으로 비난받았을 뿐만 아니라 더 이상 이성적인 대화는 불가능했다. 또한 한국어의 특성상 한국인들은 우호적인 대화를 위해서는 존댓말과 반말의 선택에 신중해야 했다. 만약 어떤 사람이 사교모임에서 연장자에게 존댓말을 사용하지 않았다면 이것은 곧 우호적인 대화가 종료되었음을 의미했다. 의식형성 과정에서 언어가 미치는 영향력을 고려한다면 한국사회에서 언어는 종종 의식 수준의 상승을 저해하는 요인으로 작용했다고 할 수 있다.

정상적인 대화를 위해 필요한 여러 조건들로 인해 한국인들은 대화의 내용보다는 형식에 집중하지 않을 수 없었다. 그리고 이런 경향은 다양한 사교모임에서 입을 의상을 선택하는 데까지 영향을 미쳤다. 한국인들은 다양한 경험을 통해 누구를 만나든 잘 차려 입는 것이 유리하다는 것을 알게 되었다. 따라서 한국인들은 단어와 의상의 선택에 집중하게 되었고 그 결과 극단적인 형식주의가 지배하게 되었다. 내용은 사라지고 형식만 남게 되었던 것이다. 이것은 명예보다는 체면을 중시하는 저급한 문화를 형성하는 데 크게 작용했다. 오늘날에도 다른 사람과의 회동에서 관심사는 당사자들이 어떤 생각을 하고 있는가가 아니라 어떤 대접을 받는가에 있다. 물론 어떤 시대든 사회질서를 유지하기 위해서는 일정 수준 형식주의가 필요하다. 필자가 우려하는 것은 자유로운 대화를 방해하고 일상생활에서 '감사합니다'와 '미안합니다'와 같은 자연스러운 감정 표현을 억제하는 극단적인 형식주의이다.

다정하고 부드러운 인간관계를 망치는 장애 요인들 중 하나가 무례함이다. 한국인들은 실수를 하거나 피해를 준 사람들에게조차 미안하다고 말하기를 극단적으로 꺼려한다. 이것은 일반인들뿐만 아니라 정치인들이나 고위관료들에게도 적용된다. 이런 사회적 관습에는 역사적인 이유가 있다. 과거 한국사회에서는 자신의 실수를 쉽게 인정하면 엄청난 금전적 손실을 입거나 가문이 몰락하는 결과를 초래하는 경우가 종종 있었다. 과거에는 유교원리를 제외하고는 공통의 기준 역할을 할 수 있는 적절한 사회규범이 없었다. 일반인들은 대부분 신분상의 제약으로 인해 유교원리를 배우지 못했기에 지배계층의 생각이 옳고 그름을 평가하는 유일한 기준이었다. 이런 상황에서 일반인들은 자신들에게 불리한 결정적인 증거가 발견되기 전까지는 실수를 부인하는 것이 최선의 전략이었다. 그래서 대부분의 사람들이 끝까지 자신의 잘못이나 실수를 인정하지 않는 풍토가 조성되었다. 다른 사람에게 실수를 하거나 피해를 입힌 경우 미안하다고 말하는 것은 신뢰할 수 있는 사회를 위해 반드시 필요한 기본 요건이다. 우리는 이런 기본조차 갖추지 못하고 있다.

이런 현상에 대해서는 사회지도층, 특히 정치인들의 책임이 크다. 한국의 전직 대통령을 포함해 어떤 정치인도 자신이 실수를 저질렀거나 국민에게 피해를 준 데 대해 진심으로 사과한 적이 없다. 예를 들면, 무고한 많은 사람들을 희생시키고 권력을 장악했던 전직 대통령이 국민에게 진심으로 사죄한 적이 없다. 기업으로부터 뇌물을 수뢰한 국회의원들이 자신의 범죄를 인정하고 국민에게 솔직하게 사과한 적이 없다. 조세를 포탈하고 반사회적인 범죄를 저지른 재벌총수나 전문경영인이 국민에게 진심으로 사과한 적이 없다. 이런 풍토에서 일반인들도 자신들의 잘못된 행동에 대해 사과하기보다는 의도는 좋았다고 변명하게 되었던 것이다. 그들은 다른 사람에게 미안하다고 말할 필요를 느끼지 못하는 것이다. '윗물이 맑아야 아랫물이 맑다'는 말은 영원한 진리다.

한 가지 더 강조할 것은 극단적인 형식주의는 창의성을 말살시킨다는 사실이다. 만약 어떤 조직에서든 극단적인 형식주의가 만연한다면 그 조직의 대표는 자신을 존경하는 척하면서 형식적으로라도 아첨하는 사람들에게 더 끌리게 되어 있다. 과거 왕조시대에는 왕에게 이와 같은 일이 벌어졌다. 그래서 충신을 멀리하고 간신을 옆에 두게 되었던 것이다. 전직 대통령들의 경우도 마찬가지였다. 그런데 똑같은 일이 오늘날 재벌총수들에게도 발생하고 있다. 만약 정치지도자나 재벌총수들이 이런 아첨꾼들에 포위되어 있다면 창의적인 생각을 가진 사람들이 자신의 아이디어를 펼칠 수 있는 가능성은 거의 없다.

대부분의 인간은 아첨과 칭찬에 취약하다. 정신적으로 충분히 성숙하지 않은 경우 사회적 지위나 교육 배경과는 무관하게 누구나 아첨과 칭찬에 눈이 멀게 되어 있다. 그래서 정치와 사업 분야에서는 특히 현명한 지도자가 필요한 것이다. 자칫하면 잘못된 결정을 내려 많은 사람들에게 예기치 않은 피해를 입힐 수 있기 때문이다. 그러나 유감스럽게도 많은 정치인과 재벌총수들은 그런 아첨이나 칭찬에 지나치게 경도되어 있다. 그런 사람들이 경제권력과 정치권력을 장악하고 있는 한 한국의 갈 길은 멀고도 험하다. 극단적인 형식주의가 내용이 있는 유연한 형식주의로 대체될 때 비로소 창의적이고 도전적인 정신이 꽃필 수 있다.

3) 군집행동

사회발전을 위한 전제조건 중 하나가 다양성이다. 이것은 공동선을 훼손하지 않는 범위 안에서 사상의 자유를 보장하고 개인의 개성을 존중할 때 강화될 수 있다. 그런데 한국사회에는 다양성을 방해하는 여러 가지 장애 요인이 존재해 왔다. 한국은 1960년대 일련의 경제개발 5개년 계획이 성공적으로 추진되기 전까지 오랫동안 농경사회였다. 농경사회의 두드러진 특징은 다양성보다는 획일성을 선호하는 공동체정신이다. 짧은 기간에 경제강국으로 부상했지만 한국은 다양성의 관점에서는 여전히 초보적인 단계에 머물고 있다. 민족적 동질성, 문화적 획일성 그리고 농경사회의 특성은 오랫동안 다양성을 억압해 왔다. '모난 돌이 정 맞는다'는 오래된 한국 속담이 지금도 대부분의 분야에 적용된다. 이와 같이 인간의 의식은 매우 보수적이어서 변화를 거부하는 경향이 있다. 과거 선진국들이 200여 년에 걸쳐 이룩했던 것들을 불과 50여 년 만에 이룩했지만 한국인들은 이제 겨우 농경사회의 의식 수준에서 벗어나고 있다.

다양성이 존중받지 못하는 사회에서는 군집행동herd behavior이 우세하게 되어 있다. 군집행동은 사람들이 자신의 판단에 의존하기보다는 맹목적으로 다수의 행동을 모방하는 것을 말한다. 그렇게 행동하는 편이 심리적으로 편안하고 경제적으로 유리하다고 생각하기 때문이다. 한국에서 군집행동은 한국인 특유의 집단적 의식 및 무의식의 발현이다. 한국인들은 이런 집단적 사고방식에 익숙해 있어 사람들이 군집적으로 행동하더라도 당연한 것으로 간주한다. 예를 들어 한국사회에서는 블록버스터 영화가 몇 개월 만에 천만 명 이상의 관객을 동원하는 일이 가끔 발생한다.

우리나라 인구 5천만 명 중 영화를 좋아하고 건강이나 나이 등의 이유로 실제 영화를 감상할 수 있는 유효인구를 대략 2천만 명으로 잡는다면 2명 중 1명이 그런 영화를 관람했다는 것을 의미한다. 이것은 군집행동의 대표적인 사례에 해당한다. 왜냐하면 그들 중 상당수는 영화를 본 다수로부터 소외되는 것이 두려워 그 영화를 보러 갔을 것으로 추정되기 때문이다. 최근 대중적이지 않은 내용을 담은 몇몇 책들이 백만 부 이상 팔리는 기현상이 벌어졌다. 한국인들 중 책 읽는 것을 좋아하는 사람들이 극소수임을 감안한다면 이것은 기록적인 현상이다. 많은 사람들이 책의 내용에 공감해서가 아니라 유행으로부터 소외되기 싫어서 그런 책들을 구입했을 것으로 추측된다. 한국에서는 이런 사례를 자주 접할 수 있다.

경제학에서는 이런 군집행동을 유발하는 현상을 '정보폭포information cascade'라고 한다. 그 이유는 불확실한 상태에서 뭔가를 결정해야 하는 경우 처음에는 자신의 정보에 의존하지만 일정 규모 이상의 사람들이 특정한 행동을 하면 자신의 정보보다는 다른 사람들의 행동을 따라 하게 되기 때문이다. 이것은 마치 고요히 흐르던 물줄기가 폭포 가까이 와 일정 거리 내에서는 빠른 속도로 흐름을 바꾸면서 아래로 떨어져 내리는 현상에 비유할 수 있다. 여기서 중요한 것은 사람들은 자신의 행동을 통해 배우지 않고 늘 똑같은 행동을 반복한다는 사실이다.

그러면 한국인들은 왜 그렇게 행동하는가? 인간의 모든 행동은 자신의 사고방식을 반영한 데 불과하다. 군집행동은 집단적 무의식뿐만 아니라 집단적 의식에 의해서도 영향을 받는다.[24] 한국인들은 농경사회의

---

24 이런 의미에서 한국에서 군집행동은 공동체정신과 밀접하게 관련되어 있다. 군집행동은 어떤 지역적인 공동의 기반 없이도 형성될 수 있다는 점에서 공동체정신과 무관한 면이 있는 반면

특성과 더불어 독특한 역사적·문화적 전통으로 인해 획일적인 사고방식을 강요받아 왔기에, 그렇게 행동하는 것이 편안해서 그렇게 행동하는 것이다.[25] 한국인들은 누군가 특별한 업적을 이룩하거나 특정한 행동을 함으로써 강한 인상을 남기는 경우 그 사람에게 '국민적'이라는 수식어를 붙이기를 좋아한다. 이것 또한 군집행동의 좋은 사례다. 예를 들어 어떤 배우가 연기를 잘하는 경우 그(그녀)를 종종 '국민 (여)배우'라고 부른다. 또한 대중가요 가수도 똑같은 이유로 '국민 가수'라고 불린다. 그 외에도 한국에서는 자연스럽게 국민 요정, 국민 여동생, 국민 오빠 그리고 국민 엄마라는 호칭이 사용되고 있다.

문제는 이런 행동이 북한에서나 볼 수 있는 전체주의적인 행동과 본질적으로는 다를 바 없다는 것이다. 보다 정확하게 말하면 한국인들에게는 군집행동의 성향이 매우 강하기 때문에 북한과 같이 시대착오적인 체제가 그렇게 오랫동안 유지될 수 있다고 말할 수 있다. 우리는 지나친 군집행동의 경향을 경계해야 한다. 예를 들어 누군가 대중에 의해 '국민 엄마'로 불리는 사람에게 인터넷을 통해 비판적인 의견을 말하면 그 사람은 각종 악성 댓글에 시달릴 것이 분명하다. 그러면 결국 대중과 다른 의견을 가진 사람들은 점점 사라지는 결과를 초래하게 될 것이다. 다양성은 말살당하고 획일성만이 난무하게 될 것이고, 이것은 곧 우리 모

이 둘 모두는 파시즘이나 전체주의로 발전할 수 있다는 점에서는 유사하다. 피터 언더우드Peter Underwood도 『퍼스트 무버』(2012) 6장에서 이와 유사한 주장을 전개했다.

25 필자는 군집행동의 이면에 있는 원초적인 감정은 두려움이라고 생각한다. 한국인들은 역사적으로 오랫동안 각종 두려움에 시달려 왔다. 굶주림, 소외 및 모욕의 두려움은 그 가운데 대표적인 것들이다. 그들은 이런 두려움으로부터 자유로워지기 위해 군집행동에 몰입하게 되었다. 물론 이것은 수동적인 대응이었지만 과거에는 다른 대안이 없었다. 그렇지만 오늘날 세계화와 정보화 시대에도 이런 행동방식에 집착한다는 것은 시대착오적이다.

두 전체주의의 노예가 될 수 있음을 시사한다. 대부분의 북한 주민들은 개인적 정체성을 상실했으며, 자신의 자유의지에 근거해 판단할 능력이 없다. 이런 이유로 북한 주민들과 동일한 문화적·유전적 인자를 공유하고 있는 한국인들은 극단적인 형태의 군집행동을 경계해야 하는 것이다. 세계화와 정보화 시대에 다양성은 경제적 번영만이 아니라 창조적 사고의 주요 원천으로 인식되고 있는 반면, 획일성은 퇴행과 정체의 원인으로 간주된다. 한국사회에 군집행동이 계속 만연한다면 다양성은 위축될 것이며 코리아 프리미엄은 기대하기 어렵다.

군집행동이 만연한 대표적인 분야로 증권시장을 들 수 있다. 가격거품은 정보폭포로 인해 발생하는 대표적인 사례에 해당한다. 만약 시장 참여자들이 경제의 기본과는 무관하게 주가가 계속 상승할 것이라고 믿기 때문에 계속 주식을 매입한다면 가격거품은 피할 수 없다. 과거의 '튤립 매니아'와 '남해 거품'부터 최근의 '닷컴 거품'과 '주택가격 거품'까지 역사상 모든 거품들은 폭등과 폭락이라는 동일한 과정을 밟았다. 이것은 증권시장에서 군집행동의 영향이 매우 파괴적이라는 것을 의미한다. 이런 의미에서 한국 증권시장에서 지나친 군집행동은 코리아 프리미엄의 실현에 부정적 요인으로 작용한다.

한국 증권시장에서 대표적인 군집행동의 사례는 많은 투자자들이 기업의 내재가치와는 무관한 정치적 또는 다른 이유로 주식을 매입하는 데서 찾을 수 있다. 소위 말하는 '테마주식'은 이런 비이성적 과열을 보여주는 대표적인 사례다. 테마주식은 시장에 군집행동의 경향이 만연한 경우에만 투자자들의 주목을 끌 수 있다. 물론 테마주식이 한국에만 있는 특이한 현상은 아니다. 왜냐하면 미국의 닷컴 버블의 경우를 비롯해 다른 나라에서도 투자자들이 이와 유사한 방식으로 주식에 투자한 경험이 있기 때문이다. 그런데 한국 증권시장에서는 테마주식이 자주 등장할 뿐만 아니라 미래에도 이에 대한 투자자들의 열기가 쉽게 식을 것 같지 않다는 것이 문제다. 때로는 이런 모방 현상이 지나쳐 외국투자자들도 이해하기 어려울 정도다.[26]

이런 현상은 리스크에 대한 한국인들의 태도와 밀접하게 관련되어 있다. 많은 사람들이 아직도 리스크와 연계해서 투자수익을 고려하는 데 익숙하지 않다. 이들은 대부분 리스크와 수익에 대해 균형감각 있는 사고를 하도록 훈련받지 않았다. 이런 이유로 그들은 맹목적으로 다른 사람들이 투자하는 대로 따라 투자하는 경향이 있고, 그래서 테마주식이 탄생한다. 증권시장을 포함해 일상적인 상황에서 발생하는 군집행동은 코리아 프리미엄의 실현을 가로막는 요인이다.

---

[26] 2012년 10월 2일자 『이코노미스트』에 실린 기사는 이 문제에 관한 외국인들의 시각을 잘 보여준다. 이 기사에 따르면 단순히 한국인 래퍼 싸이의 아버지가 소유주라는 이유로 반도체 기업인 DI의 주가가 3주 만에 3배 폭등한 것은 터무니없다는 것이다. 주지하다시피 싸이는 블록버스터 음악 비디오인 『강남 스타일』로 일약 세계적인 스타가 된 가수다. 또한 그 기사는 한국 증시에서 대표적인 테마주식으로 결혼이나 정치 테마주식을 조롱했다. 단순히 어떤 기업 소유주의 아들이나 딸이 재벌 가문의 자식과 결혼한다는 사실 때문에 그 기업의 주가가 급격히 상승한다면 그 주식은 결혼 테마주식으로 분류될 수 있다. 이것은 한국에서 드문 경우가 아니다. 또한 한국 증시에서 인기 있는 테마 중 하나는 대통령선거다. 대통령선거가 있을 때마다 어떤 주식들이 정치 테마주식으로 등장한다. 2012년 대선의 경우도 예외가 아니었다. 어느 기업의 CEO와 대통령 후보가 가까운 관계일 수도 있다는 이유 때문에 그 기업의 주가가 갑자기 폭등했다. 유감스럽게도 『이코노미스트』가 지적한 것은 모두 사실이다. 한국 증시에서 테마주식의 바탕에 깔려 있는 군집행동은 한국을 저평가하게 만드는 주요 요인들 중 하나다. 상세한 내용은 『이코노미스트』의 기사를 참조하라.

4) 역사의식의 부재

역사는 과거와 현재의 대화다. 이 간결한 표현에 역사를 어떻게 인식해야 하는지 잘 나타나 있다. 역사는 과거를 다루므로 마치 수사관이 범죄 현장에서 정확한 증거를 수집해야 범인을 검거할 수 있듯이, 남아 있는 문헌사료와 고고학적 발굴을 바탕으로 과거에 무슨 일이 있었는지 최대한 객관적으로 접근해야 한다. 그런 후 과거를 해석하고 이를 바탕으로 현재의 문제에 대한 시사점을 찾아야 한다. 이것이 '과거와 현재의 대화'가 뜻하는 바다. 그런데 이런 해석 과정에서 실증자료의 부족과 역사의 고유한 속성으로 인해 주관적인 사관 내지 역사의식이 개입하게 된다. 이것은 전문적인 사학자의 경우에도 피할 수 없는 한계다.

이것은 한국의 역사에도 그대로 적용된다. 서로 다른 역사관을 가지고 한국사를 해석하고 거기서 현대적 의미를 찾고자 한다 해도 무조건 비난할 수는 없다. 그렇지만 기본적인 사료와 고고학적 발견, 나아가 실증적인 데이터에 대한 객관적인 분석을 외면한 가운데 역사를 해석하고 시사점을 찾고자 한다면 이것은 주관적 역사관의 범위를 한참 넘어서는 것이다. 어떤 경우에도 끝까지 고집스럽게 이런 입장을 취하는 사람은 자신의 역사관에 충실하려는 것이 아니라 개인적인 이해관계에 집착하고 있다고 볼 수밖에 없다. 유감스럽게도 현재 한국의 고대사와 근대사의 해석과 관련해 이런 일이 벌어지고 있다. 한국은 역사 해석에 관한 한 극단적으로 다른 두 견해가 지속적으로 대립하고 있는 특이한 나라다.

이런 관점에서 볼 때 한국의 고대사에 대해 소위 전문가라 불리는 사람들 간의 첨예한 대립은 결코 간과할 문제가 아니다. 왜냐하면 이것은 코리아 프리미엄의 실현과 밀접하게 관련되어 있기 때문이다. 한국인은 대체로 한국 고대사 특히 고조선 역사에 대해 거의 관심이 없다. 이렇게 된 데에는 사학자들과 역대 정부의 책임이 매우 크다. 이들은 한국사의 체계조차 수립하지 못한 책임을 면하기 어렵다. 최근 정부 차원에서 한국사에 대한 관심이 높아진 것은 바람직한 일이지만 여전히 한국사와 관련된 문제의 본질을 모른다는 점에서 한계가 있다.

한국사회에는 한국사에 대해 다양한 견해를 가지고 있는 다양한 집단들이 공존하고 있다. 이들은 보통 강단사학자, 민족사학자, 재야사학자, 진보사학자 등 다양한 이름으로 불리고 있는데, 자신들의 역사관에 집착하고 있기 때문에 이들 간에 어떤 의미 있는 대화를 기대하기 어려운 실정이다. 이 가운데 한국 고대사, 특히 고조선의 역사를 둘러싸고 두 집단의 사학자들이 극단적으로 대립하고 있는 것은 결코 간과할 수 없는 중요한 문제다. 한국 고대사를 전공한 사학자들 간에 고조선의 기원, 지속 기간, 위치와 강역에 대해 의견 일치를 보지 못하고 있다는 사실은 한국인의 한 사람으로서 무척 곤혹스럽다. 특히 이해하기 어려운 것은 소위 강단사학자라 불리는 주류 사학자들의 역사관이다. 이들은 고조선에 관한 단군신화의 내용은 역사적 사실에 입각한 것이 아니며, 고조선은 존속했지만 한반도를 중심으로 일부 만주 지역을 포함하는 작은 강역을 가진 미약했던 고대국가로서 그 역사는 기껏해야 기원전 10세기 정도까지 거슬러 올라갈 뿐이라고 주장하고 있다. 그들이 소위 실증사학의 관점에서 지속적으로 주장하고 있는 고조선에 관한 이런 내용은 과거 일제시대 일본 사학자들이 주장했던 식민지사관과 대동소이하다. 이들은 지금도 고조선과 관련된 대부분의 내용이 객관적인 증거가 없는 신화에 불과하다고 주장한다. 이들에 의하면 한국 고대사는 매우 미약했고, 그 당시 우리 민족의 원형이 될 만한 어떤 사상이나 문화도 형성되지 않았다는 것이다.

반면 진보사관 내지 민족사관을 가진 일부 사학자들과 한국인들은 한국사는 단군왕검이 4,300여 년 전 고조선이라는 고대국가를 건립했던 시절까지 소급할 수 있다는 것을 신화로서가 아니라 역사적 사실로 믿고 있다. 나아가 고조선은 만주 전역과 한반도에 걸쳐 광대한 영토를 가진 커다란 고대국가였으며 높은 수준의 문화를 가지고 2,000년 이상 존속하다가 기원전 108년 여러 나라로 분열된 후 삼국시대, 고려 및 조선시대를 거쳐 오늘의 한국으로 이어지고 있다고 주장한다. 이들은 고조선이 고대 중국과 끊임없이 전쟁을 치르면서 만주 지역 대부분을 통치했다고 주장하고 있는데, 기본적으로 고대사학자이자 독립운동가였던 신채호의 사관을 계승하고 있다.[27] 물론 이들 간에도 이견이 없는 것은

---

[27] 신채호는 고조선에 관해 매우 중요한 책을 저술했는데 한문 혼용체로 쓰여 일반인들이 읽기에 무리가 있었다. 그런데 박기봉이 번역, 온전한 우리말로 출간된 『조선상고사』(2006)를 통해 이제는 관심 있는 독자라면 누구나 그의 책을 읽을 수 있게 되었다는 것은 다행스러운 일이다. 그의 책은 고조선의 실체를 진지하게 믿는 현대의 사학자들을 격려해 주는 원천이다. 이미 언급했듯이 이른바 강단사학자라 불리는 일단의 사학자들 외에 강대한 고대국가로서 고조선의 실체를 믿는 다양한 사학자들이 있다. 이들 가운데 학문적으로 가장 주목받을 연구를 한 사람인 윤내현의 『고조선 연구』(1995)는 한국 고대사에 관한 독보적인 연구서로 인정받고 있다. 그 외에 그는 『우리 고대사: 상상에서 현실로』(2014), 『사료로 보는 우리 고대사』(2007)를 통해 우리 고대사의 실체를 널리 알리려고 노력하고 있다. 그리고 이른바 재야사학자 가운데는 독자적으로 고조선의 실체를 파악하려는 사람들이 있는데 일부는 독자적인 체험, 답사를 통해 고조선의 실체를 밝히려 했다. 이덕일·김병기의 『고조선은 대륙의 지배자였다』(2006)는 그런 대표적인 저서다. 또한 아직도 위서僞書 논쟁에서 자유롭지 못한 『환단고기』를 근거로 고조선과 그 이전의 환국이 이룩한 위대한 문명을 강조하는 일단의 사학자들이 있다. 이와 같이 고대사를 둘러싼 논쟁은 아직도 가닥이 잡히지 않고 있다. 이것은 코리아 프리미엄의 관점에서 정말 중요한 문제이므로 빠른 시일 내에 해결 방안이 마련되어야 한다. 이런 논쟁에 익숙하지 않은 사람들은 윤내현의

아니지만 기본적으로 고조선이 방대한 영토를 가지고 있었으며 단군신화에서와 같이 오랫동안 존속했던 고대국가라는 사실에는 동의하고 있다. 이런 상황에서 주류 사학자들이 객관적인 증거를 명분으로 내세워 고조선과 관련된 긍정적이고 고무적인 측면들을 지속적으로 그리고 강력하게 부인하고 있는 현상은 납득하기 어렵다. 반면 진정 확신을 가지고 있다면, 위대한 고조선을 주장하는 사학자들은 더 많은 증거를 모아 일반 국민들을 납득시키는 일에 더욱 노력해야 한다. 무엇보다도 중국이 동북공정을 통해 동아시아의 고대사를 자신들에게 유리하게 왜곡하려 하는 마당에 한국정부가, 향후 한반도의 통일과 관련해 매우 중요함에도 불구하고, 이 문제에 관해 확고한 태도를 보여주지 않는 것은 정말로 이해하기 어렵다.

이런 관점에서 한국 고대사와 유대 고대사를 비교해 보는 것은 우리에게 많은 점을 시사한다. 유대 역사에 의하면 그들의 조상신 야훼의 명령에 따라 아브라함Abraham이 우루Ur 지방에서 가나안Canaan으로 이주했다고 한다. 이것은 실증적으로 검증하기 어려운 신화적 내용이지만 역사적으로 실존했던 인물인지 여부와는 무관하게 지금도 유대인들은 아브라함을 그들의 시조始祖로 인정하고 받들고 있다.[28] 세계 곳곳에 있는 유대인들은 자신들이 아브라함의 자손이라는 것을 인정하는 데 조금도 주저하지 않는다. 칼 융의 용어를 빌리자면 그는 유대인들의 집단적

저서 외에 이주한의 『한국사가 죽어야 나라가 산다』(2013), 김상태의 『한국 고대사와 그 역적들』(2013) 그리고 성삼제의 『고조선, 사라진 역사』(2012)를 참조하라.

[28] 아브라함이라는 이름은 『구약성경』의 「창세기」에 맨 처음 등장한다. 『구약성경』 자체가 역사책이 아니라 기원전 6세기경 유대인들이 바빌로니아에 포로로 잡혀 갔던 시절 그들에게 용기와 믿음을 주기 위해 명망 있는 유대인들이 쓰고 편집한 책으로 알려져 있다.

무의식에 자리 잡고 있는 원형을 나타내는 하나의 상징에 해당한다.[29] 동질적인 민족집단으로서 유대인들은 오랫동안 공통의 문화적 전통을 공유해 왔기에 그들이 꿈에서 아브라함을 영접하고 그들의 민족적 정체성을 상징하는 시조로 존경하는 것을 당연하게 여긴다.

유대인들은 아브라함을 그들의 시조로 경배할 만큼 믿음이 강했고, 그래서 그들은 현실적으로 무슨 일이 벌어지더라도 그의 이름 아래 언제라도 단결할 수 있었던 것이다. 비록 사학자들은 그의 실존을 객관적인 사실로 받아들이지 않았지만 유대인들에게 아브라함이 역사적 실존 인물인지 여부는 문제가 되지 않았다. 그들에게 중요한 것은 아무리 어려운 상황에 처하더라도 하나의 가치 아래 단결하는 것이었다. 그리고 그들은 이를 바탕으로 엄청난 성공을 거둘 수 있었다. 지금도 유지되고 있는 유대인들의 막강한 힘과 창의성의 원천을 추적한다면 우리는 이 순간에도 유대인들이 존경하고 있는 존재로서 아브라함을 만나게 된다.[30]

이제 아브라함의 얘기를 염두에 두고 우리 자신에게 단군왕검의 의미

---

[29] 이와 관련해서 상세한 내용은 칼 융의 『인간과 상징』(2012) 1장을 참조하라. 수천 년 동안 유대인들의 숭배를 받아 온 결과 역사적 실체인지 여부와는 관계 없이 그의 이미지는 유대인들의 무의식에 깊이 각인되어 있다. 만약 단군이 그렇게 오랫동안 한국인의 시조로 존경받아 왔다면 그의 이미지는 우리의 무의식 가운데 확고한 위치를 점하고 있어야 한다. 그러나 그렇지 않다는 것은 단군의 이미지가 한국인의 무의식에 원형을 나타내는 상징적인 존재로 자리 잡지 못했다는 것을 의미한다.

[30] 홍익희의 『유대인 이야기』(2013)에 의하면 세계 경제사에서 확인할 수 있는 경제력의 이동은 유대인들의 이주와 밀접하게 관련되어 있다고 한다. 예를 들면 스페인에서 네덜란드로 그리고 다시 영국으로 세계 경제의 패권이 이동했는데 그 배후에는 항상 유대인들의 이주가 선행되었다는 것이다. 이것은 엄격한 검증이 필요한 주장이지만 나름 설득력이 있다. 나라를 잃고 고향에서 추방된 이래 그들은 '디아스포라diaspora'라는 그들만의 공동체를 형성하면서 세계 곳곳에 정착했다. 그들이 어디서 살고 있든 그들에게 아브라함은 언제나 공통의 시조로 존경받았다. 이에 관한 상세한 내용은 그의 저서를 참고하라.

를 물어야 한다. 아브라함과 유대인의 관계는 단군왕검과 한국인의 관계와 유사하다. 그렇지만 유대인들과는 달리 대부분의 한국인들은 단군왕검을 단지 신화적인 인물로 간주해 한국인의 시조로서 특별한 의미를 부여하지 않는다. 이것은 누군가를 단순히 시조로 믿는가의 문제가 아니라 정체성에 관한 문제이기에 중요하다. 역사적 기록이 충분히 남아 있지 않은 고대사의 경우 객관적인 자료인지 여부를 밝히는 것만이 중요한 것이 아니라 밝히기 어려운 경우 이것을 어떻게 해석해야 하는가도 중요하다. 고대사에 관한 기록이 신화나 전설이든 역사적 사실이든 우리가 그로부터 얻을 수 있는 사상과 믿음을 현재의 우리 행동과 의식에 반영하는 것이 중요하기 때문이다. 이런 점에서 단군왕검이 전설적인 인물에 불과하며 그 시대에 관한 연구는 그다지 가치가 없다고 주장하는 주류 사학자들의 의도가 의심스럽다.[31] 유대 역사를 통해 입증되었듯이 객관적인 증거 그 자체가 아니라 그런 이야기에 어떤 민족적·문화적 의미를 부여하는가가 중요하다. 우리는 후손들을 위해 우리 자신의 이야기를 보유하고 있어야 한다. 비록 많은 한국인들이 이 문제의 중요성을 인식하지 못하고 있지만 이것은 한국의 미래와 관련된 중요한 문제다.

한국 고대사와 마찬가지로 한국 근대사의 영역에서도 서로 반대 입장에서 오랫동안 대립하고 있는 또 다른 두 집단이 존재한다. 한 집단의 사

---

31 이 점에 관해서 고대사학자 윤내현은 『우리 고대사: 상상에서 현실로』(2014)에서 다음과 같이 표현하고 있다. "단군과 단군신화에 담긴 이념과 사상은 이렇게 우리의 잠재의식에 자리해 정치와 사회사상에 작용하며, 우리 역사에 살아 숨 쉬고 있는 것이다. 단군과 단군신화는 우리 역사이고, 우리 의지이고, 우리 정서인 것이다. 그것은 항상 긍정적으로 작용해 온 우리 이념이었다. 이러한 단군과 단군신화를 굳이 애써 우리 가슴에서 밀어내려고 할 필요가 있을까? 그것이 우리 역사에서 부정적으로 작용하는 것도 아닌데……."(62쪽)

학자들은 한국 근대사를 일제의 식민 잔재를 청산하지 못한 채 미 제국주의에 종속되어 있는 굴절된 역사로 해석한다. 반면 다른 집단의 사학자들은 한국 근대사를 민주화와 경제발전에 관한 구체적인 증거를 바탕으로 바닥으로부터 시작해 하나의 민족국가를 형성한 자랑스러운 역사로 해석한다. 그런데 문제는 어느 쪽도 다른 쪽의 주장에 경청할 만한 내용이 있다는 것을 인정하지 않는다는 데 있다. 이런 사실은 쌍방 간의 진지한 대화뿐만 아니라 한국 근대사의 실체에 대해 이성적으로 접근하는 것을 방해하고 있다. 이들은 근대 한국에 대한 올바른 역사관을 정립하는 것보다는 자신들의 주장을 관철시키는 데 더 관심이 있는 것처럼 보인다.

한국인들은 이와 같이 극단적으로 대립하는 두 개의 역사관으로 인해 혼란스러워하면서 당혹감 속에서 일상생활을 영위하고 있는 민족이다. 이것은 정말 부끄러운 일이다. 이와 같은 무익한 대치 상태로 인한 영향은 매우 파괴적이어서, 한국인들은 대화를 나누더라도 합리적인 결론을 도출하지 못한다. 반대 정당에 속해 있는 정치인들 간의 극단적인 대립은 이런 현상을 보여주는 명백한 사례다. 이것은 코리아 프리미엄을 저해하는 또 다른 요인이다.

3. 이성의 시대를 준비하며

　우리는 그동안 이룩한 성과를 자랑스러워할 자격을 갖추고 있지만, 이에 앞서 우리의 미래에 대해 깊이 생각해야 한다. 과거 어느 시대보다 불확실성과 변동성이 큰 오늘날 확실한 것은 아무것도 없기 때문이다. 이것이 지금 우리에게 주어진 역사적 사명이다. 그리고 미래에 대한 준비는 항상 과거에 대한 반성에서 시작해야 한다. 우리는 역사를 통해서 우리의 문화적·정신적 유산의 실상을 이해하고 이로부터 교훈을 얻어야 한다.

　한국인들은 오래전부터 경제개발이 본격적으로 추진된 1960년대까지 오랫동안 두려움, 빈곤 그리고 좌절 속에서 근근이 삶을 영위해 왔다. 우리가 감내했던 모든 역경은 더 나은 삶에 대한 어떤 희망도 무력화시킬 정도로 파괴적이었다. 우리의 과거사가 외부로부터의 빈번한 침략뿐만 아니라 일상생활과는 무관한 비생산적인 정치적 갈등으로 점철되었다는 것은 부인할 수 없는 사실이다. 그 결과 한국인들은 오랫동안 다양한 고난을 겪어야 했기에 한국사는 고난의 역사라고 할 수 있다. 문제는 한국인들이 깊이 생각하지 않는 민족이었기 때문에 이런 고난으로부터 가치 있는 교훈을 얻으려 하지 않았다는 점이다.[32] 이것은 한국사를 바

32　이것은 한국사에 대한 독특한 견해로서, 암울한 폭력의 시대였던 1960년대 초기 민주화운동을 이끌었던 지도자 가운데 한 분인 함석헌 선생이 주장한 내용이다. 상세한 것은 그의 『뜻으로 본 한국 역사』(2003)를 참조하라. 그의 책 초판은 일제 강점기에 출간되었는데 그 후 수정을 거쳐 마지막 판은 1965년에 출간되었다. 그의 책이 정통 역사서는 아니지만 지금도 여전히 우리가 주목해야 할 내용을 담고 있다.

라보는 또 다른 시각으로서 코리아 프리미엄의 관점에서 우리에게 많은 것을 시사한다.

인류 역사에서 일정 기간 동안 번영을 누렸던 크고 작은 문명들을 자세히 살펴보면 공통적인 특성을 하나 발견할 수 있다. 그것은 문명의 붕괴를 초래했던 원인이 물질적 풍요와 정신적 성숙 간의 불균형 내지 부조화였다는 사실이다. 물질적 풍요가 일방적으로 정신적 성숙을 압도하든가 아니면 그 반대의 경우 모든 문명은 쇠락하기 시작했으며 결국 내부로부터 붕괴했다. 로마문명의 붕괴는 이런 전형적인 사례에 해당한다. 어떤 문명의 경우든 일단 기울기 시작하면 사람들의 행동에서 그런 변화의 조짐을 발견할 수 있다. 왜냐하면 사람들은 부정확한 지식과 함께 잘못된 믿음에 근거해 행동하기 시작하기 때문이다.[33] 이것은 믿음이 사실의 자리를 차지하기 시작하면 문명은 쇠락한다는 것을 뜻한다. 이런 관점에서 한국의 미래를 생각해야 한다.

한국의 오랜 역사 동안 서구의 계몽주의 시대에 해당하는 기간이 없었다는 것은 정말 유감스럽다. 16세기 이전에는 서양보다 동양이 더 높은 수준의 문명을 보유했다.[34] 그렇지만 15세기에 시작된 르네상스 운동 이래 명예혁명과 계몽주의와 같은 일련의 사회적 운동은 서구사회를 영구적으로 변화시켰다. 서구사회의 성공은 정의로운 종교적 믿음, 과

---

33 레베카 코스타Rebeca Costa도 『지금, 경계선에서』(2011)에서 이 점에 관해 지적했다. 필자 또한 『과학에서 규범으로』(2011)에서 이런 아이디어를 전개했다.
34 이것은 많은 사학자들에 의해 확인되었다. 예를 들어 경제사학자인 니얼 퍼거슨Niall Ferguson은 『시빌라이제이션』(2011)에서 이와 유사한 논의를 전개했다. 해양사학자인 노스코트 파킨슨C. Northcote Parkinson도 『동양과 서양』(2011)에서 동양과 서양 간의 피스톤 운동이라는 관점에서 유사한 논의를 전개했다.

학적 발견과 실험을 통해 얻은 정확한 지식에 기반을 두었다. 이런 믿음과 지식으로 무장했기에 서구 여러 나라들은 사회안정 및 번영과 관련된 대부분의 쟁점들을 해결할 수 있었다. 그러나 한국은 외부에서 지식과 종교적인 교리를 수입하는 전혀 다른 경로를 따랐다. 특히 기존 신분질서를 강화하려는 목적을 가지고 이것들을 수입했다. 유교와 불교는 이런 목적을 위해 지배계층을 통해 한국사회에 소개되었다. 이런 과정에서 우리의 고유문화는 저급한 것으로 전락하고 일반 서민들 사이에서 근근이 명맥을 유지해 왔다.[35] 지배계층에 속한 사람들은 한국 역사를 통틀어 외래문화의 권위를 바탕으로 자신들의 기득권을 유지하는 데에만 관심이 있었을 뿐 일반대중의 복지에는 거의 관심이 없었다. 유감스럽게도 이런 추세가 최근까지도 계속되고 있다.

또한 한국인은 독자적인 발명이나 발견을 통해 세계사적 차원에서 인류에게 기여한 것이 거의 없다. 이것은 한국사의 부끄러운 부분에 해당한다. 전쟁과 가난이라는 역경으로 인해 우리의 잠재력이 고갈되었던 것이다. 옛날부터 지금까지 우리의 의식을 지배했던 것은 간헐적인

---

[35] 이와는 대조적으로 고조선에는 우리 고유의 사상인 선도仙道 또는 풍류도風流道가 있었는데 그 기본 정신이 후대 신라에서는 화랑, 고구려에서는 조의선인, 그리고 백제에서는 무절, 고려에서는 재가화상에 의해 계승되었다고 한다. 그런데 이런 고유한 사상과 문화가 후대까지 전승되지 못한 것은 파워엘리트들의 사대주의 때문이었다. 우리 고대국가들의 역사적 실체를 믿는 사람들은 우리 조상들이 당시 이미 존중할 만한 사상과 함께 불교나 유교를 포괄하는 종교적 믿음을 가지고 있었다고 주장한다. 예를 들어 모든 인간을 이롭게 한다는 평등정신을 담은 홍익인간 사상은 인본주의를 표방한 것이고, 신이 인간사회에 내려와 같이 살며 합리적인 사회로 만든다는 재세이화在世理化 사상은 신인합일 사상을 표방한 것이다. 인간은 신의 피조물에 불과했던 당시의 문화 및 의식 수준에 비추어 볼 때 가히 혁명적인 사상이라 할 수 있다. 이에 대한 체계적인 연구가 시급한 이유는 코리아 프리미엄과도 밀접하게 관련되어 있기 때문이다. 이 점에 관해서는 윤내현의 『우리 고대사: 상상에서 현실로』(2014), 「II 민족신화는 무엇을 말해주나」를 참조하라.

외부 침략과 영구적인 가난을 견디는 가운데 생존하는 것이었다. 우리는 특별한 경우를 제외하고는 영토 확장을 위해 다른 나라를 침범한다는 생각을 해본 적이 없다. 우리는 지나치게 소극적이었기에 민족적 자긍심이나 고유 정신을 유지하기 어려웠다. 지배계층이 마음속에 품었던 생각은 일반대중을 희생하는 한이 있더라도 기득권을 지키는 것이었다. 이것은 특히 조선시대에 더욱 심했다. 이 때문에 함석헌은 한국사를 고난의 역사라고 명명했던 것이다.

그는 한 나라를 올바르게 세우는 데는 세 가지가 필요하다고 역설했다. 부, 권력 및 지식이 그것이다. 그리고 건전하고 안정적인 나라를 세우기 위해서는 무엇보다도 지식이 중요하다는 점을 강조했다.[36] 그가 말한 지식에는 과학적 지식은 물론이고 우리의 정체성을 제대로 이해하는 데 필요한 사회적·역사적 지식도 포함된다. 성공적인 경제발전은 우리에게 물질적 풍요를 가져다 주었으며 민주화는 일정한 범위 안에서 권력의 적법한 행사를 가능하게 했다. 그러면 지식의 경우는 어떠한가? 유감스럽게도 한국인들은 일반대중의 복지를 위해 지식을 활용할 정도로 성숙하지는 못했다. 한국인들은 대체로 지식을 이용해 개인적인 이익을 추구하는 데는 능숙해졌지만 이것을 바탕으로 공공의 이익이나 공동선을 추구하는 데는 여전히 미숙하다. 왜냐하면 유사 이래 한 번도 그런 경험을 한 적이 없고 훈련을 받은 적도 없기 때문이다. 한국의 정치가 아직도 가장 낙후된 영역으로 남아 있는 이유도 이 때문이다. 정치란 기본적

---

36 상세한 내용은 함석헌(2003) 37장을 참조하라. 필자는 한국사의 여러 측면과 관련해 그의 입장을 지지한다. 그가 이런 주장을 펼쳤던 시절에 비해 최근 한국사회가 표면적으로는 크게 변했지만 한국인의 사고방식, 즉 의식구조의 관점에서는 거의 변한 것이 없다.

으로 공동선을 추구하는 행위임을 제대로 이해하고 있는 정치인은 극소수에 불과하다. 또한 고등교육을 받은 사람들의 비율이 선진국보다 높음에도 불구하고 한국사회가 여전히 성숙하지 못한 이유는 개인적인 이익 추구를 절제하는 가운데 공동선을 추구할 정도로 이성이 계발되지 못했기 때문이다.

우리 역사에 이성이 지배했던 시대는 단 한 번도 없었다. 그래서 우리가 지향해야 하는 사회는 이성의 힘이 중심적인 역할을 하는 그런 사회다. 그렇다고 이것이 인간의 다른 중요한 측면인 감성과 영성의 가치를 무시한다는 의미는 결코 아니다. 우리는 오랫동안 지나치게 감성에 의존하는 삶을 살아왔다. 이것은 칼 융이 말한 대극의 합일이나 융합의 관점에서 결코 바람직하지 않다. 인간의 의식은 항상 대극을 만든다. 그런데 대극들 간에 갈등이 고조되는 경우에는 항상 정신적으로 어려움을 겪게 된다. 이것은 비단 개인만이 아니라 사회 전반의 경우에도 해당된다. 그래서 대극들 간의 갈등을 해결하기 위한 궁극적인 방법은 대극합일을 추구하는 것이다. 이를 위해서 우리는 상대적으로 약한 이성의 힘을 강화하지 않으면 안 된다. 그래야만 이성과 감성의 조화, 즉 대극합일을 바탕으로 더 높은 경지인 영성을 존중하는 사회를 지향할 수 있기 때문이다.

우리가 추구해야 할 사회는 궁극적으로 이성과 감성 그리고 영성이 조화를 이룬 그런 사회다.[37] 이런 사회에서 코리아 프리미엄은 자연스럽

---

37 영성spirituality은 이제 특정 종교나 구도자들의 전유물이 아니다. 자아의식ego-consciousness이라는 좁고 편협한 분리의식의 한계를 넘어 삼라만상이 모두 하나로 연결되어 있다는 전체의식에 근접하려는 모든 노력은 영성과 관련되어 있다. 통합심리학자인 켄 윌버Ken Wilber가 말하는 합일의식unity consciousness이나 몸과 마음의 통합의학을 주장하는 디팩 초프라Deepak

게 실현될 것이다. 이런 과제를 위해 가장 절실한 것이 우리의 의식 수준을 상승시키는 것이다. 물질적 풍요의 진정한 가치는 전반적인 의식 수준의 향상에 기여하는 것이다. 그러나 우리의 현실은 정반대로, 물질적 풍요는 의식 수준을 낮추는 데 크게 기여하고 있다. 물질적 풍요와 정신적 성숙의 조화, 즉 대극합일을 달성하기 위해서 우리에게 이성의 시대가 절실하다. 지금 우리는 역사의 기로에 서 있다. 물질적 풍요를 슬기롭게 활용할 수 있는 이성의 시대를 열면 우리는 코리아 프리미엄을 실현할 수 있을 것이고, 그렇지 않으면 코리아 디스카운트의 함정에서 빠져나오기 어려울 것이다. 그리고 선택은 전적으로 우리 몫이다.

Chopra가 말하는 순수의식pure consciousness 그리고 물리학자 버나드 헤이시Bernard Haisch가 말하는 무한의식infinite consciousness은 모두 전체의식의 다른 표현이다. 또한 필자는 칼 융이 말하는 자기실현Self-actualization도 같은 의미라고 생각한다. 유한한 인간이 이런 의미의 전체의식을 지향할 수 있다는 것은 축복이다. 그리고 이를 위한 도구인 영성을 우리 노력으로 계발할 수 있다는 것 또한 즐거움이다. 영성도 훈련을 통해 계발할 수 있다는 관점에서 영성지능에 관한 탁월한 책을 쓴 신디 위글스워스Cindy Wigglesworth에 의하면 "영성이란 우리 자신보다 더 큰 무엇, 신성함 혹은 탁월한 고귀함이라고 여겨지는 무엇인가와 연결되고자 하는 인간 본래의 타고난 욕구다". 상세한 내용은 그녀의 『SQ 21』(2014)을 참고하라. SQ는 Spirituality Quotient(영성지능)의 약자다.

2장_ 코리아 프리미엄과 문화·규범 및 의식

1. 코리아 프리미엄과 문화적 전통·규범

1) 문화적 전통과 관습의 역할

각 민족은 자기만의 고유한 역사적·문화적 전통을 가지고 있다. 예를 들어 유대 민족은 다른 민족과는 현저히 다른 고난과 핍박의 역사를 가지고 있다. 간헐적으로 짧은 번영의 기간이 있었지만 수천 년에 걸친 고난 속에서 그들은 독특한 문화적 전통을 수립했으며, 이것을 바탕으로 세계 곳곳에 흩어져 있는 유대인들이 한 민족으로서 정체성을 유지할 수 있었다. 그들이 어디서, 어떻게 살았든 종교적 전통과 역사 및 관습에 대한 기록을 담은 경전인 『토라Torah』와 『탈무드Talmud』는 지금까지도 유대인들의 삶에 지대한 영향을 미치고 있다.[38]

우리도 당연히 고유한 역사적·문화적 전통을 가지고 있다. 양반이라

---

38 『토라』는 모세 5경을 말하며 『탈무드』는 유대인들의 일상생활에 적용되는 율법과 해석을 적어 놓은 책이다.

고 불리는 소수의 상류계층을 제외한 대부분의 한국인들은 500년 이상 지속된 조선시대 내내 빈곤 속에서 근근이 살았다. 그 후 우리는 제국주의 일본에 의한 강제 합병과 한반도의 분단이라는 두 가지 민족적 비극을 경험했다. 경제적 수탈이나 물질적 피해보다 훨씬 더 유감스러운 것은 이런 역사적 사건들이 우리의 문화적 전통과 사회적 관습에 부정적인 영향을 미쳤다는 점이다. 특히 일제하에서 형성된 자조적이고 부정적인 식민지의식과 남북분단으로 인한 이념적 갈등에서 비롯된 분단의식은 지금도 한국인의 의식 수준을 낮추고 사회통합을 저해하는 치명적인 장애물로 작용하고 있다. 이런 상황에서 형성된 문화적 전통과 관습은 우리의 정체성에 부정적인 영향을 미침으로써 광의의 코리아 디스카운트의 원천이 되었다.

다른 나라의 문화적 전통과 사회적 관습에 대한 지식이 부족하면 그 나라 사람들의 행동이나 사고방식을 오해할 수 있다. 예를 들어 우리는 미국의 문화적 전통이나 사회적 관습에 익숙하지 않아 미국인의 행동이나 말을 오해하는 경우가 종종 있으며 그 반대의 경우도 마찬가지다. 이것은 일본이나 중국을 포함해 우리와 정치적·경제적으로 밀접한 관계를 맺고 있는 모든 나라들의 경우에도 적용된다. 각 나라의 문화는 여러 하위문화로 구성되어 있다는 점에서는 동질적이다. 이를테면, 음식문화, 음주문화, 장례문화, 예식문화, 복식服飾문화, 기업문화, 정치문화, 성문화 등이 이에 해당한다. 이 가운데는 모든 문화에서 발견할 수 있는 공통적인 요소가 있는 반면 각 문화마다 독특한 요소가 있다. 개국신화나 영웅 또는 귀신에 관한 이야기는 거의 모든 나라의 문화에서 공통적으로 발견할 수 있는 요소인 반면, 음식이나 장례 또는 복식 등과 관련해서는 나라마다 현저하게 다르다.

　여기서 필자가 강조하고 싶은 것은 모든 문화는 역사적인 산물임과 동시에 공동체를 이루어 살아온 사람들의 의식 및 무의식의 산물이라는 점이다. 따라서 각 나라의 문화에는 현재 그 나라 사람들의 전반적인 의식 수준을 가름할 수 있는 단초端初가 존재한다. 지금 한국의 경우 오랜 농경사회의 전통과 유교원리에 바탕을 둔 고유문화는 거의 영향력을 상실한 반면, 근대화 과정에서 왜곡된 상태로 수용된 서구문화가 표면적으로는 큰 영향력을 행사하고 있다. 그렇지만 한국인들은 본질적으로 서구문화에 대한 이질감을 극복하지 못하고 있는 실정이다. 그 결과 한국사회에서 고유문화와 서구문화가 기이한 방법으로 융합되었고, 이로 인해 한국인은 문화적 정체성을 상실한 상태에 있다. 이를 테면 전통적인 공동체정신의 부정적인 요소(사생활 침해 등)와 개인주의의 부정적인 요소(과도한 개인의 권리 및 자유 추구 등)가 기묘하게 융합된 결과, 개개인은 오직 자신의 기준에 따라 행동하는 사회적 분위기가 형성되었다.

　진정한 코리아 프리미엄을 위해서 우리가 해야 할 일은 글로벌 시대에 맞는 새로운 문화를 정립하는 것이다. 그리고 이를 위한 전제조건은 우리의 의식 수준을 상승시켜 현재 한국사회를 지배하고 있는 극단적인 물질만능주의를 극복하는 것이다. 이와 관련해서 무엇보다도 재벌총수와 그 일가의 태도에 변화가 있어야 한다. 그들은 지금까지 코리아 디스카운트의 원천이었지만 의식 전환을 통해 코리아 프리미엄의 원천이 될 수 있다는 사실을 인식해야 한다. 이것만이 그들이 진정 한국의 미래를 위해 기여하는 길이다.

　문화적 전통이 확립되면 이를 바탕으로 자연스럽게 사회적 관습이 형성되므로 이 둘은 동전의 양면에 해당한다. 문화가 추상적이라면 그 발현으로서의 사회적 관습은 구체적이다. 예를 들어 상부상조相扶相助의 정신은 한국문화의 중요한 요소 중 하나다. 만약 이 정신을 어기는 사람이 있다면 쉽게 드러나게 되어 있고, 그 사람은 더 이상 신뢰할 수 있는 공동체의 구성원으로 간주되기 어렵다. 오랜 세월 동안 유지되어 온 사회적 관습은 나름 합리적인 요소를 내포하고 있기에 앞으로도 계속 유지될 가능성이 크지만 비합리적인 요소가 계속 남아 있다면 안정적인 사회적 관습으로 존속하기 어렵다.[39]

이런 관점에서 현재 우리의 사회적 관습 가운데 코리아 프리미엄의 실현을 저해하는 것으로는 무엇이 있는지 살펴볼 필요가 있다. 예를 들면 고유문화와 외래문화의 부정적인 면들이 기이하게 결합된 사례로 우리의 결혼 문화를 들 수 있다. 이른바 과시적이고 호화스러운 결혼으로 대변되는 한국의 결혼 문화는 코리아 프리미엄의 실현을 저해하는 대표적인 사회적 관습에 해당한다. 단순히 부유층이 큰돈을 들여 성대한 결혼식을 치른다고 비난하려는 것이 아니다. 이 경우 비난의 대상은 그런 결혼식을 통해 자신의 재력을 과시하려는 허영심과 축의금 명목으로 지대地代를 징수하려는 봉건적인 사고방식이다. 만약 사회지도층에 속한 사람들이 사회적 관습을 이런 목적으로 악용한다면, 이것은 의식 수준의 상승을 통해 코리아 프리미엄을 실현한다는 대의大義에 반하는 것이다. 진정 한국의 미래를 걱정하는 사람이라면 자신의 허영심을 충족하

---

[39] 이런 의미에서 한 사회에서 일반대중에 의해 수용되고 있는 사회적 관습은 그것이 무엇이든 내쉬균형Nash equilibrium의 일종이라고 할 수 있다. 게임이론의 핵심 개념인 내쉬균형은 자기 강제적이며 안정적인 성질을 가지고 있으므로 외부로부터 충격이 주어지지 않는다면 오랫동안 지속된다.

고 권력을 과시하려는 욕망을 절제할 수 있는 의식 수준을 갖추어야 한다. 그래야만 그들은 비로소 사회지도층의 자격을 얻게 되는 것이요, 노블레스 오블리주를 실천할 준비가 된 것이다. 이것이 우리가 스스로 설정해야 하는 자율적인 한계다. 이런 한계를 의식하고 행동할 때 비로소 코리아 프리미엄의 가능성이 현실화될 수 있다.

2) 사회규범의 역할

한 사회에 문화적 전통과 사회적 관습이 확립되어 있다면 그 자연스러운 귀결로 사회규범이 형성된다. 사회규범이란 사람들의 행동에 적용되는 일반적인 기준이나 규칙을 말한다.[40] 따라서 어느 사회에서든 문화적 전통에서 출발해 사회적 관습으로 정착하고 궁극적으로 사회규범으로 이어지는 연쇄적인 반응이 형성된다. 이렇게 형성된 사회규범은 법률체계와 함께 사회질서를 유지하는 중요한 역할을 하는데, 이 둘은 본질적으로 상보적이다. 따라서 코리아 프리미엄의 과제를 문화적 전통 및 사회적 관습과 연관시키는 경우 궁극적으로 한국사회의 사회규범과 관련된 문제로 귀결된다. 사회규범은 문화적 전통 및 사회적 관습의 완성이므로 이들 가운데 비합리적이고 비이성적인 요소가 많이 포함되어 있으면 사회규범 또한 그 한계를 벗어나지 못한다. 그리고 문화적 공백이 오래 지속되는 경우 사회규범이 해체되는 문제가 발생할 수 있다. 이

---

40 사회학자들은 사회규범을 사회적 행동을 규제하는 넓은 의미에서의 법으로 설명한다. 규범 그 자체가 공식적인 법은 아니지만 여전히 사회적 통제를 진작시키는 데 상당한 역할을 한다. 사회규범은 때로는 공식적으로(즉, 제재를 통해), 때로는 비공식적으로(즉, 신체 언어나 비언어적 소통 수단 등을 통해) 강제될 수도 있다.

런 면에서 한국사회는 지금 과도기적 상황에 처해 있다. 과거에는 유교 원리에 기반을 둔 사회규범이 존재했다. 그런데 근대화 이후 그 영향력이 급격히 쇠퇴한 반면, 이에 대한 대안이 아직 등장하지 않고 있다. 이것이 사회규범의 관점에서 본 한국사회의 현주소다.[41]

한국사회에서는 건전한 사회규범이 존재하지 않는 가운데 사람들 간에 크고 작은 갈등이 급격히 증가해 왔다. 한국인들은 마치 '만인의 만인에 대한 투쟁 상태'에 있는 것처럼 보인다. 정치인들의 행동과 진술에서 이런 전형적인 사례를 발견할 수 있다. 정치적 쟁점이 발생할 때마다 국민들은 여야 정치인들 간의 합리적인 대화를 기대해 왔다. 그러나 그들은 항상 상대방을 비난하기에 급급했다. 한국에서 양당 합의는 거의 불가능에 가깝다. 그들의 진술을 자세히 살펴보면 현재의 쟁점에 적용할 수 있는 공통의 기준을 발견할 수 없고, 오직 자신의 기준을 상대방에게 강요하려 한다는 것을 알 수 있다. 대표적인 파워엘리트인 정치인 개개인의 의식 수준은 그리 낮지 않다. 그렇지만 현재의 정치 풍토에서 그들의 집단적 의식은 매우 낮은 수준에 머물러 있다. 더 유감스러운 것은 어떤 정치인도 이런 상황을 극복하려고 진지하게 고민하지 않는다는 사실이다. 이런 상태가 지속되는 한 코리아 프리미엄의 실현을 위한 어떤 변화도 기대하기 어렵다. 건전한 정치규범은 건전한 사회규범의 핵심 요소다. 그들의 집단적 의식 수준이 상승해야만 건전한 정치규범이 확립될 수 있다.

경제 분야에서 다른 사례를 발견할 수 있다. 자본주의 역사에서 시장

---

41 이에 대한 상세한 논의는 이영환 · 김홍범의 『과학에서 규범으로』(2011)를 참조하라.

규율과 사회규범은 종종 대체적이 아니라 보완적이었다. 시장경제가 효율적으로 작동하고 사람들의 복지 수준을 향상시키는 데 기여하려면 시장규율만으로는 충분치 않고 적절한 사회규범과 정부규제에 의해 보완되어야 한다. 2008년 미국의 서브프라임 사태로 촉발된 세계적인 금융위기는 사회규범이 약화된 경우 선진적인 시장경제라도 붕괴될 수 있다는 것을 보여주었다. 금융자본주의에서는 미래에 대한 기대期待의 역할이 중요하다. 예를 들면 부동산, 귀금속 및 주식 등 다양한 자산들의 가격이 결정되는 과정에는 미래에 대한 기대가 반영된다. 그런데 이런 기대가 형성되는 과정에서 사회규범이 일정한 역할을 한다. 오늘날과 같은 금융자본주의 시대에 경제활동에서 신뢰와 신용은 중요한 요소다. 법률체계만 가지고는 선진사회를 유지하는 데 필요한 일정 수준의 신뢰와 신용을 확보할 수 없다. 이것은 건전한 사회규범이 확립된 경우에만 가능하다. 이런 의미에서 시장경제의 성과는 시장규율과 사회규범이 얼마나 효과적으로 상호작용하는가에 달려 있다고 해도 과언이 아니다.

논란이 많은 재벌총수와 그 일가의 행동도 이런 관점에서 접근할 수 있다. 만약 그들이 윤리적 기준을 지킬 정도로 점잖고 신중하다면 그들로 인해 발생하는 대부분의 사회적 쟁점들을 별다른 어려움 없이 해결할 수 있다. 그렇지만 유감스럽게도 한국사회에는 그들이 절제된 행동을 하도록 유도하는 사회규범이 존재하지 않으며, 그들 또한 사회규범을 전혀 의식하지 않는다. 자본주의는 사유재산권과 자유계약에 근거하고 있다. 어떤 자산에 대한 소유권을 일부 보유하고 있는 사람은, 누구를 막론하고, 그 자산으로부터 얻을 수 있는 혜택에 대해 배타적인 권리를 주장할 수 없다. 만약 어떤 자산에 대해 절반의 권리를 가지고 있다면 그 자산으로부터 얻을 수 있는 혜택의 절반에 해당하는 권리만을 주장할 수 있을 뿐이다. 그런데 한국사회에서는 이와 같이 명백하고 상식적인 원리가 재벌에게는 적용되지 않는다. 한국에서 재벌총수와 그 일가는 대부분 자신의 기업집단에 속한 계열사들에 대해 평균적으로 1% 남짓의 소유권(지분)을 보유하고 있다. 그렇지만 재벌총수와 그 일가는 계열사들에 대해 거의 모든 경영권을 행사하고 있으며 그들이 원하는 것은 무엇이든 할 수 있다.[42] 이것은 자본주의라기보다는 변형된 조합주의 corporatism에 가깝다. 만약 그들이 주주자본주의의 진정한 정신을 존중한다면 자신들 권한의 상당 부분을 다른 주주들에게 양도해야 한다.

한국사회에서 공식적인 법률시스템은 이미 재벌의 영향력 아래 있기 때문에 이것을 이용해 그들의 권리 남용을 억제하는 데는 한계가 있다. 그래서 그들은 아무런 죄의식 없이 중세의 영주처럼 행동하고 있는 것이다.[43] 비록 시간이 걸리겠지만 이런 상황에서 근본적인 해결책은 건전한 사회규범을 확립하는 것이다. 재벌총수와 그 일가가 결코 무시할 수

---

[42] 2014년 7월 공정거래위원회에서 발표한 자료에 의하면 SK그룹의 경우 총수일가의 지분율은 0.5%로 가장 낮았으며 다음은 삼성그룹으로 총수일가의 지분율은 1.3%에 불과했다. 2013년에는 SK그룹의 경우 총수일가의 지분율이 0.7%였고, 삼성그룹의 경우 총수일가의 지분율이 1.3%였던 것과 비교해 큰 변화가 없다. 한편 총수가 있으면서 공정거래위원회의 규제를 받는 40개 기업집단의 경우 총수일가의 평균 지분율은 4.2%였다. 이것 또한 2013년의 4.4%에 비해 큰 변화가 없었다. 상세한 내용은 www.ftc.go.kr을 참조하라.

[43] 피터 언더우드(2012)와 박창기(2012)도 그들의 저서에서 재벌의 행태에 관해 이와 유사한 논의를 전개했다. 이들 모두 재벌총수들이 적절한 소유권도 없이 계열사들에 대해 완벽한 지배권을 행사하고 있는데, 이것은 어떤 기준에서도 불공정하다고 주장한다. 소유권 없는 지배는 자본주의 정신에 반하는 것이다. 같은 논리가 북한 그리고 일부 대형 교회에도 적용된다. 예를 들어 대형 교회를 건립자의 아들에게 상속하는 것은 건전한 사회규범에 반하는 일이다. 재벌과 북한 그리고 일부 대형 교회의 경우 외형적으로는 달라 보이지만 의식 수준의 관점에서는 차이가 없다. 이들은 모두 리더와 측근들의 낮은 의식 수준의 발현일 뿐이다.

없는 사회규범이 한국사회 전반에 확립된다면 재벌과 관련된 문제 중 상당 부분을 해결할 수 있다. 오늘날 한국경제를 포함해 모든 분야에서 재벌의 막강한 영향력을 고려한다면 이것은 코리아 프리미엄을 위해 더 이상 미룰 수 없는 과제다.

2. 코리아 프리미엄과 한국인의 특성

한 사회의 문화적 전통, 사회적 관습 및 사회규범이 형성되는 과정에는 인간의 이성적 측면과 감성적 측면이라는 두 가지 상반된 요소들이 관여한다. 그렇지만 일상생활에서는 대체로 감성적 측면이 중요하다. 이것은 동서고금을 막론하고 진실이다. 그런데 한국인의 경우 감성적 측면이 지나치게 활성화되어 있다는 것이 문제다. 과거 문화적 전통과 관습 및 사회규범이 형성되는 과정에서 감성적인 측면이 지나치게 반영되었다. 문제는 이런 경향이 지금도 거의 변하지 않았다는 사실이다. 따라서 한국인의 감성적 측면 가운데 향후 코리아 프리미엄의 실현과 관련해 우리가 극복해야 할 것들이 무엇인지 살펴볼 필요가 있다.

1) 조급함과 불안감

한국은 구매력으로 평가한 일인당 국민소득을 기준으로 할 때 이미 유럽의 평균 수준을 넘어선 것으로 평가되고 있다. 인구에 비해 상대적으로 국토 면적이 좁고 대도시에 인구가 집중해 있어 삶의 질이라는 관점에서는 열악한 면이 있지만 한국은 물질적으로는 선진국 못지 않은 풍요를 누리고 있다. 문제는 이런 물질적 풍요를 지나치게 짧은 기간에 달성했다는 데 있다. 인간의 의식은 원래 주변 환경에 서서히 적응하도록 되어 있다. 왜냐하면 인간의 뇌는 서서히 진화해 왔기 때문에 주변 환경이 아무리 빨리 바뀌어도 의식은 이에 대응해 신속하게 변하지 않기 때문이다. 그래서 농경사회에서 형성된 과거의 의식구조와 경제개발 과정에서 형성된 새로운 의식구조가 기이하게 결합한 가운데 우리의 사고와 행동을 지배하고 있는 것이다. 이런 상태에서 코리아 프리미엄을 위해 극복해야 할 것 중 하나가 조급함과 불안감이다. 이들은 우리의 의식수준을 낮추는 결정적인 요인으로 작용하고 있다.

　이 문제와 관련된 두 가지 사례를 언급하면서 논의를 시작해 보자. 하나는 증권시장에서 투자자들의 경박스러운 행동에 관한 것이다. 증권시장이나 선물시장에 참여하고 있는 한국인들은 대부분 단기적인 자본이득에만 관심 있는 일일거래자day trader거나 초단기거래자scalper들이다. 물론 단기와 장기 가운데 어떤 관점에서 투자할 것인가는 전적으로 투자자의 전략에 달려 있다. 그런데 외국투자자들의 투자자금은 주로 핫머니로 알려져 있음에도 불구하고 그들이 한국의 기관투자자들이나 개인투자자들에 비해 장기투자를 하고 있다는 사실은 역설적이다. 이것은 그만큼 한국인 투자자들이 단기투자에만 집중하고 있다는 증거다. 이들이 그렇게 행동하는 이유는 바로 조급함 때문이다. 이들은 증권시장에서 기업의 내재가치를 중시하는 가치투자보다는 단기적인 자본이득을 얻는 데 더 관심이 있다. 이와 유사한 다른 사례로 정부 관료들을 포함해 대부분의 한국인들은 장기계획보다는 단기계획을 더 선호하는 경향이 있다는 것을 지적할 수 있다. 이렇게 행동하는 이유는 주변 여건이 불확실하므로 장기계획을 수립하고 이에 따라 행동하는 것이 결코 유리하지 않다고 생각하기 때문이다. 물론 이런 현상이 한국인에게만 국한된 것은 아니다. 그렇지만 한국인들이 지난 수십 년 동안 격변하는 여건하에서 의사결정을 내려야 했기에 더욱 조급해진 것은 부인하기 어렵다. 이런 경험으로 인해 한국인의 의식에는 조급함이 깊이 각인되었던 것이다.

이런 조급함의 바탕에는 우리 주변에 만연해 있는 '빨리, 빨리!' 문화가 존재한다. 일부 외국인들에게는 이런 문화가 인상적으로 보일 수 있지만 대부분의 외국인들은 이것을 이해하지 못한다. 일부 한국인들은 이런 조급함을 역동성의 발현이라고 칭송하지만 억지주장에 가깝다. 왜냐하면 조급함과 역동성은 조화시키기 어려운 대립적인 개념이기 때문이다.[44] 물론 한국인들은 변화하는 환경에 매우 신속하게 적응한다는 의미에서 역동적이라 할 수 있는 면이 전혀 없는 것은 아니다. 이런 이유로 피터 언더우드는 한국인을 빠른 추종자fast follower라고 불렀던 것이다.[45]

---

[44] 역동성은 한국인들이 보유하고 있는 바람직한 문화적 유전자들 가운데 하나라고 주장하는 사람도 있다. 그렇지만 필자는 한국인에게 역동성이란 표현을 사용하는 것은 조급함을 그럴 듯하게 포장한 데 불과하다고 생각한다. 이에 대한 상세한 내용은 주영하 외의 『한국인의 문화유전자』(2012) 9장을 참조하라. 이 책에 의하면 역동성은 한국인의 긍정적인 10개 문화적 유전자들 가운데 하나다. 그러나 조급함은 단기적인 상태를 묘사하는 개념인 데 반해 역동성은 장기적인 성향을 나타내는 개념이다.

[45] 한국에 살고 있는 미국인 피터 언더우드는 한국인들에게 '빠른 추종자' 문화를 '선도자' 문화로 대체하라고 조언한다. 그는 '빨리, 빨리!' 문화는 선도자에게는 적합하지 않다고 강조한다. 상세한 내용은 그의 『퍼스트 무버』(2012)를 참조하라. 필자도 그의 견해에 동의하기에 여기서도 '빠른 추종자'와 '선도자'라는 용어를 종종 사용할 것이다.

무엇이든 빨리 모방한다는 점에서 한국인을 따라올 민족은 별로 없다. 그렇지만 많은 외국인들은 이런 문화를 조급함의 징표로 이해하는 경향이 있다. 그들은 한국인들이 항상 왜 그리 서두르는지 이해하지 못한다. '빨리, 빨리!' 문화의 두드러진 특성은 조급함이다. 일상생활에서 자주 관찰할 수 있듯이 한국인들은 정말로 조급하며, 그래서 의사결정에 일관성이 없다.

한국인들은 과거에는 이런 '빨리, 빨리!' 문화에 익숙하지 않았다. 일제시대 때 총독부는 조선을 효과적으로 통치하기 위해 일본인 학자들로 하여금 한국인의 기본적인 특성에 관해 철저히 연구하도록 했다. 그들의 연구에 의하면 조선시대 말까지 한국인들이 조급하다는 증거는 없었다고 한다. 그 반대로 여유로움unhurriedness이 조선시대를 통틀어 한국인들의 두드러진 특성이었다. 그렇지만 근대에 들어서 남북간 대치, 이데올로기 갈등 그리고 빠른 경제성장이 한국인들의 사고방식에 큰 영향을 미친 이후 모든 것이 변했다. 특히 1960년대 이후 경제개발이 본격화되면서 한국인들은 매우 조급하게 변했다.

오늘날 많은 한국인들은 여러 분야에서 이룩한 놀라운 성과를 즐기고 있다. 이제 한국에서 정치권력의 평화적인 교체는 자연스러운 일이 되었다. 주요 정당의 대권 및 국회의원 후보자 지명 과정에서 가끔 불미스러운 일이 발생하긴 하지만, 2012년 대통령선거가 순조롭게 진행되었으며 한국인들은 역사상 최초의 여성 대통령으로 고 박정희 대통령의 딸인 박근혜 씨를 선택했다. 이것은 한국이 민주적 절차의 관점에서 몇몇 나라들을 제외한 대부분의 나라들보다 훨씬 더 선진화되어 있다는 것을 의미한다. 또한 1992년 군사정권이 막을 내린 후 정치권뿐만 아니라 기업도 가급적 적법한 절차를 준수하려 한다는 의미에서 한국은 더욱더 민주화되고 있다. 가정에서도 이제는 적법한 절차를 지키는 것이 일상생활의 일부가 되었다. 최근까지도 한국사회는 세계에서 가장 가부장적인 사회 중 하나였다. 아버지를 제외하고는 가족구성원 가운데 누구도 자신의 의견을 말하기 어려웠다. 그렇지만 이제는 상황이 크게 변했다. 이런 변화의 주요 원인으로는 한국 여성들의 사회적 지위가 보편적으로 크게 상승했다는 것을 지적할 수 있다. 그들은 더 많이 교육받았으며 재정적으로 더욱 독립적이 되었기 때문이다.

그런데 이 모든 것이 사실이라면 우리는 왜 코리아 디스카운트를 염려해야 하는가? 그 이유는 짧은 기간에 여러 분야에서 괄목할 만한 성과를 거두었지만 한국인의 잠재력과 정신력을 약화시킬 수 있는 여러 가지 취약점들이 존재하기 때문이다. 표면적으로는 강하고 안정된 것처럼 보이지만 한국은 면도날 위에 있는 것처럼 위태롭게 보인다. 선진국이 되기 위해 중요한 전제조건 중 하나가 건전한 이성과 절제된 감성을 바탕으로 작동하는 사회시스템을 확립하는 것이다. 한국의 미래와 관련해 특히 걱정스러운 점은 한국인들은 개인적 합리성individual rationality을 바탕으로 자신의 이익을 추구하는 데는 능숙해졌지만 사회적 합리성social rationality을 추구하는 데는 여전히 취약하다는 사실이다.[46] 나아가 한국

---

46 개인적 합리성은 경제학에서 말하는 합리성에 해당한다. 즉, 이기심을 충족시키기 위해 효율적인 방법을 사용한다는 점에서는 대부분의 한국인들이 개인적으로는 합리적이다. 이들은 상황에 따라 득실에 대한 계산이 매우 빠르기 때문에 개인적으로 손해 보는 일은 절대로 하지 않는다. 한국인은 과거에 비해 이런 면에서 상당히 능숙해졌다. 반면 다른 사람들과의 관계를 고려하는 가운데 사회적으로 바람직한 행동을 하는 이성적인 태도를 사회적 합리성이라고 할 때 한국인들은 이런 면에서는 매우 취약하다. 이 두 가지 합리성 간에 빈번하게 발생하는 충돌이 한국인의 전반적인 의식 수준을 나타내고 있다.

인들은 종종 아무런 여과 없이 자신의 감정을 드러냄으로써 상황을 더욱 악화시키곤 했다. 필자는 이 모든 것들이 한국이 일본에 강제 합병된 후 최근까지 한국인들이 경험했던 다양한 사건들로부터 비롯되었다고 생각한다.

한국의 근대사는 예측할 수 없었고 파괴적이었던 수많은 사건들로 점철되어 있다. 영원히 지속될 것 같던 일본의 지배는 한국인들의 사기를 극도로 저하시켰고, 그래서 한국인들은 대부분 친일적인 협력자가 되지 않을 수 없었다. 당시 한국인들은 세상이 어떻게 돌아가고 있는지 이해할 수 있는 지적 능력도 없었고 상황에 대한 정확한 정보도 부족했다. 오늘날에도 많은 한국인들이 이성적으로 판단하는 능력이 부족한 이유를 이런 역사적 경험에서 찾을 수 있다. 이런 경험의 충격이 한국인들의 의식뿐만이 아니라 무의식에도 깊게 각인되었기 때문이다. 또한 해방 이후에는 한반도 전체를 휩쓸었던 이데올로기 갈등으로 인해 한국인들 대부분은 정서적으로 매우 불안정해졌다. 당시 많은 한국인들이 무슨 일이 벌어지고 있는지 잘 모르는 가운데 일종의 광기에 사로잡혀 있었다. 고향을 떠난 많은 사람들이 두려움과 허기 속에서 이리저리 방황했는데, 이런 상황에서 이성보다는 본능에 호소하는 편이 생존에 유리하다는 것을 알았다.

한편 한국전쟁의 피해로부터 어느 정도 복구된 이후인 1962년부터 시행된 경제개발은 많은 한국인들에게 빈곤을 극복하고 중·상류층으로 진출할 수 있는 기회를 제공해 주었다. 이런 의미에서 한국은 문자 그대로 역동적인 나라가 되었던 것이다. 그런데 이런 상황에서 대부분의 한국인들은 경험을 통해 이성적으로 행동하는 것이 결코 유리하지 않다는 것을 인식하게 되었다. 예를 들어 단기간에 아파트 가격이 몇 배로 뛰는 것을 경험하는 상황에서 이성적으로 행동하는 것은 거의 불가능했다.

2) 소심함과 두려움

한국인들 대부분은 다른 사람들과 얘기할 때 자신의 의견을 적극적으로 표현하지 않는다. 이런 현상은 외국인을 만났을 때 더욱 심해진다. 한국인들은 자신이 생각하고 있는 것을 다른 사람들에게 솔직하게 말하기를 꺼려한다는 의미에서 소심하다. 그 이유는 한국인들이 수동적인 태도에 익숙하고 속마음을 숨기려 하기 때문이다. 이것은 겸손과는 아무런 관련이 없다. 소심함은 과거 권위주의적인 시대에 사람들이 생존을 위해 채택한 방어기제防禦機制의 일종으로서 다른 사람들에게 자신의 진정한 감정을 숨기는 효과적인 방법이었다. 그런데 오랫동안 소심하게 행동하다 보면 소심함은 두려움으로 발전하게 된다. 이런 의미에서 소심함과 두려움은 종종 함께 존재한다.

이런 현상은 준비가 안 된 상태에서 낯선 사람을 만나는 경우 더욱 심해진다. 한국인들은 가정이나 학교에서 특별히 훈련을 받지 않았기 때문에 이렇게 행동할 수밖에 없었다. 자신의 생각을 적절한 방법으로 다른 사람에게 전달하지 못하면 그 사람은 과소평가될 가능성이 높은데, 이것이 지금까지 한국인들에게 발생한 일이다. 소심함을 보여주는 좋은 예는 영어를 배우는 경우에서 찾을 수 있다. 많은 한국인들이 영어를 배우는 데 적지 않은 시간과 돈을 투입하지만 미국인이나 다른 외국인을 만나 그들과 당당하게 대화할 수 있는 사람은 그리 많지 않다. 또한 학교에서 주저하지 않고 교사에게 질문하는 학생들을 찾아보기도 어렵다. 이것은 초등학교에서뿐만 아니라 대학에서도 흔히 목격할 수 있는 현상으로, 소심함을 보여주는 대표적인 사례다.

많은 한국인들이 다른 사람과 적절하게 대화하는 방법을 모른다. 이것 또한 소심함과 밀접하게 관련되어 있다. 한국인들은 토론과 대화를 장려하는 환경에서 양육되지 않았기 때문에 대화를 통해 어색한 상황에 대처하는 방법을 모른다. 옛날부터 오만한 것보다는 차라리 소심한 편이 칭찬받아 왔기 때문에 우리의 무의식에는 소심한 척하는 것이 유리한 것으로 깊이 각인되어 있다. 자신의 의견을 솔직하게 다른 사람에게 표현함으로써 소심함을 극복하는 것이 광의의 코리아 디스카운트를 극복하기 위해 달성해야 하는 과제 중 하나다.

외국인이 한국인을 낮게 평가하게 만드는 또 다른 특성 가운데 하나로 지나친 두려움을 지적할 수 있다. 두려움이란 인간 본능의 자연스러운 부분으로 두려움으로부터 완전히 자유로운 사람은 없다. 그렇지만 한국인들은 오랫동안 지나치게 두려움에 사로잡혀 있었다. 지난 수천 년 동안 한국은 주변 국가들로부터 자주 침공을 당해 왔는데, 한국인들 대부분은 곧 닥칠 전쟁에 대해 아무런 정보를 얻을 수 없었기에 아무것도 대비할 수 없었다. 이 가운데 가장 악명 높은 사례는 1592년에 일본이 조선을 침략한 사건이다. 한국전쟁의 경우도 마찬가지다. 당시 대부분의 사람들은 전쟁이 발발할 것을 예상하지 못했다. 이런 상황에서 갑작스럽게 전쟁이 발발해 일반인들은 극도의 두려움에 휩싸일 수밖에 없었다. 이와 같이 몇몇 파괴적인 전쟁을 포함해 수많은 고난을 경험했기에 지나친 두려움이 한국인들의 기본적인 특성 중 하나가 되었다. 이것

은 한국인들 개개인의 무의식에 각인되었으며 나아가 집단적 무의식의 일부가 되었다.[47]

지금까지 우리가 성취한 놀라운 경제발전도 두려움을 경감시키지 못했다. 왜냐하면 두려움의 대상만 바뀌었을 뿐 두려움 자체는 그대로 존재하기 때문이다. 이를테면 오늘날 한국인들 대부분은 집이나 차와 같이 자신이 소유한 것을 잃을지도 모른다는 강한 두려움을 느끼고 있다. 과거 두려움의 원천은 살해당한다거나 굶어 죽을지도 모른다는 막연한 감정이었던 반면, 현재는 소유하고 있는 것들을 박탈당할지 모른다는 초조한 감정이다. 과거와 비교해 한국인들의 상황은 엄청나게 변했지만 두려움의 배후에 있는 논리는 그대로 남아 있다. 더욱이 이런 감정은 인간의 합리적 측면이 적절하게 작동하지 않는 경우에는 더욱 강해진다. 이성의 힘은 지나친 두려움을 극복할 수 있는 가장 신뢰할 수 있는 수단이다. 왜냐하면 이성적인 사고를 통해 두려움의 원인을 이해하고 해결 방안을 모색할 수 있기 때문이다.

한국인들은 이성적인 사고보다는 종교적 믿음을 더 선호하는 경향이 있다. 물론 두려움에 대처하는 데 종교적 믿음이 도움이 되는 것은 사실이다. 모든 종교의 기원에는 인간의 원초적 두려움이 자리 잡고 있다는 것은 종교가 두려움을 해소하는 목적을 가지고 출현했다는 것을 시사한다. 그런데 한국인의 경우 두려움이 지나친 나머지 기복적인 신앙을 통해 두려움을 해소하는 데 그치지 않고 다른 사람들보다 더 많은 복을 기

---

[47] 칼 융이 발전시킨 분석심리학적 방법은 한국인들에게 적절하게 적용될 수 있다. 한국인들의 꿈에 자주 등장하는 다양한 상징들은 우리의 무의식에 잠재해 있는 원형들의 표현으로 해석할 수 있다. 상세한 내용은 칼 융(2012) 1장을 참조하라.

원하는 쪽으로 기울었다. 그래서 한국에서는 전통적인 샤머니즘이든, 불교, 기독교, 천주교 아니면 민족종교든 관계없이 모두 기복적인 측면을 강조하는 근본주의 신앙으로 변질되었다.[48] 이런 표층종교적 태도는 이성의 힘을 약화시킬 뿐만 아니라 글로벌 기준에서 볼 때 코리아 프리미엄을 실현하는 데 부정적으로 작용할 수 있다.

3) 시기심과 경합

한국인의 가장 강력한 감정 중 하나가 시기심이다. 이것은 자신을 다른 사람과 비교하는 것으로부터 비롯된다. 대부분의 한국인들은 비교에 민감하다. 왜냐하면 한국인들은 대체로 다른 사람들이 어떻게 평가하는가에 따라 자신의 존재감을 확인하려 해 왔기 때문이다. 오랫동안 농촌 마을에서 함께 살았던 경험 때문에 다른 사람들과의 관계에 큰 비중을 두는 것이 우리의 전통이다. 따라서 한국인들은 외부가 아니라 같은 마을에 있는 잠재적인 경쟁자들에 대처하는 방향으로 자신의 의식과 감정을 발전시켜 왔다. 시기심이 극적인 방법으로 표출된 것이 조선시대 내내 그치지 않았던 당쟁이다. 당쟁을 강조하는 것은 식민지사관의 후유

---

48 『이코노미스트』 특파원이었던 대니얼 튜더(2012)는 그의 책에서 한국의 샤머니즘, 즉 무속巫俗을 매우 예리하게 분석했다. 그는 한국 샤머니즘의 뚜렷한 특성을 다음과 같이 요약했다. "무속의 이런 측면들 - 유연성, 실용주의, 의심에 대한 개방성 그리고 다른 믿음을 쉽게 수용하는 것 - 은 한국 문화뿐만 아니라 대체로 종교적인 관용이 자리 잡는 데 긍정적인 영향을 미쳤다."(33쪽) 이것은 한국의 샤머니즘에 대한 탁월한 견해다. 그런데 그는 한 가지 중요한 점을 놓쳤다. 그것은 바로 샤머니즘은 사람들이 두려움을 극복하는 데 도움을 주었기 때문에 오랫동안 생존할 수 있었다는 사실이다. 사랑이나 자비보다는 두려움 때문에 한국인들이 종교적인 믿음에 더욱 집착한다는 것이 필자의 생각이다.

증이고, 실제로는 활발한 정치적 논쟁이 있었다고 주장하는 사람도 있다. 그렇지만 당시 파워엘리트들이 백성들의 안녕과 복지를 놓고 논쟁을 벌였던 것이 아니라 대체로 권력 유지 내지 강화를 위해 다투었다는 사실을 감안할 때 시기심과 연결시키지 않을 수 없다. 그리고 이런 종류의 시기심의 대표적인 사례로는 16세기 말 임진왜란 때 결정적인 해전에서 일본 해군을 물리침으로써 상황을 역전시켰던 이순신 장군을 투옥한 사건을 들 수 있다.

이런 의미에서의 시기심은 외국인들이 한국인을 낮게 평가하도록 만드는 특성들 가운데 하나다. 시기심이 인간의 보편적인 감정인 것은 분명하다. 그런데 필자가 강조하려는 것은 한국인에게 만연한 시기심의 또 다른 측면이다. 한국인들은 쌀 농사를 위해서 노동력을 공유해야 했기에 한반도에 산재해 있는 작은 마을들에서 수천 년 동안 함께 살아왔다. 따라서 한 마을에 있는 주민들은 대체로 하나의 대가족의 구성원들로 간주되어 왔으며 그들의 의식을 지배했던 것은 일종의 공동체정신이었다. 이것 자체는 별다른 문제가 되지 않지만 가족주의의 확대된 표현으로서의 공동체정신은 작은 마을의 주민들 간에 여러 가지 정서적 갈등을 유발했다. 그 가운데 가장 강력한 감정이 시기심이었다.

한 마을의 주민들은 동일한 생각, 동일한 생활 수준, 동일한 가치체계 그리고 심지어는 동일한 감정을 공유할 것으로 기대되었다. 그런데 이것은 인간 본성의 다른 측면과 양립하기 어려웠다. 예를 들어 주목받을 만한 일을 성취함으로써 다른 사람들로부터 존경을 받고자 하는 것은 인간 본성의 중요한 부분이다. 동기유발이론으로 잘 알려진 에이브러햄 매슬로Abraham H. Maslow가 지적했듯이, 자아실현은 인간의 궁극적인 목표다.⁴⁹ 그러나 이런 개인적인 동기가 공동체정신과 갈등을 초래하는 경우 일종의 혼합된 감정이 발생하게 되어 있다. 이것이 시기심에 해당한다. '사촌이 땅을 사면 배가 아프다'라는 오래된 속담은 한국인의 사고방식에 내재한 시기심의 전형적인 예를 보여준다. 한국인은 다른 사람의 성취로부터 자기발전을 위한 동기를 유발하기보다는 그 성취를 별것 아닌 것으로 폄하해 다른 사람의 성취를 시기하는 경향이 있다. 시기심은 일반적으로 두 부분으로 나눌 수 있는데, 하나는 동기유발과 관련되어 있고 다른 하나는 일종의 혐오와 관련되어 있다. 전자를 긍정적인 시기심, 후자를 부정적인 시기심이라고 부를 수 있다. 많은 한국인들이 부정적인 시기심에 지나치게 경도되어 있는 것이 문제다.

경합emulation은 1960년대 경제개발계획이 본격적으로 추진되기 전에는 한국인들에게 익숙하지 않은 용어였다.⁵⁰ 조선시대에는 양반계층만이 관리를 선발하는 과거시험에서 다른 사람들과 경합할 자격이 주어졌다. 나머지 사람들은 경합의 진정한 의미를 몰랐다. 이런 추세는 1910년 한국이 일본에 강제로 합병될 때까지 지속되었다. 그 후 조선총독부는 식민정책을 추진하기 위해 제한된 범위 안에서나마 한국인을 등용했

---

49 미국 심리학자 에이브러햄 매슬로는 1943년 욕구단계설을 제안했다. 그는 인간의 욕구를 다섯 단계로 구분했는데 낮은 단계부터 나열하면 물리적 욕구, 안전의 욕구, 소속감과 사랑의 욕구, 존경의 욕구, 자아실현의 욕구이다. 그런데 요즈음은 자아실현보다 자기실현이라는 용어가 더 널리 사용되고 있다. 편협한 자아의식의 중심인 자아보다는 의식과 무의식을 통합한 전체정신의 실현을 지향한다는 의미에서 자기실현이 더 적절한 표현으로 인식되고 있다. 특히 칼 융의 분석심리학의 관점에서는 더욱 그러하다. 이에 대한 상세한 논의는 이부영의 『자기와 자기실현』(2014)을 참조하라.

50 여기서 경합은 영어의 emulation을, 경쟁은 competition을 의미한다. emulation은 경쟁과 함께 모방의 의미도 가지고 있고, 실제로 이것이 한국인들이 가장 잘하고 있는 것이다. 다른 적절한 단어가 없기에 이 두 가지 의미를 모두 함축하는 용어로 경합을 사용하고자 한다.

기에 일부 현실 지향적인 젊은이들은 이때부터 치열한 경합에 참여하기 시작했다. 그렇지만 여전히 소수만이 경합의 의미를 이해하고 있었다.

여기서 경합과 경쟁의 차이를 간단히 살펴볼 필요가 있다. 이 두 가지 개념은 제한된 기회나 대상을 상대로 다툰다는 의미에서는 같지만, 무엇을 지향하는가라는 관점에서는 다르다. 경쟁은 무엇인가 이성적으로 계산할 수 있는 것을 추구한다는 의미를 함축하는 반면, 경합은 보다 감정적인 것을 추구한다는 의미를 내포한다. 경쟁은 대체로 비인격적인 반면, 경합은 상당히 개인적이다. 만일 내가 직장을 얻기 위해서 치열하게 경쟁하고 있다면 다른 경쟁자들에 대해 특별한 개인적인 감정을 갖지 않는다. 그런데 만일 내가 골프와 같은 경기에서 다른 사람들과 경합하고 있다면 그들에 대해 개인적인 감정을 형성하게 된다. 또한 한국사회에서 경합은 때로는 경쟁자들과의 치열한 경쟁의 형태로 드러나는 반면, 때로는 자신이 숭배하는 대상을 모방하는 행위로 표현된다. 문제는 한국사회에서 경합은 종종 선의善意에 기반을 두지 않고 있다는 것이다. 그렇기 때문에 경합이 사회를 통합하고 공동선을 추구하는 데 긍정적인 역할을 할 것으로 기대하기 어렵다.

시장경제에서 경쟁은 사람들이 최선을 다하도록 동기를 유발하는 요인이다. 이것이 이상적인 경쟁 상태인 완전경쟁의 역할이다. 경쟁이 없다면 어느 누구도 최선을 다하려 하지 않을 것이다. 반면 독점은 개인적인 관점에서는 가장 매력적이지만 사회적 관점에서는 정반대다. 이런 이유로 완전경쟁이 이상적인 시장의 전제조건인 것이다. 그런데 한국사회에서 경합은 경쟁과는 다른 관점에서 검토되어야 한다. 만약 한국사회에서 경합이 모방 행위와 불공정한 경쟁을 의미한다면, 이것은 궁극적으로는 한국경제의 경쟁 기반을 약화시키고, 나아가 창의적인 사고를 위해 필수적인 다양성을 제한하게 될 것이다. 이런 이유로 효율성과 공정성의 원칙이 지켜지지 않는 가운데 경합이 이루어지면 오히려 사회통합을 저해할 수 있고, 이로 인해 우리의 의식 수준에 부정적인 영향을 미칠 수 있다.

물론 이상의 논의와는 반대의 입장에서 한국의 가치를 제고하는 데 기여해 온 다른 특성들을 생각해 볼 수 있다. 이를테면 오랫동안 한국인들을 고무시켜 왔던 문화유전자들, 즉 리처드 도킨스Richard Dawkins가 주장하는 밈meme을 생각해 볼 수 있다. 예를 들면 한국인들에게 긍정적인 영향을 미쳐 왔던 자연스러움, 정, 공동체정신, 어울림, 흥, 예의, 역동성, 해학 등과 같은 문화유전자들이 그것이다.[51] 세계사에 유례가 없이, 한국이 전쟁의 폐허에서 단기간에 경제적 풍요를 달성한 것은 한국인의 특성 가운데 무엇인가 탁월한 것이 있다는 부정할 수 없는 증거다. 그렇지만 필자는 한국인에게 이런 긍정적인 문화유전자가 있다고 하더라도 더 이상 역할을 기대하기 어렵다고 생각한다. 빈곤을 극복하고 경제적 번영을 달성하는 데는 그런 문화유전자들이 보이지 않는 가운데 제 역할을 했다고 하더라도 정신적 성숙이 중요한 현 시점에서는 더 이상 긍정적인 역할을 하는 데 한계가 있기 때문이다. 이런 이유로 우리의 기본적인 특성에 대해 깊이 생각해야 하는 것이다.

---

51 주영하 외(2012)는 한국인에게서 발견할 수 있는 대표적인 열 개의 문화유전자를 지적하면서 이것들이 오랫동안 한국인들에게 긍정적인 영향을 미쳐 온 것으로 주장한다. 만일 이것이 사실이라면 한국인의 문화적·정서적 측면이 코리아 프리미엄의 실현에 부정적으로 작용할 이유가 없다. 왜냐하면 이런 문화유전자들은 앞으로도 한국의 가치를 높이는 데 계속 기여할 것이기 때문이다. 그렇지만 필자는, 이것은 긍정적인 측면을 지나치게 과장한 것이라고 생각한다.

3장 코리아 프리미엄과 이성·감성 및 교육의 역할

1. 코리아 프리미엄과 이성·감성적 측면

1) 한국인의 이성적 측면

국가 간에 존재하던 각종 장벽이 사라지고 자본의 이동이 자유로워진 글로벌 시대인 지금 과거와는 비교할 수 없을 정도로 활발하게 경제적·문화적 교류가 이루어지고 있다. 동시에 과거에 비해 글로벌 차원에서 불확실성과 변동성이 증가하고 있는 것 또한 사실이다. 몇 년 전 경험한 글로벌 금융위기는 이런 불확실성이 얼마나 파괴적인지 보여준 대표적인 사건이었다. 이런 시대일수록 이성에 근거한 합리적인 사고와 행동이 요청된다. 왜냐하면 보다 많은 사람들이 이성적으로 사고하고 행동한다면 그만큼 미래를 예측하기 용이하므로 향후 전개될 상황에 효과적으로 대처할 수 있기 때문이다. 바꿔 말하면 사람들이 모종의 광기나 비이성적 과열에 휩싸여 행동한다면 그만큼 미래는 예측하기 힘들어지고,

그래서 사람들이 더 비이성적으로 행동하는 악순환이 되풀이된다. 지금과 같이 불확실한 사회일수록 이성적 사고가 필요한 이유는 이 때문이다.

16세기 초까지만 해도 거의 모든 분야에서 서양보다 동양이 우월했다는 것이 정설이다. 15세기까지 서양은 작은 도시국가들로 분할되어 있었으며 이들 도시국가들은 생존을 위해 다른 국가들과 치열하게 경쟁하지 않을 수 없었다. 이 과정에서 근대적 의미의 중앙집권적 정부가 탄생했고 민주주의제도가 정착했다. 또한 계몽주의 사상에 기반을 둔 과학과 의학의 발달로 인간의 수명이 연장되었고 생산성이 크게 향상되었다.[52] 반면 이 기간 동안 동양은 절대왕정하에서 파워엘리트들이 개방과 개혁을 거부하고 오직 자신들의 권력을 유지하는 데 급급했다. 이것은 중국이나 한국 그리고 메이지유신 이전의 일본을 비롯해 모든 아시아 국가들에게 공통적이었다. 한마디로 이들 국가에는 이성적 사고가 자리 잡을 수 있는 정치적·문화적 여건이 형성되어 있지 않았다. 그 결과 동양의 많은 국가들이 제국주의로 무장한 서양 여러 국가들의 식민지로 전락해 오랫동안 그들에게 각종 자원을 약탈당했다. 이 엄연한 역사적

---

[52] 니얼 퍼거슨(2011)은 이 시기에 서양이 동양을 압도하게 된 원인을 여섯 가지로 정리했다. 국가 간의 경쟁, 과학의 발전, 재산권의 확립, 의학의 발달, 소비시대의 개막, 직업윤리의 확립이 그것이다. 그는 이것을 요즘의 용어로 여섯 가지 킬러 앱killer app이라고 부르면서, 서양은 이 여섯 가지 측면에서 이룩한 성과를 바탕으로 정치·경제 및 사회 모든 분야에 걸쳐 효율적인 제도를 갖춤으로써 장기적인 발전을 도모했다고 주장한다. 그는 동양의 정체에 대비해 서양의 비약적인 발전을 거대한 분기great divergence라고 불렀다. 그리고 그는 최근 서양에 나타나기 시작한 여러 가지 퇴보의 원인을 거대한 분기를 달성하게 했던 제도적 기반의 붕괴에서 찾고 있으며, 이것을 거대한 퇴보great degeneration라고 부르면서 서양사회에 경고의 메시지를 보내고 있다. 그가 제시하는 메시지는 단지 서양에만 해당되는 것이 아니다. 어떤 국가라도 자만에 빠지면 퇴보할 수밖에 없는 것이 동서고금의 진리다. 이런 의미에서 그의 『위대한 퇴보』(2013)는 전작 『시빌라이제이션』(2011)의 연장선상에 있다.

사실만 보아도 이성적 사고가 얼마나 중요한 것인지 확인할 수 있다. 이런 사고가 뿌리내릴 수 없는 사회는 과거에도 그렇고 앞으로도 결코 선진국의 대열에 합류하기 어렵다.

17,8세기 서양을 풍미한 계몽주의 사상은 인류의 지적 성장에 획기적으로 기여했다. 이 시기를 통해 확립된 이성에 바탕을 둔 합리적 사고는 이후 서구사회의 모든 분야에서 발전의 원동력이 되었다. 이런 합리적 사고의 전통은 19세기 중반 찰스 다윈의 진화론을 비롯해 19세기 말과 20세기 초에 걸쳐 위대한 과학적 발견과 발명으로 이어져 인류의 지적 성장과 물질적 풍요에 획기적으로 기여했다. 예를 들면 제임스 맥스웰의 전자기론, 막스 플랑크를 효시로 하는 양자이론, 알버트 아인슈타인의 상대성이론 등이 이 시기에 확립된 주요 과학적 진보에 해당하며, 이외에도 수많은 과학자들이 이들의 뒤를 따랐다. 지금 우리가 누리고 있는 모든 첨단기술의 이론적 토대가 서구에서 이루어졌다는 사실은 이성적 사고가 인류의 보편적인 복지를 위해서도 얼마나 중요한지 말해 준다. 또한 동시에 앞으로 우리가 지향해야 할 방향에 대해서도 명확하게 말해 준다. 지금은 경제적인 번영을 구가하더라도 우리 자신의 고유한 과학적 발견이나 발명 또는 사상이 없는 상태에서는 정신적으로 결코 서양을 선도할 수 없다.

이런 관점에서 우리는 그동안 무엇을 했으며 앞으로 무엇을 할 수 있는지 자문하지 않을 수 없다. 이에 대해서는 무엇보다도 우리는 이성의 시대를 경험한 적이 없다는 엄연한 사실을 직시해야 한다. 오랜 역사에도 불구하고 한국사회에는 서구의 계몽주의 시대에 필적할 만한 이성의 시대가 전혀 없었던 것은 지극히 유감스럽다. 더욱 암울한 것은 앞으로도 이성의 시대가 도래할 전망이 불투명하다는 사실이다. 1945년 해방 이후 미국식 교육제도가 도입되고 서구문화가 널리 보급되면서 합리적 사고가 어느 정도 우리 일상생활의 일부가 되었지만 이것은 어디까지나 개인적인 차원에 국한되었다. 사회적 차원에서 합리적으로 사고한다는 것은 사회적 합리성, 즉 이성적 사고의 수준으로 한 단계 상승해야 한다는 것을 의미한다. 그렇지만 우리의 의식은 이런 면에서 비이성적 사고의 지배를 받아 왔다. 우리는 서구식 사고를 흉내 내고 있을 뿐 우리의 의식 속에 깊이 각인되지는 않은 상태다.

높은 교육열과 치열한 경쟁심리로 인해 많은 사람들이 고등교육을 받음에 따라 우리의 전반적인 지식 수준이 높아진 것은 사실이다. 그렇지만 이것과 이성적 사고가 같은 방향으로 움직이지는 않았다. 고등교육을 받은 사람들이 습득한 지식을 좋은 직업을 얻고 조직 내에서 승진하는 데 적극적으로 활용해 온 것은 사실이지만 이성적인 면에서는 지금이나 옛날이나 큰 차이가 없다. 대부분 한국인들에게 지식은 단지 개인적인 출세나 체면을 위한 것이었지 지적인 성숙이나 이성적 사고를 위한 것이 아니었다. 이런 이유로 한국사회에서 교육 수준과 이성적 사고는 전혀 별개의 현상이 되었던 것이다.

이성에 근거한 합리적 사고를 일상화하기 위해서는 무엇보다도 진정한 의미에서 대화와 토론이 활성화되어야 한다. 그런데 한국인들은 가정에서부터 대학에 이르는 오랜 교육 기간 중 진정한 의미의 대화와 토론 기술을 습득할 수 있는 기회를 거의 갖지 못했다. 현재 교육을 맡고 있는 대부분의 교사들이 이런 배경에서 성장했으니 그들에게서 진정한 대화와 토론 중심의 교육을 기대할 수 없다. 물론 대부분의 가정에서도 거의 아무것도 기대할 수 없다. 대부분의 부모들이 제대로 가정교육을 받은 적이 없기 때문이다. 이것이 한국사회에서 이성적 사고의 성장을 가로막는 가장 큰 장애물이다.

한국인들은 활발하게 대화하고 있는 것처럼 보이지만 사실상 진정한 대화에는 능숙하지 못하다. 여기서 진정한 대화란 서로에게 도움이 되는 합리적이면서 사려 깊은 대화를 의미한다. 한국인들의 대화에서 가장 흔한 주제는 돈이나 자녀교육 문제 또는 일상생활에서 발생하는 소소한 사건들과 관련되어 있다. 예를 들어 직장 동료들과의 일과 후 모임에서 대화 주제는 대체로 야구나 골프 같은 운동 경기, 돈 버는 방법이나 다른 사람들의 동정에 관한 것에 한정된다. 만약 누군가 진지한 주제, 예를 들면 인생의 의미라든가 종교적 믿음의 한계 또는 최신 과학적 발견 등과 관련된 주제를 가지고 얘기하려 하면 별종으로 취급받아 다른 사람들로부터 고립될 가능성이 높다. 한국사회에서 대화의 주제는 무엇인가 가볍고, 즐거우며, 감각적인 것에 한정되어야 한다는 묵시적인 합의가 있는 것 같다. 정신적 이완을 위해 이런 종류의 대화 또한 필요한 것이 사실이지만 한국인들은 이쪽으로 지나치게 편향되어 있는 것이 문제다.

한국사회에서는 초등학교부터 대학교까지 수업 중에 질문을 하는 학생을 찾아보기 어렵다. 이런 풍토는 과거에도 그랬는데 앞으로도 크게 달라지지 않을 것으로 예상된다. 대부분의 학생들은 질문을 하고 쟁점에 대해 토의하는 데 익숙하지 않다. 오랜 기간에 걸쳐 수많은 사람들이 이런 상태로 사회에 진출한 결과 한국사회에는 건전한 토론 문화가 정착하지 못했다. 일방적으로 자기 주장을 관철하려 하거나 아니면 원색적으로 다른 사람을 비난하는 저급한 문화가 지배하고 있는 실정이다. 이것 또한 이성의 시대를 가로막는 요인이다. 우리에게 절실하게 필요한 것은 어떤 쟁점에 대해 자신의 견해를 당당하게 밝힌 후 다른 사람들과 토론하는 과정을 통해 논리적으로 사고하는 방법과 한계를 이해하는 것이다. 이를 위해서는 교육 풍토가 근본적으로 바뀌어야 하는데 현재로서는 이와 관련된 어떤 긍정적인 변화의 조짐도 없다.

진정한 대화의 부재와 토론 문화의 실종이라는 두 가지 명백한 사실은 한국사회의 비이성적 특성을 보여주는 대표적인 사례다. 이것은 한국사회의 역사적·문화적 전통에 깊이 뿌리를 내리고 있다. 고려시대 초인 10세기 유교가 한국에 도입된 이래 학생들은 중요한 구절들을 모두 암기할 때까지 유교 경전에 해당하는 사서삼경을 반복해서 읽어야 했다. 학생들은 이 책들을 소리 내어 반복해 읽음으로써 중요한 구절들의 의미를 이해해야 했다. 학생들은 선생에게 질문할 필요가 없었는데, 이것은 심각한 교육적인 실수였다. 조선시대에 유교가 지배원리가 된 이후 이런 학습 방법은 한층 더 강화되었다. 이런 교육 전통이 중단 없이 500년 이상 계속되었으므로 학생들이 질문을 한 후 선생과 진지한 대화를 하는 것은 생각조차 할 수 없게 되었다. 이것은 서양의 교육 전통에서 채택하고 있는 소크라테스 식 방법론과 정반대였다.

이런 전통으로 인해 한국인들은 의미 있는 대화를 나누고 사회의 제반 문제들을 토의하는 방법에 대해 더욱 무지해졌다. 이것이 오랫동안 배타적으로 교육을 받은 지배계층에게 주어진 현실이었다. 일반대중은 이런 전통으로부터 완전히 차단되어 있었지만 진정한 대화의 의미를 배울 기회가 없었다는 점에서는 마찬가지였다. 그들 대부분은 그런 교육의 기회조차 갖지 못했고, 따라서 진정한 대화가 무엇을 의미하는지 전혀 몰랐다. 그들은 오직 생존의 문제에 매달려 있었기 때문에 진정한 대화에 대해 생각해 볼 여지가 전혀 없었다. 오랜 세월 동안 대부분의 한국인들은 대화와 토론의 진정한 의미를 모르는 채 살아왔던 것이다.[53]

이상 간단하게 역사적 관점에서 한국인의 이성적 측면을 살펴보았다. 오늘날 고등학교 졸업생들 가운데 70% 이상이 대학에 진학한다는 점에서 한국인들 대부분이 고등교육을 받은 것은 사실이다. 대학진학률 면에서 한국은 OECD 국가들 가운데 최상위에 있다.[54] 이런 통계 자료가 진지한 문제를 놓고 대화하고 토론하는 한국인들의 능력과 아무 관련이 없다는 사실은 정말 유감스럽다. 한국인들은 직무에 필요한 전문 지식을 습득하는 데는 최선의 노력을 다하지만 이성적 사고 능력을 배양하는 데는 무관심하다. 한국사회에서 지식은 지혜와 비례하지는 않는다. 이런 불일치가 지속되는 한 코리아 프리미엄의 실현은 요원하다.

여기서 이성과 합리성의 차이를 다시 한번 살펴볼 필요가 있다. 한국

---

[53] 양자물리학자이자 사상가인 데이비드 봄David Bohm은 『창조적 대화론』(2011)에서 진정한 대화를 위해 우리가 갖추어야 할 덕목에 대해 상세하게 그리고 과학적으로 설명해 주고 있다. 그에 의하면 진정한 대화란 일체의 개인적인 가정이나 편견을 유보하고 다른 사람의 말을 경청하는 것으로부터 시작한다. 그리고 궁극적으로는 모두가 하나라는 우주적인 의식에 도달할 수 있을 때 진정한 대화가 완성된다고 주장한다. 상세한 내용은 그의 책을 참조하라. 필자는 그가 한국인들의 대화에서 가장 부족한 부분을 지적해 주었다고 생각한다.

[54] 2010년 고등학교 졸업생 633,539명 가운데 477,384명이 대학에 진학해 진학률은 75.4%였다. 2011년에는 졸업생 648,468명 가운데 469,961명이 대학에 진학해 진학률은 72.5%였다. 그리고 2012년에는 진학률이 71.3%, 2013년에는 70.7%로 다소 낮아지는 추세를 보이고 있지만 여전히 OECD 국가들 가운데 최상위에 해당한다. 고등학교 졸업생에 대한 보상 시스템에 변화가 없다면 이러한 추세는 지속될 것으로 예상된다. 상세한 내용은 www.kedi.re.kr을 참조하라.

사회에 서구문화와 서구식 교육제도가 도입된 이후 일관되게 자신의 이익을 추구한다는 관점에서 볼 때 한국인들은 상당히 합리적으로 변했다. 이것은 앞에서 언급한 개인적 합리성에 해당한다. 그러나 이성은 이 차원에 한정되지 않는다. 왜냐하면 이성은 개인적인 차원을 넘어서 공동선을 추구하는 것과 관련되어 있기 때문이다. 예를 들어 정의나 공평성 등과 같은 가치는 개인적인 차원을 넘어 사회가 추구해야 하는 공동선의 관점에서 다루어야 한다. 개인적 합리성은 사회구성원으로서 개인이 합리적으로 행동하는 과정에서 발생할 수 있는 다른 사람들과의 갈등을 고려하지 않는 반면, 이성은 이런 갈등을 해결하는 방법과 밀접하게 관련되어 있다. 따라서 개인의 합리적 선택이라는 원칙에는 반하지 않지만 이성에 반하는 경우도 종종 존재한다.[55]

이런 이유로 개인적 합리성과 사회적 합리성을 구분해서 논할 필요가 있는 것이다. 한국사회에서는 개인적 합리성이 사회적 합리성을 의미하지 않는 경우가 빈번하게 발생한다는 것이 문제다. 이와 같이 두 가지 합리성이 충돌하는 상황은 용의자의 딜레마prisoner's dilemma라는 현상으로 묘사할 수 있다. 게임이론을 통해 잘 알려진 용의자의 딜레마는 모두가 개인적으로는 가장 유리한 전략을 선택하지만 사회적으로는 결코 바람직하지 않은 결과를 초래하는 상황을 뜻한다. 즉, 개인적으로는 합리적

---

[55] 존 엘스터Jon Elster는 『Reason and Rationality』(2009)에서 이성과 합리성의 차이를 명확하게 밝히고 있다. 예를 들어 그에 의하면, 요일에 대한 개인적인 선호로 인해 수요일보다 목요일에 배달되는 재화를 더 선호하는 것이 합리적일 수는 있지만 이성적이라고 할 수는 없다. 그에 의하면 "이성이라는 관념은 사람들에 대한 공평성, 시간적 공평성 그리고 합리적 또는 근거 있는 믿음이라는 세 가지로 구성된다."(13쪽) 따라서 이성은 합리성을 포함하는 보다 넓은 개념으로 이해하는 것이 마땅하다. 상세한 내용은 그의 책 3~14쪽을 참조하라.

인 선택을 하지만 사회적으로는 비합리적인 선택으로 귀결되고 마는 것이다. 당사자들이 서로 신뢰하는 가운데 협력한다면 사회적으로 합리적인 결과, 즉 모두에게 유리한 결과를 달성할 수 있지만 신뢰가 부족한 상황에서는 이런 결과를 기대하기 어렵다. 이것이 바로 합리적 비합리성rational irrationality의 문제다. 용의자의 딜레마는 이런 비합리성의 전형적인 사례다. 한국사회에서 용의자의 딜레마에 해당하는 사례를 자주 발견할 수 있다는 사실에 대해 우리 모두 깊이 생각해 보아야 한다. 한국사회는 아직도 개인의 선택과 사회적 선택 간의 조화를 실현할 정도로 이성적으로 성숙하지 않았다. 이런 상태가 지속된다면 코리아 프리미엄을 실현하는 데 적지 않은 장애가 될 것이다.

2) 한국인의 감성적 측면

인간의 의식 활동은 계산적이고 논리적인 측면과 직관적이고 감정적인 측면을 포괄하고 있다. 따라서 인간은 이성과 감성이라는 두 가지 측면을 적절히 활용하는 가운데 상황에 대처한다. 그리고 주어진 상황과 개인이 받은 교육에 따라 이성적인 측면이 우세한 경우도 있고 반대로 감성적인 측면이 우세한 경우도 있다. 또한 이런 성향은 개인에 한정되지 않고 사회구성원 전체로 확대될 수 있다. 한국인들은 종종 지나치게 감정적일 뿐만 아니라 자신의 감정을 표현하는 방식의 측면에 있어 독특한 민족이다. 예를 들어 한국인들 대부분은 자신의 실수나 잘못으로 다른 사람과 분쟁이 있는 경우에도 잘못을 시인하고 사과하는 경우가 거의 없다. 그 이유는 이들이 스스로 논리적으로 옳다고 확신해서가 아니라 감정적으로 그렇게 믿기 때문이다.[56] 이런 상황에서 이성적으로 생각한 후 자신의 잘못을 사과하는 한국인은 극히 드물다. 또한 많은 한국인들이 자신의 진정한 의도와는 반대로 말하는 경우가 흔하다. 자신의 진정한 감정을 숨기려는 성향이 있기에 누군가 "아니오"라고 말하더라도 실제로는 그 반대인 경우가 대부분이다. 이런 사례들을 통해 알 수 있는 것은 한국인들이 감정적 측면에서 매우 복잡하다는 사실이다.

한국인들이 드러내는 감정 중 외국인들이 가장 이해하기 어려워하는 것이 바로 '정情'이다. 정에 해당하는 적절한 영어 단어는 없다. 'affection', 'love', 'attachment' 및 'pity'와 같은 단어들은 정의 미묘한 의미를 정확하게 전달하기에 충분하지 않다. 다른 영어 단어보다는 pity가 정에 더 가깝다고 말하는 사람이 있지만 반드시 그렇지는 않다. 왜냐하면 한 사람이 다른 사람에게 정을 느끼려면 일정한 기간이 필요한 반면 pity의 경우는 그렇지 않기 때문이다. 정은 한국인의 가장 복잡한 감정적 측면으로서 한마디로 정의하기 어렵다. 심지어는 우리들도 때때로 정이라는 감정을 어떻게 다루어야 하는지 잘 모른다.

---

[56] 인간은 뇌를 이용해 정보를 처리하고 의사결정을 내리는 존재다. 인간의 정보처리 시스템은 둘로 나눌 수 있는데, 하나는 자동시스템이고 다른 하나는 숙고시스템이다. 전자를 시스템 I, 후자를 시스템 II라고도 부른다. 자동시스템은 직관적이고 본능적이며 감정적인 판단에 입각해 작동하는 시스템이다. 숙고시스템은 신중하게 계산하고 논리적으로 분석하는 시스템이다. 따라서 많은 경우 자동시스템이 먼저 작동한 후 숙고시스템이 작동해 자동시스템의 오류를 시정하는 역할을 한다. 따라서 인간은 단기적으로는 자동시스템에 더 의존하며 장기적으로는 숙고시스템에 더 의존하는 경향이 있다. 이것이 심리학적 관점에서 인간의 사고시스템을 해석하는 방식이다. 필자는 한국인의 경우 자동시스템이 지나치게 우세하다고 생각한다. 이로 인해 한국인은 지나치게 감정적으로 판단한다. 이 두 가지 사고시스템의 역할과 이들 간의 관계에 대해서는 대니얼 카너먼Daniel Kahnemen의 『생각에 관한 생각』(2012), 리차드 탈러Richard Thaler와 캐스 선스타인Cass Sunstein의 『넛지』(2009)를 참조하라.

한국인의 또 다른 대표적인 감정은 '한(恨)'이다. 마찬가지로 한에 해당하는 적절한 영어 단어도 없다. 'resentment', 'sorrow' 또는 'regret'과 같은 단어는 한의 깊은 의미를 전달하기에 적절하지 않다. 오히려 한은 이 모든 감정들의 미묘한 조합이라고 볼 수 있다. 또한 다른 사람에게 헛되이 너무 정을 많이 주었기에 실망한 감정은 보통 한으로 발전한다는 의미에서 정과 한이라는 두 가지 감정은 밀접하게 관련되어 있다. 지금까지 감정의 관점에서 한국인을 미국인이나 유럽인과 비교하려 할 때마다 이 두 개의 미묘한 감정적 측면이 자주 언급되어 왔기에 더 이상 새로운 내용은 없는 것처럼 보인다. 그런데 이런 감정들이 광의의 코리아 디스카운트와 밀접하게 관련되어 있다는 사실을 유념해야 한다. 무의식적이라 할지라도 외국인들이 이해하기 어려운 감정을 강요한다면 우리의 가치를 높이는 데 결코 도움이 되지 않는다.

한국이 수천 년 동안 농경사회였다는 사실은 이런 감정적 측면의 역사적 배경 그리고 이것이 광의의 코리아 디스카운트와 어떻게 관련되어 있는지 이해하는 데 중요하다. 한국인들에게 독특한 대부분의 감정적 특성은 오랫동안 농경사회였던 역사적 경험으로부터 유래되었다. 우리 고유의 공동체정신은 우리의 감정적 측면에 내재하는 왜곡과 이율배반의 원천이라 할 수 있다. 예를 들어 솔직함과 개방성은 한국인들에게는 전적으로 익숙하지 않은 것들이다. 우리는 종종 우리의 느낌이나 감정을 확신하지 못한다는 의미에서 복잡한 국민으로 태어난 것 같다.

우리는 가끔 우리가 정말 무엇을 원하는지 모른다. 예를 들면 행복을 추구하는 것은 인간에게 가장 자연스러운 일이다. 그렇지만 과거 오랫동안 한국인들에게 이것은 다른 사람에게 들켜서는 안 되는 종류의 감정이었다. 우리의 오랜 전통에 의하면 행복감을 드러내는 것은 다른 사람들에 대한 일종의 모욕으로 간주되었다. 따라서 행복감은 다른 사람에게 들켜서는 안 되는 것이었다. 오늘날의 관점에서 보면 이런 이중적인 태도는 정말 터무니없다. 그러나 이것이 과거 한국인의 감정적 측면 가운데 중요한 일부였으며 오늘날에도 우리의 무의식에는 이런 흔적이 남아 있다. 자신의 감정을 솔직하게 드러내지 않는 가운데 오랜 세월을 살아온 한국인들은 감정을 다룬다는 면에서 매우 서투르다. 그래서 분쟁이 발생하는 경우에도 쉽게 타협에 이르지 못하고 오히려 감정이 격해져 문제를 더욱 악화시키는 경향이 있다. 이것은 일상생활의 작은 문제부터 정치권에서 볼 수 있는 정치적 갈등과 노사 간의 갈등을 비롯해 사회 모든 분야에서 확인할 수 있는 현상이다.

이런 의미에서 한국인의 중요한 감정적 특성을 나타내는 단어를 하나 고른다면 사디즘sadism보다는 마조히즘masochism에 가깝다. 자신의 감정을 있는 그대로 드러내는 가운데 타인을 학대하기보다는 자신의 진정한 감정을 숨긴 채 혼자 감당하는 태도는 마조히즘과 유사하다. 이런 점을 인정하는 것이 쉬운 일은 아니다. 그렇지만 이것을 인정하지 않는다면 우리는 정서적으로 한 걸음도 나아갈 수 없다. 이것을 극복하는 길은 우리의 감정에 보다 솔직해지는 것이다. 이것은 본인의 행복을 위해서만이 아니라 사회 전체의 복지를 위해서도 필요하다. 우리는 오랫동안 감정적으로 억압된 채 살아왔다. 그리고 이로 인해 외국인들과 소통하는 데 한계가 있었다. 우리의 감정에 솔직하다는 것이 곧 무례하게 행동하는 것을 의미하지는 않는다. 많은 한국인들은 이 점을 간과하고 있다. 자신의 감정을 솔직하게 표현하되, 경박스럽지 않은 방법을 사용하고 나아가 주변의 다른 사람들의 처지를 배려한다면 외국인을 포함해 다른 사람들과 소통하는 데 큰 도움이 될 것이다. 적절한 방법으로 우리의 감성을 훈련하는 것도 코리아 프리미엄의 실현에 기여할 수 있다.

2. 코리아 프리미엄과 교육의 역할

1) 알파와 오메가로서 교육

본성nature과 양육nurture은 인간의 삶을 좌우하는 두 개의 근본 요인들이다. 본성은 부모로부터 물려받는 반면 양육은 교육, 보살핌 및 영양상태와 같은 후천적인 요소들에 의해 영향을 받는다. 한국인들은 이 가운데 교육을 가장 중요한 요소로 간주해 왔다. 그런데 한국사회에서 교육은 단지 실용적인 관점에서만 높이 평가받고 있는 것이 문제다. 한국의 부모들은 자녀들에게 균형 잡힌 사고와 적절한 사회 예법을 제공하는 수단으로서의 교육에 대해서는 관심이 없고 자녀들의 성공을 위한 교육에만 관심이 있을 뿐이다. 그들은 자녀들에게 그런 최상의 기회를 제공해 주는 것이 인생에서 가장 중요한 일이라고 확신하기에, 이를 달성하기 위해서는 무엇이든 할 준비가 되어 있다. 그리고 이것은 다른 사람들 앞에서 체면을 유지하는 것과 밀접하게 관련되어 있다.

한국사회에서 자녀가 일류대학에 입학하지 못하면 부모가 수치심을 느끼는 것은 흔히 있는 일이다.[57] 부모들의 사교모임에서 흔한 화젯거리 중 하나는 누구의 자녀가 어떤 대학에 입학했냐 하는 것이다. 이런 상황에서 체면을 유지하기 위해 그들은 무엇이든 할 각오가 되어 있다. 이것은 한국사회에서 부모들 사이에 만연한 군중심리의 일종이다. 대부분의 부모들은 자녀들이 출세하고 다른 사람들로부터 존경받을 수 있는 유일하고 효과적인 방법은 좋은 교육뿐이라고 믿고 있다. 한국사회에서 교육은 알파요 오메가다.

교육에 대한 열정 자체는 비난할 수 없지만 교육을 받으려는 목적 자체는 여전히 문제다. 놀라운 속도로 발전하고 있는 정보통신기술로 인해 정보를 처리하고 지식을 활용하는 능력이 점점 더 높게 평가받고 있다. 이런 지식기반사회에서 고등교육을 받지 못한 사람들은 더욱 불리해지고 있다. 이런 시대적 흐름 속에서 교육에는 두 가지 서로 상반된 목표가 주어졌다. 하나는 인격을 형성하고 다른 사람들과 원만하게 지내는 방법을 배우는 것과, 다른 하나는 다양한 과제를 수행하고 복잡한 문제를 해결하는 것과 관련되어 있다. 사회적 통합을 이루고 선진사회로 진입하려면 이 두 가지 목표가 조화롭게 추구되어야 하지만 현재 한국사회에서는 이런 조화를 기대하기 어렵다.

또한 교육에 대한 열기가 단순히 좋은 대학에 진학하려는 현실적인

---

57 행동신체운동학behavioral kinesiology에 근거한 근육테스트를 통해 사람을 포함해 다양한 대상의 의식지도를 만든 것으로 널리 알려진 미국의 영성운동가 데이비드 호킨스에 의하면, 수치심은 인간의 가장 낮은 의식 수준을 반영하는 감정이다. 한국인들이 이런 저런 이유로 수치심을 자주 느끼게 된다는 사실은 그만큼 우리의 전반적인 의식 수준이 낮아질 수 있다는 것을 시사한다. 이런 의미에서 그의 『의식혁명』(2011)과 『놓아버림』(2013)은 한국인들이 진지하게 관심을 가져야 할 저작들이다.

동기에서일 뿐 학문적인 순수한 호기심과는 아무 관련이 없다는 현실은 한국의 미래를 암울하게 만들고 있다. 한국사회에서 진짜 문제는 고등학교를 졸업한 후 대부분의 젊은 학생들은 기진맥진한 상태가 되기 때문에 대학에서는 공부에 거의 관심이 없다는 사실이다. 그들은 대학이 진정한 의미에서 학문을 연구하는 곳이어야 한다는 점을 인식하지 못하고 있다. 그 반대로 그들 대부분은 의사, 법률가 그리고 공무원과 같이 안정적이고 보수가 높은 직업을 갖는 데만 관심이 있다. 그 결과 대부분의 대학은 일종의 직업학교로 전락하고 말았다.

치열한 경쟁의식, 열등감 그리고 시기심은 교육과 관련해 부모와 학생들의 마음의 상태를 나타내 주는 단어들이다. 따라서 경쟁이 협동으로, 열등감이 자존감으로, 그리고 시기심이 상호존중으로 대체될 때 비로소 교육의 진정한 의미를 회복할 수 있다. 이것은 부모, 학생, 교사 그리고 교육 관련 인사들 모두가 합심해야 달성할 수 있는 어려운 과제다.

과거 한국이 양적인 경제발전을 추구해 오는 과정에서는 교육이 충실하게 역할을 수행했지만, 지금과 같은 교육 방식은 선진사회로 진입하는 데 더 이상 기여하기 어렵다. 그래서 의식 있는 사람이면 누구나 교육개혁의 필요성을 거론하지만 구체적으로 실행 가능한 대안을 제시하는 사람은 없다. 교육과 관련된 다양한 사람들의 이해관계가 복잡하게 얽혀 있기 때문에 실행 가능한 개혁 프로그램을 만드는 것 자체가 어렵기 때문이다. 그동안 추진되었던 이런 저런 교육개혁이 모두 실패로 끝난 것도 이 때문이다. 이런 사실을 잘 알고 있음에도 정부 당국이 과거와 같은 방식으로 교육개혁 운운하는 것은 사실상 교육개혁을 실행할 능력도, 의지도 없다는 것을 자인하는 셈이다.

진정한 의미의 교육개혁은 더 이상 미룰 수 없는 과제다. 정치·경제적으로 불확실성이 증대하고 있는 상황에서 진정한 교육개혁만이 한국의 미래를 담보할 수 있는 유일한 대안이기 때문이다. 이를 위해 가장 시급한 일은 우리의 의식 수준을 한 단계 높이는 것이다. 그래서 그동안 매사를 자기 이익을 중심으로 판단하던 사고방식을 극복하고 진정 한국사회의 미래를 위해 무엇이 절실한지 고민할 수 있어야 한다. 의식 수준의 상승 없이는 어떤 의미 있는 변화나 개혁을 기대한다는 것 자체가 어불성설이다. 우리 모두 이 점을 명확하게 인식해야 한다.

2) 교육열의 한계

한국인들은 자녀들의 교육을 위해서는 비용을 아끼지 않는다는 점에서 다른 나라 사람들과 확연히 구별된다. 이렇게 행동하는 이유는 이들이 행복을 느끼는 방법에서 찾을 수 있다. 경제학 용어를 빌리자면 한국사회에서 부모의 효용수준은 자녀의 학업 성취에 크게 의존한다. 즉, 부모의 효용함수에는 자녀의 성취와 관련된 변수들이 포함되어 있다. 따라서 자녀가 일류대학에 들어가면 부모의 효용수준은 크게 상승하게 되어 있다. 이런 효용함수를 가지고 있는 한 부모는 자녀교육을 위해 비용을 아끼지 않을 것이다. 경제학의 관점에서 보면 한국사회에서 대부분의 부모들은 합리적으로 행동하고 있는 셈이다.

한국사회에서 부모들이 자녀교육에 관심을 갖는 것은 매우 오래된 전통이다. 이런 열기는 한국인의 고유한 가족주의에서 비롯되었다. 그리고 이것은 한국의 근대화 과정에서 두 가지 중요하고도 긍정적인 역할을 수행했다. 첫째, 이것은 짧은 기간에 전통적인 농경사회를 근대화되고 산업화된 사회로 변형시킨 강력한 원동력이었다. 둘째, 이것은 가족이 해체되는 것을 막는 데 기여해 왔다. 미국을 포함해 많은 선진국에서 가족 해체는 심각한 사회문제 가운데 하나다. 한국에서 부모들은 자녀교육에 관심이 높기 때문에 자녀들과 얘기하고 그들의 행동을 관찰하는 기회를 자주 가질 수 있다. 물론 이런 긍정적인 면 이외에 과중한 학습 부담으로 인해 학생들이 우울해하거나 심한 경우에는 자살이라는 극단적인 선택을 하는 부정적인 면도 있다. 그렇지만 총체적으로는 긍정적인 면이 더 우세하다. 또한 한국인들 간에 실질적인 대화가 부족하다는 사실을 감안할 때 한국 부모들은 교육열로 인해 자녀들과 공통의 관심사를 갖고 그들과 더 많은 시간을 보내도록 하는 효과도 있다. 한국 특유의 교육열이 총체적으로 가족주의 전통의 좋은 면을 유지하고 경제발전에 크게 기여한 것은 사실이다.

이런 교육열이 다수의 한국인에게 자연스럽게 확산된 것은 아니다. 다른 부모들이 높은 교육열을 갖고 있으니 자신도 어쩔 수 없이 교육열을 갖게 된 것이 한국사회의 현실이었기 때문이다. 따라서 빠르게 변하는 글로벌 환경을 고려할 때 국가적 관점에서 이런 교육열을 효과적으로 활용하는 방법을 강구해야 한다. 이를 위해서는 한국사회에서 교육열에 내재되어 있는 다음과 같은 근본적인 문제들을 해결해야 한다.

첫째, 교육열이 지나치게 사교육에 편향되어 있는 현상을 해결해야 한다. 사교육으로 인한 심각한 문제 가운데 하나는 사교육기관에서 행해지는 조기영어교육과 같은 선행학습이다. 대도시에 살고 있는 많은 부모들은 경쟁의 초기 단계부터 다른 아이들에게 뒤지는 것을 두려워하기 때문에 자녀를 영어학원을 포함해 다양한 학원에 보내고 있다. 두려움과 조급함은 사교육에 대한 한국 부모들의 태도를 이해하는 데 핵심적인 요소다. 그런데 자신들이 자녀에게 무엇을 하고 있는지 제대로 이해하고 있는 부모는 매우 적다. 그들은 단순히 일류대학에 들어가기 위해서는 자녀들이 유치원부터 고등학교까지 남들보다 우수한 교육을 받아야 한다고 믿고 있을 뿐이다. 그 결과 한국의 부모들은 천문학적인 사교육비를 감당하고 있다.[58] 한국사회에서 사교육비는 종종 평균적인 가계의 지불 능력을 벗어나므로 사교육비를 일정 수준 이하로 줄이는 것은 긴급한 사안이다.

둘째, 한국 부모들은 확고한 신념이 있기 때문이 아니라 '용의자의 딜레마' 상황에 처해 있기에 자녀들이 사교육을 받도록 한다. 대부분의 부모들은 공교육에 의존해서는 자녀를 일류대학에 진학시킬 수 없다고 믿기 때문에 자녀를 학원에 보내려고 한다. 따라서 더 많은 부모들이 공교육을 신뢰하지 않을수록 사교육의 인기는 더욱 높아진다. 이것이 오랫동안 아무런 검증을 받지 않은 가운데 한국사회에서 벌어지고 있는 현실이다. 부모들이 동시에 자녀를 학원에 보내지 않기로 결심한다면 부

---

[58] 통계청의 공식 자료에 의하면 2011년 사교육비로 지출된 액수는 무려 181억 6천만 달러에 달했다. 2012년에는 169억 달러, 2013년에는 169억 8천만 달러로 다소 감소했다. 그럼에도 이것은 GDP 대비 약 2%에 달하는 금액으로서 공교육비의 비율 7%에 비해 결코 낮지 않았다. 또한 학생 일인당 사교육비는 2011년 연간 약 2,600달러, 2012년에는 2,500달러, 2013년에는 2,600달러에 달하는 것으로 추정되었다. 일인당 사교육비에는 사교육을 받지 않는 학생들도 포함되어 있다는 점을 감안할 때 사교육비가 평균적인 가계에 적지 않은 부담이라는 것을 알 수 있다. 더욱이 공식적인 통계에 비해 실제 사교육비는 훨씬 더 많은 것으로 추정되고 있다. 이와 관련된 상세한 내용은 www.index.go.kr을 참조하라.

모와 자녀 모두 더 행복해지겠지만 이런 결과를 기대하기는 어렵다. 왜냐하면 다른 부모들이 모두 자녀를 학원에 보내는데 자신만 그렇게 하지 않으면 크게 불리할 것이라고 믿기 때문이다. 이것은 명백히 용의자의 딜레마에 해당한다.

셋째, 한국 부모들은 가정교육의 중요성을 간과하는 경향이 있다. 이 점은 교육열에 비추어 볼 때 매우 기이한 현상이다. 이것은 한국인들이 교육의 의미를 제대로 이해하지 못하고 있다는 명백한 증거다. 가정교육은 모든 교육의 기초일 뿐만 아니라 적절한 사회생활을 하는 데 필요한 정서적 안정을 위해서도 필수적이다. 따라서 가정교육은 개인적 관점에서뿐만 아니라 사회적 관점에서도 중요하다. 통계자료에 의하면 결손가정에서 범죄자가 생겨나기 쉽다. 이런 가정에서 성장한 아이는 보통 정상적인 사회생활을 하는 데 필요한 충분한 애정과 가정교육을 받지 못하기 때문이다. 그렇지만 한국에서는 결손가정만 가정교육에 문제가 있는 것이 아니다. 이 점은 통계자료를 통해 확인할 수 없는 부분이다. 한국인들에게는 사회의 구성원으로서 갖춰야 할 시민의식이나 윤리의식 등 가정교육을 통해서 습득해야 할 기본적인 소양이 턱없이 부족하다. 코리아 프리미엄의 관점에서는 이것이 진정한 문제다.

과거 한국이 저개발 상태에 있었을 때 대부분의 부모들은 가족을 부양하는 데 집중해야 했으므로 가정교육은 엄두를 내지 못했다. 한국사회에서 자녀들이 아무 준비도 안 된 상태에서 초등학교에 진학하는 것은 흔한 일이었다. 경제개발에 성공하고 일인당 소득이 크게 상승한 후에야 비로소 적지 않은 부모들이 가정교육에 관심을 갖기 시작했다. 그들은 자녀를 과거와는 비교할 수 없을 정도로 애정을 가지고 보살피기 시작했다. 그런데 문제는, 한국 부모들은 가정교육의 실질적인 내용에 대해서는 별다른 아이디어가 없다는 사실이다. 그들은 가정교육이 예의 범절과 시민의식의 함양에 초점을 맞추어야 한다는 것을 모르고 있다. 과거에 그들의 부모로부터 배운 적이 없기 때문이다. 이런 전통은 코리아 프리미엄의 실현에 부정적으로 작용할 것이다.

대부분의 부모들은 올바른 가정교육에 대해 잘 모르기 때문에 자녀를 학원에 보냄으로써 최선을 다하고 있다고 생각한다. 그러나 이것은 가정교육과 아무런 관련이 없다. 자녀를 여러 학원에 보내는 것은 그들의 무지, 시기심 그리고 조급함을 드러내는 것일 뿐이다. 그들은 자녀가 성장해서 반사회적이거나 극단적으로 자기중심적이 되는 것에 대해 염려하지 않는다. 시대착오적이라는 비난을 받을지도 모르지만 과거의 유교적 가르침 중 일부, 예를 들면 다른 사람에 대한 예의와 배려 등을 오늘의 상황에 맞게 보완해 자녀들에게 알려주는 것도 고려해 볼 가치가 있다. 그만큼 가정교육은 중요하기 때문이다.

이 문제를 해결하기 위해 가장 시급한 것은 가정교육을 담당하는 엄마들이 태도를 바꾸는 것이다. 그들은 이런 변화 없이는 한국사회가 선진화되기 어렵다는 사실을 인식해야 한다. 그들은 자녀에게 친절하고 예의 바르게 행동하라고 가르친다면 현재와 같이 치열한 경쟁사회에서 낙오자가 될지 모른다는 두려움을 극복해야 한다. 그들은 친절과 관용이 경쟁심과는 양립하기 어렵다는 잘못된 사고에 사로잡혀 있다. 이런 두려움을 극복하지 못하면 그들은 한 발도 앞으로 나갈 수 없다. 그런데 과거에 비해 지금은 대부분의 젊은 엄마들이 고등교육을 받았다는 사실은 고무적이다. 비록 그들 대부분은 여전히 자녀들에게 경쟁심을 강조하는 과거의 전통에 익숙해 있지만, 현재의 상황을 염려하는 소수의 엄마들 사이에 작지만 긍정적인 변화가 나타나고 있다. 만약 그들이 관용, 친절, 협력 그리고 시민의식의 가치를 강조하면서 자녀를 키운다면 한국사회는 서서히, 그렇지만 견고하게 더 나은 사회로 전환될 것이다.[59] 그러면 보다 많은 부모들이 이런 선례를 따르려 할 것이고, 따라서 미래에는 이런 전환 속도가 더욱 가속화될 것이다. 이것은 코리아 프리미엄의 실현에 크게 기여할 수 있다.

3) 교육 내용의 중요성

우리는 창의성이 생존을 위해 가장 중요한 요소인 시대에 살고 있다. 창의성을 육성하는 데 뒤진 나라는 결코 선진국이 될 수 없다. 이런 점에서 지금 한국은 경계선상에 있다. 여러 거시경제지표에 의하면 한국은 OECD 국가들 중 상위에 위치하고 있지만, 이것이 우리의 미래를 보장하는 것은 아니다. 한국의 미래를 위해 중요한 것은 단순한 교육열이 아니라 창의성을 키우는 교육 내용과 교육 방법이다. 우리가 현재 직면하고 있는 상황은 과거의 '빠른 추종자'에서 '선도자'로 사고방식을 전환할 것을 요구하고 있다. 이런 사실을 어느 정도 인식했기에 최근 한국정부

---

59 다수의 사람들이 지속적으로 그리고 반복적으로 상호의존적인 상황에 있는 경우 일부 사람들이라도 다른 사람들이 배신하지 않는 한 협력하는 것을 전략으로 채택한다면 이것이 가장 성공적인 전략이 될 수 있다. 이것은 미국의 정치학자 로버트 액설로드Robert Axelrod가 『협력의 진화』(2009)에서 주장한 핵심 메시지다. 그는 반복적인 용의자의 딜레마 상황에서 다양한 전략들 간의 토너먼트를 통해 이런 사실을 확인했다. 이런 의미에서 비록 소수지만 자녀들에게 예의와 협력을 강조하는 부모들이 등장하고 있다는 사실은 한국사회의 미래를 위해 고무적이다.

는 '창조경제'를 지향한다고 선언했다.

그렇지만 대부분의 한국인들은 여전히 창조경제라는 이름하에 무엇이 진행되고 있는지 잘 모르고 있다. 이것을 달성하기 위해서는 무엇을 해야 하는지 이해하고 있는 사람이 얼마나 될지 의문이다. 이런 상황에서 창조경제를 실현하는 데 정부가 주도권을 행사하려 한다면 실패할 가능성이 크다. 왜냐하면 이 과제를 추진하려는 관료들은 통상적으로 창조적인 사고와는 거리가 멀기 때문이다. 그들은 창조적이지 않았기 때문에 현재의 지위에 있게 되었다는 사실을 인식해야 한다. 창조적 사고는 문자 그대로 의식의 대전환을 전제로 한다. 그리고 이를 위해서는 한국사회의 가치체계에 근본적인 변화가 필요하다. 이를 달성하는 데는 많은 시간이 필요하므로 창조경제를 졸속으로 추진하면 성공할 가능성은 거의 없다. 정부는 근시안적인 안목을 버리고 장기적으로 창조적 사고가 뿌리 내릴 수 있는 풍토를 만드는 데 초점을 맞춰야 한다. 이것은 교육 내용과 교육 방법을 획기적으로 개선하는 것으로부터 시작해야 한다.

무엇보다도 다양성은 창조성을 위해 가장 중요한 선결 요건이다. 다양성과 자유로운 탐구 및 공개적인 토론보다는 획일적인 사고방식이 지배하는 사회에서 창조성은 자라날 수 없다. 이런 이유로 한국인들은 오랫동안 지속되어 온 단일가치의 사회시스템을 지양하고 다多가치의 사회시스템을 추구해야 한다. 가치체계의 변화 없이 다양성을 추구한다는 것은 백일몽에 불과하다. 이것이 갖추어진 사회에서 창조적 사고는 창조적 교육을 통해 보다 효과적으로 육성될 수 있다. 이와 관련된 적절한 사례를 위대한 천재 알버트 아인슈타인의 일화에서 찾을 수 있다. 19세기 말 그가 다니던 독일 고등학교의 교사들은 그를 저능아로 취급했다. 그는 문자 그대로 구제불능의 실패한 학생이었다. 그는 당시 독일의 교육제도하에서는 공부해야 할 어떤 동기도 발견할 수 없었다. 근본 원리를 모르는 가운데 모든 것을 암기하도록 강요받는 상황에 대해 극도의 거부반응을 느꼈던 것이다. 아인슈타인의 천재성은 스위스에 있는 취리히 공대에 진학한 이후에 만개하기 시작했다. 그는 그곳에서 관심 있는 주제에 대해 자유롭게 생각할 수 있었다. 이런 창조적인 사고를 바탕으로 그는 20대에 시공간에 대한 우리의 인식을 완전히 바꿔 놓은 상대성이론을 정립할 수 있었다. 한 가지 더 주목할 점은 그가 1905년 특수상대성이론을 발표한 후 1916년 일반상대성이론을 발표할 때까지 10년 이상이 걸렸다는 사실이다. 이와 같이 창조적인 사고에는 직관뿐만 아니라 인내심이 요구된다.

요즈음 한국사회에서 빈번하게 사용되는 용어 중 하나가 창조적 교육이다. 한국에서 기계적인 암기를 통해 가르치고 배우는 주입식 교육 방법은 최근까지 나름대로 일정한 역할을 했다. 왜냐하면 한국인들에게 시급하게 필요했던 것은 각 분야에서 선도자들이 이룩한 것을 모방하는 것이었기 때문이다. 한국인들은 여러 분야에서 빠른 추종자였다. 우리가 빠른 추종자로 남아 있는 한 전통적인 주입식 교육 방법을 고수하는 것으로도 충분하다. 그렇지만 시대가 변했고 우리는 낡은 방법을 버려야 한다.

그런데 교육 방법을 바꾸는 것은 결코 간단한 일이 아니다. 한국 학생들은 유치원에서부터 대학 때까지 주입식 교육에 익숙해 있다. 교사들 또한 이런 방법으로 가르치는 데 익숙하다. 이 방법은 그 기원을 조선시대까지 소급할 수 있을 정도로 대단히 오래된 관습이다. 오늘날에도 학생들은 모두가 선망하는 일류대학에 진학하기 위해서는 과목에 상관없이 배운 것을 모두 암기하지 않을 수 없는 실정이다. 물론 한국에서 주입식 교육 방법이 전적으로 쓸모 없거나 비효과적이지는 않았다는 것이 입증되었다. 왜냐하면 이 방법은 많은 기업들에게 적절한 지식으로 무장한 양질의 노동력을 공급함으로써 한국의 경제발전에 크게 기여했기 때문이다. 이것은 이 방법이 비교적 낮은 수준의 업무에는 상당히 효과적이라는 것을 시사한다. 이 방법은 반복을 통해 지식을 습득한다는 점에서 나름 장점을 가지고 있다. 하지만 이것은 빠른 추종자에게는 적절했지만 선도자에게는 더 이상 그렇지 않다.

창조적 사고는 무한경쟁이 지배하는 정보화 시대에 더욱 중요해지고 있다. 이것은 개인에게만이 아니라 기업과 정부에도 적용된다. 창조적 사고의 중요성을 보여주는 널리 알려진 사례가 미국의 스티브 잡스Steve Jobs와 애플Apple 사다. 애플 사는 잡스의 리더십하에서 창조적 사고를 최대한 활용해 짧은 기간에 시가총액 기준 세계 최대기업이 되었다. 대량생산 시대에는 창조적 사고가 그다지 중요하지 않았다. 많은 기업들이 시장을 선도하는 제품을 정교하게 모방하고 약간 보완하는 것만으로도 시장점유율을 높일 수 있었다. 그러나 정보화 시대에 상황은 크게 변했다. 이제는 어떤 기업도 창조적 사고 능력을 계발하지 않으면 치열한 경쟁에서 생존할 수 없다. 다른 기업들보다 빠르게 성장하는 기업들의 주된 성장동력은 바로 상상력이 풍부한 사람들이다. 문제는 개인이 짧은 기간에 그런 정신적 능력을 개발하는 것이 지극히 어렵다는 데 있다. 이것은 지속적인 창조적 교육을 통해서만 습득될 수 있다.

이 문제에 효과적으로 대처하기 위해서는 창조적 교육 방법이 무엇을 의미하는지 분명히 이해해야 한다. 우선 창조적 교육 방법도 한 가지가 아니라는 점을 인식해야 한다. 이런 교육 방법의 공통적인 특징으로는 자유로운 토론, 논쟁 및 선택된 주제에 대한 학생들 간의 모의실험 그리고 다양한 질문을 유도하는 교사의 현명한 지도를 들 수 있다. 물론 학생들을 고무시키는 다른 방법도 존재한다. 예를 들면 발표, 경합 그리고 학생들 간의 자유로운 의견 교환을 통해 창조적인 사고 능력을 키울 수 있다. 어떤 방법이 가장 효과적인지는 교실에서의 상황과 교사의 능력에 따라 다르다.

교실에서 창조적인 교육 방법을 적용하기 위해서는 교사들이 창조적 교육 방법들의 장단점을 제대로 알고 있어야 한다. 왜냐하면 이들 방법이 주입식 교육 방법보다 항상 우월하지는 않기 때문이다. 각각의 교육 방법은 주어진 상황에 따라 효과가 다르다. 예를 들어 물리학은 창조적 교육 방법이 적절하며 언어학은 주입식 교육 방법이 적절하다. 경제학의 경우에는 전자가 적절하며 법학의 경우에는 후자가 적절하다. 그런데 창조적 교육 방법의 한 가지 단점은 학생수가 많은 학급에서는 실행하기 어렵다는 점이다. 이런 이유로 현실적으로는 주입식 교육 방법이 불가피한 경우가 있다. 또한 창조적 교육 방법은 학생들이 일정 수준의 지식을 습득한 이후에야 효과적이다. 창조적 아이디어가 무에서 나올 수는 없기 때문이다. 그리고 대학에서는 가능한 한 주입식 교육 방법을 창조적 교육 방법으로 대체해야 한다. 한국의 미래는 대학에서 새로운 교육 방법을 얼마나 효과적으로 실행하는가에 달려 있다고 해도 과언이 아니다.

한국에서 이런 새로운 교육 방법이 성공적으로 실행되기 위한 선결 조건들 가운데 가장 중요한 것은 다양성을 존중하도록 사회적 분위기를 조성하고 가치체계를 바꾸는 것이다. 창조성은 다양성에서 비롯되기 때문이다. 이들은 동전의 양면과 같다. 다양성을 장려하지 않으면서 창조성을 기대한다는 것은 부질없는 일이고, 창조적인 것을 존중하지 않으면서 다양성을 고무하려는 것은 비현실적이다. 오늘날 한국사회는 형식적으로는 다양한 가치를 존중하는 다원화된 사회를 향해 나아가고 있는 것처럼 보이지만 실제로는 그렇지 않다. 이것이 문제다.

오래 전부터 한국사회는 정치권력을 중심으로 모든 가치가 형성되었던 단일 가치체계의 사회였다.[60] 과거에는 정치권력이 경제권력을 압도했지만 최근에는 상황이 역전되었다. 그렇지만 권력의 속성은 그대로다. 즉, 권력의 고유한 속성은 창조적 사고와는 거리가 멀고 아첨과는 가깝다는 것이다. 현재 한국사회에서는 이런 추세가 그대로 유지되고 있다. 그 결과 모든 분야에서 권력에 아첨 잘하는 사람들이 쉽게 출세할 수 있는 풍토가 그대로 지속되고 있다.

이 점에서 조선시대에 300년 이상 지속되었던 길고 잔혹한 당쟁사를 다시 생각해 볼 필요가 있다. 이 시대에는 자신의 창조성을 바탕으로 나라에 공을 세운 사람들은, 학자든 장군이든 누구를 막론하고 투옥되거나 부당하게 처벌받았다. 임진왜란 때 조선을 구한 이순신 장군의 경우가 전형적인 사례에 해당한다. 과거 한국사회에는 이와 유사한 사례들이 적지 않았다. 이와 같이 창조성에 불리한 사회적·정치적 여건이 과

---

60 이에 관한 상세한 논의는 함석헌(2003) 32장을 참조하라. 피터 언더우드도 유사한 논의를 전개했다. 이에 관한 상세한 논의는 그의 『퍼스트 무버』(2012) 2장~4장을 참조하라.

거 한국사회를 지배했으므로 창조적 사고의 싹은 자라날 수 없었으며 권력자에게 아부 잘하는 사람들만 기득권을 유지할 수 있었다. 이에 그치지 않고 그들은 창조적 사고를 하는 사람들을 폄하함으로써 이런 상황을 더욱 악화시켰다.[61] 더욱이 이 문제에 관한 한 반대 당파에 속한 사람들도 창조적 사고를 매도하는 데는 뜻을 같이하곤 했다. 그 결과 한국의 전 역사를 통틀어 창조적 업적이 주목을 받은 적은 거의 없었다. 이 모든 것이 한국인들의 무의식에 각인되어 있어 지금도 우리의 행동에 큰 영향을 미치고 있다.

우리가 창조성과 관련해 역사를 통해 배울 수 있는 가장 중요한 교훈은, 기득권은 창조성의 가장 경계해야 할 적이라는 사실이다. 어느 시대, 어느 사회에서든 보수적인 세력은 창조성의 영향력으로 인해 발생할지 모르는 모든 사회적 변화에 저항해 왔다. 예를 들면 경제사학자 니얼 퍼거슨이 적절하게 지적했듯이, 16세기 초반 명나라 시대의 중국은 전세계에서 가장 강력한 국가였다. 그러나 중국은 그 시점 이후 점점 압도적인 지배력을 상실한 반면 서구의 작은 국가들은 우수한 항해술을 바탕으로 전세계를 지배하기 시작했다. 당시 중국의 파워엘리트였던 환관들은 자신들의 기득권을 지키기 위해 어떤 변화도 거부한 반면, 서구의 작은 국가들은 생존을 위해 서로 치열하게 경쟁하지 않을 수 없었기 때문이다.[62] 어느 시대, 어느 국가에서나 독점은 정체와 비효율의 원천이었던 반면, 창의성을 장려하는 경쟁은 혁신과 효율의 촉매였다. 이런 이유

---

[61] 이것이 함석헌 선생이 자신의 저서에서 지적하려 했던 점이다. 그에 의하면 한국사회에서 가장 통탄할 일은 한국인들이 깊이 생각하는 능력을 상실했다는 것이다.
[62] 이에 관한 상세한 설명은 니얼 퍼거슨(2011) 1장을 참조하라.

로 한국에서 정부는 창조성을 배양하는 데 지나치게 전면에 나서지 말고 기반 조성에만 주력해야 한다. 대부분의 정치인, 관료 그리고 기업인들은 기득권 집단의 중요한 구성원들로서 창조성을 장려하기 위해 진정 최선을 다하리라 기대하기 어렵기 때문이다.

마지막으로 우리가 명심해야 할 것은 사회 전반에 창조성의 의의를 알리는 데는 시간이 걸린다는 사실이다. 조급함은 혁신의 또 다른 적이다. 창조성을 장려하고 이로부터 수확을 얻기 위해서는 인내심과 헌신이 요구된다. 이것은 결코 단기간에 끝낼 수 있는 과제가 아니다. 이런 점에서 현재 정부가 단기간에 가시적인 성과를 기대하는 것은 근시안적이다. 지금 해야 할 일은 다양성과 개인적인 자유를 고취시킴으로써 한국사회에서 절실한 창조성의 토양을 마련하는 것이다. 그리고 창조적인 교육이 이 모든 노력의 핵심이라는 사실을 명심해야 한다. 이것이 진정한 코리아 프리미엄을 위한 선결과제다.

코리아 디스카운트와

2부

한국경제

4장 _ 외환위기 전·후 한국경제의 특징

1. 경제개발계획 이전 한국경제의 특징

1) 한국경제의 경로의존성

2차 세계대전 종전 후 냉전체제의 첫 번째 피해자로 한반도가 분단되었을 때 한국에는 산업시설이 거의 남아 있지 않았다. 설상가상으로 곧이어 발발한 한국전쟁으로 전 국토가 폐허로 변했고 남아 있던 산업시설마저 대부분 파괴되었다. 게다가 자본축적도 안 되어 있고 숙련 노동자들도 없었기에 한국이 지금과 같은 산업국가로 발전하리라고 예상한 사람은 없었다. 한국은 처음부터 다시 시작해야 했다.

다른 분야도 마찬가지였지만 특히 경제 분야에서 당시 미국의 원조가 없었다면 한국은 오랫동안 열악하고 후진적인 상황을 면치 못했을 것이다. 이것은 친미·반미를 떠나 부인하기 어려운 사실이다. 또한 한국이 지금의 경제적 번영을 누리게 된 것도 일정 부분 미국의 지원과 무관하지 않다. 그리고 2차대전 직후 미국이 아니라 소련이 한반도의 남쪽으로 진군했다면 지금쯤 한국은 북한과 같은 정치적·경제적 상황에 처해 있을 가능성이 매우 크다. 왜냐하면 남과 북의 사람들은 당시 동일한 문화적·역사적 배경을 공유했으므로 의식구조 면에서 거의 차이가 없었기 때문이다.

여기서 해방 직후의 상황을 언급한 이유는 미국을 찬양하거나 소련을 비난하려는 의도에서가 아니다. 당시 미국이 진정으로 한국의 근대화를 지원하기 위해 엄청난 규모의 군사적·경제적 원조를 제공한 것은 아니다. 한국은 동북아시아의 변방에 위치한 작은 국가로서 미국의 동북아시아 정책의 도구에 불과했다. 그렇기 때문에 독일과는 달리 패전국인 일본이 분단되지 않고, 대신 한국이 분단되는 대가를 지불했던 것이다. 미국이 동북아시아에서 자국의 이익을 보호하고 세계전략의 일환으로 한국을 지원한 것은 명백한 사실이다. 또한 미국의 원조로 한국경제가 완전히 붕괴되는 사태를 피할 수 있었던 것도 사실이다. 1960년대 초까지 받았던 막대한 무상 군사원조 외에 한국이 미국으로부터 받은 무상 경제원조는 1957년에 3억 8,200만 달러, 1958년에 3억 2,100만 달러, 1959년에 2억 2,200만 달러에 달했다. 당시 한국정부의 예산과 비교할 때 이것은 결코 적은 금액이 아니었다.[63] 또한 당시 생활필수품 대부분은 미국의 원조에 의해 해결되었다. 이런 상태는 1960년대 이후 경제

---

[63] 군사원조에 있어서는 1960년대 초까지 매년 약 3억 달러에 달하는 금액이 한국군에 무상으로 제공되었다. 이것은 당시 국방비의 87%에 달하는 규모였다. 반면 당시 이승만 정부에 대한 미국의 지지가 약화되었기에 경제원조는 지속적으로 감소하였다. 그럼에도 당시 한국경제는 미국의 원조에 크게 의존했다. 예를 들어 1940년대 말부터 1950년대 초까지 미국의 경제원조는 연평균 1억 달러를 상회한 반면, 1951년 정부 예산은 대략 1억 2천만 달러에 불과했다. 이에 대한 상세한 내용은 브루스 커밍스Bruce Cumings의 『브루스 커밍스의 한국 현대사』(2001) 5장이나 그렉 브라진스키Gregg Brazinsky의 『대한민국 만들기, 1945~1987』(2011) 1장과 4장을 참조하라.

개발이 어느 정도 궤도에 오를 때까지 지속되었다. 그렇지만 생활필수품조차 외국 원조에 의존하던 나라에서 비교적 짧은 기간에 세계 10위 규모의 경제 강국으로 변한 것은 누구도 예상하지 못한 사건이었다.

미국의 원조 자체보다 더 중요했던 것은 해방 이후 한국의 모든 분야에 미국의 시스템이 이식된 것이었다. 왜냐하면 이것은 식민지였던 경험과 함께 한국경제의 경로의존성의 원천이 되었기 때문이다. 이론과 현실 모든 면에서 미국은 한국에 자본주의를 소개한 나라인 것은 분명하다. 많은 공장들과 사회간접자본이 일제 식민지하에서 건설되었지만, 일본의 의도는 한국을 단지 중국 본토 침략을 위한 병참기지로 활용하기 위한 것이었다. 일본에 의해 한국에 강제된 경제시스템은 시장 지향적인 것이 아니라 일본의 번영을 위해 명령에 기반을 둔 것이었다. 따라서 해방 이전에는 한국의 경제시스템에서 시장경제적인 요소는 거의 찾아보기 어려웠다.

한국은 1910년 일본의 식민지가 되기 전까지 500년 이상 왕과 그의 가신들이 지배하는 일종의 봉건국가였으며, 민주주의와 자본주의를 발전시킬 기회를 갖지 못했다. 일부 학자들은 19세기 말 한국에서 자본주의의 싹이 등장했으며, 일본에 합병되지 않았다면 한국은 자생적으로 자본주의 사회로 발전했을 것이라고 주장한다. 그렇지만 한국은 합병되었고, 따라서 자생적인 자본주의적 발전의 기회는 사라졌다. 이것이 우리에게 주어진 엄연한 현실이었다. 이런 상황에서 한국은 미국의 영향 하에서 어쩔 수 없이 민주주의와 시장경제를 위한 각종 시스템을 도입하게 되었다. 이와 같이 시작은 소극적이었고 수동적이었다. 그렇지만 우여곡절 끝에 해방 이후 제헌의회에서 통과된 헌법은 한국이 민주주의와 함께 자유시장경제의 이상을 추구할 것임을 선언하였다. 사유재산권과 자유계약의 원칙은 적어도 헌법 차원에서는 자유시장경제의 핵심적인 요소로 존중되어 왔다.

그렇지만 한국전쟁 이후 본격적으로 시장경제가 도입되었을 때 한국경제는 정상적으로 작동할 수 없었다. 투자에 필요한 자본도 없었으며, 생활필수품을 만드는 데 필요한 숙련 노동자나 공장도 거의 남아 있지 않았다. 게다가 대부분의 한국인들은 시장경제에 적응할 준비가 되어 있지 않았다. 한국인들은 개인적인 선택의 자유와 이에 따르는 책임에 기반을 두고 있는 시장원리에 전혀 익숙하지 않았다. 그들은 일상생활을 짓누르고 있는 가난을 어떻게 극복해야 할지 모르는 가운데 생존을 위해서는 기회주의적으로 행동하는 것이 유리하다는 것을 깨달았다. 이런 비합리적인 경험은 이후 한국인들의 의식 수준에 부정적인 영향을 미쳤다.

한편 경제시스템의 경로의존적인 성격으로 인해 시장경제가 도입된 이후 한국경제는 자본주의의 원리로부터 크게 벗어나지는 않았다. 그렇지만 같은 씨앗이라도 다른 토양에서는 다른 열매를 맺듯이 한국경제는 정부와 기업가정신의 역할이라는 면에서 미국경제와 크게 달랐다. 1776년 독립 이래 미국은 영토를 지속적으로 확장했다. 많은 이민자들이 유럽에서 신세계로 이주해 옴에 따라 천연자원과 인적 자원이 적절하게 결합됨으로써 미국경제는 자생적으로 성장할 수 있었다. 미국은 많은 인구가 이용할 수 있는 방대하고 풍부한 자원을 보유했기에 이것이 가능했다. 또한 당시 미국에는 사실상 어떤 지대추구 집단도 존재하지 않았기에 미국인들은 원하는 것이면 무엇이든지 시도할 수 있었다. 이런 이유로 미국인들은 개인적인 선택의 자유를 열광적으로 지지했던 반면, 정부의 개입에는 적극적으로 반대했던 것이다. 그래서 미국의 경우 정부의 역할은 법을 제정하고 국민의 재산을 지키는 최소한의 수준에 한정되었다.

한국의 경우는 전혀 달랐다. 양반제도라 불리는 낡은 신분제도는 사실상 붕괴되었지만 상황판단이 빠르고 기회주의적인 일단의 사람들이 해방 후 행정부의 고위직을 차지하고 국회의원이 됨으로써 한국사회에서 새로운 지대추구 집단을 형성했다. 그들은 자신들의 이익을 위해 미국 원조를 마음대로 이용할 수 있을 정도의 지위를 차지하고 있었다. 또한 그들은 과거 조선총독부나 일본인들이 소유했던 상당한 재산을 거의 무상으로 취득하거나 친인척들에게 헐값에 불하할 수 있었다. 이것은 한국경제가 시작부터 전적으로 정부의 통제하에 있었기에 가능했다.[64] 정부는 경제논리가 아닌 정치논리에 의해 대부분의 경제적 자원들을 민간부문에 배분했다. 이런 바람직하지 않은 전통이 오랫동안 유지되었고, 그 이후 줄곧 한국경제의 작동에 커다란 영향을 미치고 있다. 경로의존적인 한국경제의 특성은 이렇게 형성되었다.

2) 기업가정신의 부재

역사를 돌아보면 자본주의 발달의 초기에 혁신적인 기업가들이 등장해 생산공정을 혁신하거나 새로운 제품을 통해 기존 시장을 파괴하고

---

[64] 조선총독부와 일본인들로부터 몰수한 재산이 어떻게 처분되었는가에 대한 상세한 논의는 이한구의 『한국 재벌사』(2010) 3장을 참조하라.

새로운 시장을 형성함으로써 사회잉여를 증대하고 국민들의 복지를 향상시켰음을 알 수 있다. 어떤 경제에서든 창의력과 위험을 감수하는 용기가 결합된 기업가정신entrepreneurship은 창조적 파괴의 과정을 선도하면서 끊임없이 새로운 부가가치를 창출한다. 이런 선순환善循環이 경제의 기본 질서로 자리 잡은 나라는 경제적 번영을 지속할 수 있었다. 산업혁명 초기의 영국과 19세기 말 미국경제가 그러했다. 이와 같이 기업가정신은 시장경제의 지속적인 번영을 위해 가장 중요한 요소다.

내가 여기서 기업가정신을 강조하는 이유는 시장경제의 발전을 위해 중요한 요소이기도 하지만, 물질적 번영도 결국은 정신적 가치의 산물임을 강조하기 위해서다. 이 점을 간과하고 물질적인 풍요를 통해 얻는 감각적 쾌락만을 찬양하는 것은 기업가정신의 본질을 이해하지 못한 것이다. 한국의 경제발전 과정에서 가장 아쉬운 것은 선진국으로 발전한 다른 나라들과는 달리 기업가정신이 제대로 정착하지 못했다는 사실이다. 이 점에서는 지금도 거의 달라진 것이 없다. 한국경제가 진정 다른 나라의 모범 사례가 되기 위해서는 무엇보다도 기업가정신을 존중하고 이것을 널리 확산시킬 수 있는 사회적 분위기가 형성되어야 한다. 이것 또한 코리아 프리미엄의 선결과제다.

기업가정신이란 무엇인가? 이것은 혁신을 수행하거나 또는 혁신을 경제적으로 가치 있는 재화나 서비스로 전환시키는 과정에서 새로운 금융적 또는 사업적 수완을 보여주는 기업가의 행위나 기술을 말한다.[65] 선도적인 외국 기업들의 제품을 모방하는 단계에서는 기업가정신

---

[65] 피터 드러커Peter Drucker는 『기업가정신』(2004)에서 기업가정신의 경제적 의의에 대해 상세히 설명하고 있다. 이 책이 1985년에 출간되었고 한국에는 2004년에야 소개되었지만, 여전히 기업

이 부족한 것이 그다지 문제가 되지 않는다. 그렇지만 새로운 제품을 만들기 위해 우리 자신의 기술을 개발해야 하는 경우에는 문제가 된다. 한국에서 정치적·경제적 여건은 처음부터 기업가정신을 육성하기에 적합하지 않았다. 설상가상으로 이런 상황은 지금도 그다지 달라지지 않았다.

사람마다 조금씩 달리 말하지만 필자는 기업가정신의 핵심적인 가치 가운데 특히 불굴의 도전정신, 새로운 사업을 추진하는 과정에서 발생하는 다양한 위험을 감수하려는 용기가 중요하다고 생각한다.[66] 그리고 이에 덧붙여 기업가정신의 다른 덕목으로 개인적인 부에 탐닉하기보다는 사회에 환원하는 것을 명예롭게 생각하는 정신을 지적하고 싶다. 유감스럽게도 한국경제의 역사에서 이런 의미의 기업가정신을 가지고 있었던 사람은 극소수에 불과하다. 시장경제의 선진화를 위해 중요한 것은 이런 기업가정신을 보유한 기업가들을 많이 배출하는 것이다. 19세기 말에서 20세기 초에 걸친 시기에 이런 정신을 보유한 사업가들을 다수 배출했다는 의미에서 미국경제는 성공적이었다. 이것이 우리가 미국의 경험으로부터 배워야 하는 것이다.[67]

가정신의 핵심을 잘 설명해 주고 있다. 특히 그가 강조했던 기업가정신에 바탕을 둔 기업가적 경제 entrepreneurial economy는 오늘날 우리가 추구해야 할 이상적인 경제사회의 모습을 보여준다.

[66] 예를 들어 기업가정신은 조지프 슘페터Joseph Schumpeter가 시장에서 열등한 혁신을 부분적으로 또는 전체적으로 대체하고 동시에 새로운 사업모델을 포함해 새로운 제품을 만들어내는 '창조적 파괴의 질풍'이라고 표현했던 것에 해당한다. 한편 프랭크 나이트Frank H. Knight나 피터 드러커는 기업가정신 가운데 위험을 감수하려는 자세를 강조했다. 이들에 의하면 기업가의 행동은 자신의 경력과 재정적 안정을 모두 걸고 아이디어를 추구하는 과정에서 모든 위험을 감수하며 불확실한 사업을 위해 자본뿐만 아니라 대부분의 시간을 투입하는 것을 의미한다. 이들의 정의는 배타적인 것이 아니라 상보적인 것으로 해석하는 것이 옳다.

[67] 미국의 혁신적인 사업가들의 역사를 되돌아보면 우리는 19세기 말부터 20세기 초에 몇몇 위대

여기서 이 점을 강조하는 이유는 한국경제는 강력한 정부, 그리고 기업가정신의 부재라는 두 가지 대극적인 요인에 의해 크게 영향을 받았기 때문이다. 해방 이후 일반대중뿐만 아니라 대부분의 관료들조차 시장경제의 원리에 대한 지식이 거의 없었던 상황에서 일부 기민한 사업가들은 사업을 일으키는 가장 좋은 방법이 경제적 자원을 배분하는 권한을 가졌고 규제를 담당하던 관료들과 밀접한 유대를 맺는 것임을 알아차렸다. 예를 들어 당시 막대한 이윤의 원천이었던 원당의 수입허가권은 정부를 지지하던 몇몇 기업들에게만 할당되었다. 게다가 정부는 저환율정책을 유지했기에 이들 수입회사들은 막대한 부당이익을 얻을 수 있었다.[68]

한국경제의 경우 해방 이후 1960년대 초까지는 산업화 과정이 거의 진행되지 못했다. 시장경제체제가 한국에 이식된 이래 건전한 기업 문화, 공공부문과 민간부문의 조화 그리고 일반대중의 시장 지향적인 태도와 같은 기본적인 요소들이 거의 뿌리를 내리지 못했다. 격동의 시기에 한국인들이 경험을 통해 배운 것은 관료들과 긴밀한 유대 관계를 유

한 혁신가들이 미국을 새로운 산업국가로 변형시켰다는 것을 확인할 수 있다. 당시 위대한 기업가정신을 보유했던 대표적인 혁신가들로는 철도 분야에서 밴더빌트Cornelius Vanderbilt, 철강 분야에서 카네기Andrew Carnegie, 석유 분야에서 록펠러John D. Rockefeller 그리고 금융 분야에서 모건John P. Morgan 등을 들 수 있다. 이들은 미국인들의 일상생활에 극적인 변화를 가져다주었다. 기업가정신이라는 면에서 이들에 필적할 만한 한국 기업가들이 거의 없다는 사실이 안타깝다.

[68] 당시 정부의 저환율정책으로 막대한 이익을 얻은 기업들 가운데 하나가 현재 막강한 경제력을 과시하고 있는 삼성그룹의 창업자인 이병철이 세운 제일제당이라는 기업이었다. 이것은 정부와 민간기업 간의 유착을 보여주는 많은 사례들 중 하나에 불과하다. 이에 대한 상세한 내용은 그렉 브라진스키(2011) 2장을 참조하라. 과거에 저환율정책으로 막대한 이익을 얻은 기업을 기반으로 성장한 대표적인 재벌이 지금은 고환율정책으로 막대한 이익을 얻고 있다는 사실은 역설적이다.

지하기 위해 최선을 다해야 하며 경쟁자들보다 빨리 정책 변화의 방향을 정확하게 예측해야 한다는 것이었다. 이것이 그들의 의식에 깊이 각인되었기에 사업을 추진하려는 사람들은 기업가정신을 높이 평가할 이유가 없었다. 모든 사람들이 지대추구적인 행위를 통해 비정상적인 이익을 추구하는 상황에서 기업가정신을 바탕으로 사업을 추진한다는 것은 몰락을 자초하는 길이었다. 한국경제는 초기부터 이런 유형의 용의자의 딜레마 상황에 처했던 것이다.[69] 이와 같이 기업가정신이 정착할 수 없었던 풍토에서 지대추구 행위가 사람들의 의식과 무의식에 깊이 각인되었으며, 그 후 지배적인 경제권력으로서 재벌의 탄생 및 성장과도 밀접하게 관련되어 있다. 오늘날 지대추구 경제는 피터 드러커가 강조했던 기업가적 경제와 상반되는 것으로 한국이 선진국으로 발전하는 데 가장 큰 장애 요인으로 작용하고 있다.[70]

---

[69] 경제학에서 말하는 용의자의 딜레마는 단지 이론적으로만 존재하는 것이 아니라 현실에서 자주 접할 수 있는 현상이다. 그리고 이것은 한국과 같이 개인의 창의적인 사고나 노력보다는 지대추구적인 행위가 더 큰 보상을 받고 있는 사회에서는 더욱 현저하다. 이미 잘 알려져 있듯이 용의자의 딜레마는 개인적으로는 합리적인 행동이 사회적으로는 비합리적인 결과를 초래하는 현상을 지칭한다. 예를 들면 사회적인 관점에서는 서로 협력하는 것이 최선이지만 개인적으로는 배신하는 것이 최선인 경우 개인들은 배신이라는 전략을 선택하고 결국 사회적으로는 최악의 결과가 실현된다. 용의자의 딜레마를 극복할 수 있는 유일한 방법은 사람들 간의 신뢰를 회복하는 것이다. 이런 의미에서 용의자의 딜레마는 과거부터 현재까지 한국사회에서 자원의 낭비를 초래하는 주원인이다.

[70] 피터 드러커(2004)가 말한 기업가적 경제는 하이테크 산업이나 로테크 산업을 망라해 기존에 존재하지 않은 새로운 재화와 서비스를 제공할 수 있는 경제를 말한다. 이런 의미에서 박창기(2012)가 주장하는 혁신경제와 유사하다. 그런데 드러커가 "기업가적 경제의 출현은, 그것이 경제적 사건 또는 기술적 사건인 만큼이나 문화적 사건이자 심리학적 사건인 것이 분명하다. 그러나 그 원인이야 무엇이든 간에, 그 효과는 무엇보다도 경제적인 것이다."(26쪽)라고 한 말은 음미할 만하다. 이것은 기업가적 경제는 그 사회의 전반적인 의식 수준과 밀접하게 관련되어 있다는 의미를 함축하고 있기 때문이다. 이런 점에서 한국경제가 지향해야 할 목표를 여기서

일제시대에 근대적인 기업이라고 부를 수 있는 사업조직으로는 삼양그룹과 화신그룹 이외에는 거의 없었다. 이들은 원시적인 형태의 재벌로서 일제시대에도 그럭저럭 살아남아, 해방 이후 나름 전성기를 구가했다. 그렇지만 1950년대 후반부터 일본이 남기고 간 재산을 거의 공짜로 불하받았으며, 정부로부터 귀한 달러를 배정받고, 정부 관료들과의 특별한 관계를 이용해 전후의 복구사업에 참여함으로써 비로소 본격적으로 재벌이 등장하기 시작했다.[71] 이런 기이한 복마전伏魔殿이 1950년대 내내 지속된 결과, 10개 이상의 재벌이 등장해 한국경제에 뿌리를 내렸다.[72] 1950년대는 한국경제의 구조가 결정된 시기로 기억되어야 할 것이다.

2. 경제개발계획 이후 한국경제의 특징

1) 경제개발계획의 개관

1962년 1차 경제개발 5개년계획이 실시된 이후 비로소 한국경제에 의미 있는 변화가 시작되었다. 그 이전의 한국경제는 원조에 의존하는 가운데 식물인간처럼 겨우 명맥을 유지하고 있었다. 표면적, 물질적으로는 그

발견할 수 있다.
71 해방 후 일본으로부터 몰수해 민간부문에 불하된 기업의 숫자는 대략 2,700개 정도였는데, 현재는 대부분 남아 있지 않다.
72 이한구(2010)에 따르면 이 시기에 15개의 재벌이 등장했다. 상세한 내용은 그의 책 2장을 참조하라.

러했지만 한국인들의 내면에는 무엇인가 강력한 열망이 자라나고 있었다. 단지 이것을 점화시킬 촉매가 없을 뿐이었다. 이런 이유로 1960년대 초에는 한국의 경제력이 아프리카의 여러 나라들과 유사했지만 그 후 커다란 격차를 보였던 것이다. 얼핏 보기에는 이해할 수 없는 현상도 그 내면을 들여다보면 이해할 수 있는 것이 세상 이치다. 우리가 관찰할 수 있는 모든 변화는 관찰할 수 없는 내면을 반영한다고 하는 일반적인 명제는 한국경제에도 그대로 적용된다. 이런 관점에서 한국경제의 전개 과정을 간략하게나마 다른 각도에서 살펴보는 것도 의미 있는 일이다.

한국의 경제개발 과정에 대해서는 이미 많은 연구가 축적되어 있으므로 여기서는 이 과정에서 한국인의 의식 수준에 긍정적 또는 부정적 영향을 미친 것에 초점을 맞추고자 한다. 1961년 5월 박정희 장군이 쿠데타로 권력을 장악했을 때 한미 간에는 긴장이 감돌았다. 그렇지만 여수·순천사건에 관여했던 그의 과거 전력이 미국의 국익에 그다지 위협이 되지 않는다는 것이 확인되자 그에 대한 불신은 즉각 철회되었다. 박정희 장군이 한국의 최우선 정책으로 반공과 경제개발을 선언하자 당시 미국 케네디 정부는 회의론에서 군사정부에 대한 전폭적인 지지로 급선회하였던 것이다. 왜냐하면 미국은 공산주의를 표방하는 북한과 비교해 한국이 경제개발에서 급속한 진전을 이룩하기를 원했고, 군사정부의 지도자들 또한 일반대중의 정치적 지지를 확보하기 위해 경제개발을 착수할 필요가 있음을 절감했기 때문이다.[73]

---

73 미국정부는 한국전쟁 이후 북한의 경제적 회복이 한국보다 성공적이었다는 사실을 잘 알고 있었다. 미국정부의 관리들은 한국의 침체가 공산주의의 우월함을 선전하는 수단으로 이용되는 것을 우려했다. 이런 이유로 미국정부는 한국이 신속한 경제개발을 달성하기를 원했다. 이에

그런데 1960년대 중반에는 두 정부 사이에 정치적 긴장이 고조되었다. 무엇보다도 1965년 한국과 일본 간의 외교정상화는 한국인들 사이에 뜨거운 정치적 쟁점이었다. 당시 외교정상화에 반대해 대학생들이 주동이 된 일련의 격렬한 시위가 발생했다. 양국 간의 외교적 쟁점을 신속하게 타결하는 것이 미국의 국익에 유리했기에 미국정부는 한국정부가 이 문제를 신속하게 처리하기를 원했다. 미국의 지원이 절실했던 당시 한국정부는 대학생들과 정치인들의 격렬한 반대에도 불구하고 신속하게 일본과의 국교정상화를 추진했다. 당시 파워엘리트들에게 높은 수준의 역사의식을 요구하는 것 자체가 무리였다. 그들은 권력 장악을 정당화하는 가운데 계속 권력을 유지할 수만 있다면 무엇이든지 할 수 있는 의식 수준에 있었다. 그리고 그 무렵 다른 뜨거운 쟁점은 공산주의가 인도차이나를 넘어 확산되는 것을 방지하기 위한 미국의 개입을 '아시아의 문제'라는 색깔로 호도하기 위해 한국군을 베트남에 파병하는 문제였다. 비록 야당 정치인들이 한국군 파병을 격렬하게 반대하는 시위를 주동했지만 한국정부는 미국으로부터 더 많은 원조를 얻을 것을 기대해 파병 정책을 강압적으로 추진했다. 이 두 가지 정치적 사건으로 인해 1960년대 중반 한국인들은 격동의 시기를 경험했다.

여기서 새삼 이 두 가지 쟁점을 거론하는 이유는 이것들이 한국의 경제개발과 밀접하게 관련되었기 때문이다. 당시 박정희 전 대통령은 정치적으로는 수세에 있었지만 미국정부의 전폭적인 지원을 획득함으로써 경제개발을 통한 근대화에 커다란 성과를 이룩할 수 있었다. 박 대통

대한 상세한 설명은 그렉 브라진스키(2011) 5장을 참조하라.

령과 그의 추종자들에게 미국 및 일본과의 경제적 유대는 수출 지향적인 경제개발 전략의 성공을 위해 꼭 필요한 것이었다. 그런데 1960년대 중반 미국의 무상원조가 종료된 후에는 두 나라 간 민간부문에서의 교역이 중요한 역할을 하기 시작했다. 이런 과도기에 한국은 정치적 협력에 대한 대가로 미국으로부터 엄청난 혜택을 받을 수 있었다. 하나는 세계은행IBRD이나 국제금융공사IFC와 같은 국제금융기관으로부터 경제개발에 필요한 차관借款을 도입하는 데 미국으로부터 많은 도움을 받은 것이다. 당시 한국은 국내 자본축적이 거의 없었기 때문에 경제개발계획의 성패는 좋은 조건의 외국차관을 얻는 데 달려 있었다.

둘째로 미국은 한국이 수출 지향적인 경제개발계획을 추진했을 때 가장 큰 교역 파트너가 되었다. 앞에서도 언급했듯이 한국이 성공적으로 근대화와 산업화를 달성하는 것이 미국의 세계 전략의 일부였다. 미국이 큰 시장을 제공함으로써 한국은 수출 지향적인 경제개발을 성공적으로 추진할 수 있었다. 경제개발 5개년계획 기간의 초기에 한국경제에 가장 크게 기여한 것은 미국 시장이었다. 현재 한국경제의 기초는 이 시기에 마련되었다 해도 결코 과장이 아니다.

여러 가지 정치적 소요와 자본 및 기술의 부족에도 불구하고 1962년부터 1966년까지 지속된 1차 경제개발 5개년계획 기간 중 한국은 커다란 성과를 이룩했다. 예를 들어 수출액은 1962년 5,400만 달러에서 1966년 2억 5천만 달러로 증가했으며, 이 기간 중 연평균 경제성장률은 8.3%에 달했다. 그렇지만 이런 양적인 성장보다 중요한 것은 한국인들의 사고방식의 변화였다. 한국인들은 물질적인 측면에서 오랫동안 비참한 삶을 영위해 왔다. 그 이유는 오랫동안 경제활동을 폄하했던 전통과 자원

부족에서 찾을 수 있다. 이 두 가지 요인들은 서로 부정적인 영향을 강화해 왔고, 그래서 한국의 경제적 현실은 회복하기 어려울 정도로 악화되어 있었다.

역사적 관점에서 볼 때 조선시대 이전부터 유교원리가 500년 이상 한국인의 의식세계를 지배했기 때문에 물질적인 성취는 심하게 폄하된 반면 형식적으로나마 정신적 가치가 존중되었다. 조선시대 4대 계층의 서열이 사농공상士農工商이었다는 사실에 모든 것이 함축되어 있다. 오랫동안 유지된 이런 신분질서는 한국인들의 사고방식에 지대한 영향을 미쳤다. 인간의 의식형성 과정을 고려할 때 이것은 자명한 결과다. 어쨌든 이로 인해 경제적 자원의 부족 현상은 더 악화되었으며 한국인의 일상생활은 더욱 빈곤하게 되었던 것이다. 한국인들이 과거의 전통에 사로잡혀 있는 한 경제적 번영을 달성할 가능성은 매우 희박했다.

여기서 한국의 근대화 과정에서 박정희 전 대통령의 역할에 대해 생각해 볼 필요가 있다. 그의 공과功過에 대해서는 지금도 논쟁이 분분하다. 그의 업적과 관련해 한국인들은 서로 대립하는 두 개의 집단으로 나뉘어 있다. 한 집단의 사람들은 그를 독재정권을 유지하기 위해 무자비하게 인권을 탄압한 개발독재의 상징적인 정치인으로 비난한다. 다른 집단의 사람들은 그를 한국의 경제적 번영의 기초를 닦은, 사심 없는 불굴의 정치인으로 칭송한다. 이와 같이 상반된 두 극단적인 평가가 상당히 오랫동안 공존해 온 것이 한국사회의 현실이다. 필자는 그의 정체성에 관해 더 이상 논쟁할 필요가 없다고 생각한다. 왜냐하면 그는 경제개발의 기수이면서 동시에 독재자였기 때문이다. 여기에 덧붙여 특별히 한 가지를 더 언급할 가치가 있다. 그것은 오랜 한국의 역사에서 그는 한국인들에게 '하면 된다'는 정신, 즉 자조自助정신을 일깨워준 최초의 인물이라는 사실이다.

그는 1960년대 이래 한국사회에서 발생한 대부분의 변화를 이해하는 데 있어 핵심적인 인물이므로 극단적인 경험을 통해 형성된 그의 의식구조를 조금 더 살펴볼 필요가 있다. 널리 알려져 있듯이 그의 경력에는 두 가지 결정적인 결함이 있다. 하나는 그가 만주에 수립된 일본 괴뢰정부의 육군장교로 복무했다는 사실이다. 다른 하나는 그가 한때 한국의 자생적인 공산주의 정당인 남로당의 일원이었는데, 자신의 신변이 위태로워지자 동지들을 배반하고서 처벌을 면했다는 사실이다. 이 두 가지 사건은 그의 무의식에 깊이 각인되어 콤플렉스를 형성했으며 그 후 그의 행동과 사고방식은 이에 의해 크게 영향을 받았다. 정도의 차이는 있지만, 그에게서 발견할 수 있는 이런 유형의 의식과 무의식 간의 갈등 및 괴리현상은 많은 한국인들에게서 발견할 수 있는 것이다.

1917년 가난한 소작농의 막내아들로 태어났지만 평범한 초등학교 교사로 일생을 마치기에는 그의 야망이 너무 컸다. 그래서 그는 처음에는 만주에 있는 군관학교에 입학했으며 우등생으로 졸업한 후에는 일본에 있는 사관학교에 편입하였다. 필자는 그가 해방 후 고향으로 돌아왔을 때 일본군 장교였던 자신의 경력을 부끄러워했을 것이라고 생각한다. 그는 죄의식으로 괴로워했기에 속죄하는 의미에서 급진적인 사회주의 운동에 끌렸던 것으로 해석할 수 있다. 더욱이 그가 가장 존경하고 따랐던 둘째 형 박상희는 열렬한 공산주의자로서 1946년 대구 폭동의 와중에서 살해되었다. 따라서 당시와 같은 격동의 시기에 그가 자생적인 공산주의 정당인 남로당에 가입한 것은 나름 자연스러운 측면이 있다. 그렇지만 그는 나중에 중형을 면하기 위해 동지들을 배반했기에 극심한 죄의식에 시달려야 했다.

그가 이런 죄의식과 이에 동반한 열등의식을 극복하는 최선의 방법은 권력을 장악한 후 강력하지만 청렴하고 검소한 지도자로 처신하는 것이었다. 이것이 바로 전례 없는 독재자로서 그가 실제로 실행했던 일이다. 그는 강한 권력의지를 가졌지만 동시에 국민의 복지를 염려하는 자비로운 지도자로 존경받고 기억되기를 원했다. 의식과 무의식의 갈등, 이로 인한 대극반전은 그에게서 찾아볼 수 있는 전형적인 정신 활동이었다. 그래서 그는 동시대 인물이었던 필리핀의 페르디난드 마르코스Ferdinand Marcos나 우간다의 이디 아민Idi Amin과는 전혀 다른 유형의 독재자로서 한국을 통치했던 것이다. 경제시스템의 경로의존적인 성격을 감안할 때 그의 개발독재가 이후 한국경제의 전개 과정에서 부정적인 영향을 미친 것만은 아니다.

제1차 경제개발 5개년계획 기간 중 수입대체와 수출 지향적인 개발정책은 농업에 기반을 둔 한국경제를 어느 정도 산업에 기반을 둔 경제로 전환시키는 데 효과적이었다. 또한 그가 주도한 '하면 된다'는 정신이 관료, 기업인 그리고 근로자들의 의식에 깊이 각인되었다. 적어도 개발계획의 초기에는 그의 리더십이 한국인들 사이에 신뢰를 조성하는 데 크게 기여했다. 이런 이유로 많은 근로자들이 이 기간 중 최악의 근로조건을 감내했던 것이다. 이런 의미에서 1차 경제개발 5개년계획은 성공적이었다. 이 기간 중 국민들 간의 단합이 괄목할 만한 경제적 성과로 귀결되었다. 이런 흐름은 이어진 경제개발계획 기간 내내 유지되었으며 고도경제성장에 크게 기여했다. 그러나 박 전前 대통령이 3선개헌을 추진하고 뒤이어 1972년 10월유신을 단행하면서 이런 정신은 상당 부분 퇴색했다.

그런데 1979년 10월 박 전 대통령이 측근에 의해 살해당한 후 모든 것이 변했다. 새로운 정치질서에 대한 기대와 함께 민주화에 대한 열망이 분출되었으며, 이런 움직임은 광주민주화운동으로 그 절정에 달했다. 그러나 당시 민주화에 대한 대중의 열망이 제대로 조직화되지 않은 가운데 전두환 장군이 이끄는 신군부가 정치적 공백 상태를 이용해 권력을 장악했다. 그 후 새로운 군부독재가 시작되었으며 인권은 철저히 무시되었다. 1987년 민주화운동이 결실을 맺어 인권이 보장되고 민주주의가 다시 회복되기 전까지 한국인들은 낮은 의식 수준에 머물러 있었다. 이런 과도기에 한국사회는 정치적 불안과 좌절을 경험한 반면, 한국경제는 별다른 어려움 없이 순항할 수 있었다. 그럼에도 정권을 장악한 새로운 정부는 5차 경제개발 5개년계획부터 고도성장에서 사회안정과 복지로 계획의 기본 원칙을 전환하지 않을 수 없었다. 다음 〈표 4.1〉에는 4차 경제개발 5개년계획까지 한국경제가 이룩한 주요 업적이 요약되어 있다.[74]

---

74 여기서 제시되는 한국경제와 관련된 수치는 모두 달러로 표시될 것이다. 한국경제가 어떻게 변모해 왔는지 달러의 관점에서 이해하는 것이 글로벌 시대에 더 적절하다고 생각하기 때문이다.

<표 4.1> 경제개발 5개년계획 기간 중 주요 경제지표 동향

	1차 기간 (1962~66)	2차 기간 (1967~71)	3차 기간 (1972~76)	4차 기간 (1977~81)
주요 정책 목표	농업생산성 증대, 에너지원 확충, 수출증대, 기간산업 및 사회 간접자본에 대한 투자 확대, 국제수지 개선, 기술진보	식량 자급자족 개선, 화학, 철강 및 기계산업 육성, 인구 억제, 인력 개발, 국민소득 증대	고도 경제성장 지속, 적극적인 수출촉진정책, 국제수지 개선, 균형적인 지역개발, 중화학공업 육성	자생적인 경제성장 확립, 중화학공업 집중 육성, 사회개발을 통한 평등 개선, 기술 혁신
연평균 GNP 성장률	7.8%	9.7%	10.1%	5.6%
연평균 일인당 국민소득 증가율	5.0%	7.3%	8.2%	4.0%
연평균 인구 증가율	2.7%	2.2%	1.7%	1.6%
주요 경제적 성과	1966년 수출 2억 5천만 달러, 일인당 국민소득 125달러, 외환보유고 2억 4,500만 달러 달성	1971년 수출 10억 8,800만 달러, 일인당 국민소득 291달러, 외환보유고 5억 6,800만 달러 달성	1976년 수출 77억 1,500만 달러, 일인당 국민소득 825달러, 외환보유고 29억 6,100만 달러 달성	1981년 수출 212억 5,400만 달러, 일인당 국민소득 1,826달러, 외환보유고 68억 9,100만달러 달성

출처: stat.kita.net, ecos.bok.or.kr

이 표에서 알 수 있듯이 4차 경제개발 5개년계획까지 한국경제는 높은 성장률을 실현했는데, 그 주요 원천은 저렴하고 풍부한 노동력, 순조로운 해외 차관 도입, 정부의 적극적인 수출지원 정책으로 인한 급속한 수출 증가 그리고 예상치 않았던 베트남과 중동 붐 등에서 찾을 수 있다. 이런 요인들의 복합적인 효과 덕분에 한국경제는 이 기간 중 국민경제의 급속한 확장, 경제구조의 선진화, 소득과 고용의 증가 그리고 농업사회에서 산업사회로의 전환 등과 같은 괄목할 만한 성과를 달성할 수 있었다.

그렇지만 민주화와 사회계층 간의 균형을 희생하면서 20년간 일방적으로 경제발전을 추구했기 때문에 다양한 경제적·사회적 문제들이 발생했다. 그래서 5차 5개년계획부터는 사회·경제개발 계획의 관점에서 균형 있는 경제개발을 추진하지 않을 수 없었다. 당시 특히 주목할 만한 문제들로는 자본, 기술 및 시장의 외국에 대한 의존도 심화, 만성적인 무역적자, 농업과 제조업, 대기업과 중소기업 간의 불균형 확대, 사회계층 간의 소득불균형의 확대, 물가의 급격한 상승 그리고 사치와 낭비적인 태도의 확산 등을 지적할 수 있다. 무엇보다도 저임금, 최저 쌀 가격 그리고 과도한 노동시간에 근거한 지나친 수출 지향적 경제정책은 일반대중이 당연히 누려야 하는 것들마저 희생하도록 강요했으며, 따라서 인간다운 삶을 위한 민주적인 열망은 좌절되었다.

1997년 외환위기를 전기로 새로운 경제로 전환되기 전까지 경제개발 5개년계획이 세 차례 더 실시되었다. 이 시기에 경제개발의 초점은 수출 드라이브와 수입대체에 기반을 둔 일방적인 경제성장에서 사회통합과 복지를 촉진하기 위해 다양한 부문 간의 균형성장으로 이동했다. 개발계획의 우선순위가 변했음에도 불구하고 우호적인 세계경제 여건으로 인해 한국경제는 괄목할 만한 성과를 지속적으로 달성할 수 있었다. 5차 경제개발 5개년계획 기간(1982~1986) 중 한국경제는 연평균 8.6%의 경제성장을 달성했으며 일인당 국민소득도 1962년 87달러에서 1986년 2,268달러로 증가했다. 일인당 국민소득은 지속적으로 증가해 1990년에는 5,569달러, 1996년에는 10,440달러에 달했다. 이것은 어떤 기준으로도 괄목할 만한 것이었다.

한국경제에 우호적인 금융 환경은 1985년 플라자 합의Plaza agreement 에 의해 더욱 강화되었다. 1986년부터 1988년까지 지속된 이른바 '3저 현상'으로 인한 경제호황은 낮은 원유 가격, 국제금융시장에서 낮은 이자율 그리고 달러 대비 일본의 엔화 강세에 근거한 것이었다. 특히 엔화 강세는 한국의 수출기업들이 세계시장에서 비약적으로 수출을 증대할 수 있는 유리한 기회를 제공해 주었다. 1993년 문민정부가 들어서서 '신경제정책'을 선언할 때까지 한국경제는 순조롭게 성장할 수 있었다.

7차 경제개발 5개년계획 기간(1992~1996) 중 주요 목표로는 산업 경쟁력 강화, 사회적 평등의 개선과 균형 발전의 추구 그리고 한국경제의 세계화와 자유화가 책정되었다. 비록 이 모든 목표를 달성하지는 못했지만 한국경제는 선진경제를 향해 꾸준히 전진하고 있는 것처럼 보였다. 1996년 일인당 국민소득은 10,440달러에 달했으며 수출과 수입 규모는 각각 1,300억 달러와 1,500억 달러에 달했다. 한국경제에 대한 자신감을 상징적으로 과시했던 사건이 바로 1996년 OECD 회원국으로 가입한 것이었다. 그런데 한국인들은 지나친 자만에 빠져 한국경제의 곳곳에서 은밀하게 자라고 있던 만성적이고 구조적인 취약점을 인식하지 못했다. 이런 상황에서 외환보유고가 바닥났고, 그래서 IMF에 구제금융을 요청하게 되었다.

한국이 1960년대 초 총체적인 농경사회에서 1990년대 중반 중간 정도의 산업사회로 변한 것은 괄목할 만한 사건이었다. 개발계획 기간 내내 지속되었던 고도의 압축성장은 일본과 타이완의 유사한 사례를 제외하고는 실로 인류 역사에서 비교할 대상이 없었다. 그렇지만 한국은 놀라운 산업화와 근대화를 이룩하기 위해 많은 분야에서 비싼 대가를 지불해야 했다. 이 세상에 공짜는 없는 법이다. 한국경제에서 양적 측면이 동전의 한 면이라면, 질적 측면은 동전의 또 다른 측면이다. 이런 관점에서 경제개발의 장·단점을 간단히 정리하면 다음과 같다.

2) 경제개발의 양면성

경제개발의 긍정적인 측면

이 기간 중 한국의 근대화의 성격에 대해서는 많은 논란이 있었지만 누구도 부정하지 않는 한 가지 사실은 한국경제가 양적인 관점에서 엄청난 성과를 달성했다는 점이다. 양적인 개선이 모든 문제에 대한 해결방안은 아니지만 다음 단계에서 질적인 변화를 달성하기 위해서는 어느 정도 필요하다. 이것은 양적인 변화가 일정한 수준을 넘어서는 경우에만 질적인 변화를 유발할 수 있다는 변증법적 논리와도 상응한다. 경제개발을 통해 이룩한 대표적인 긍정적인 측면 중 몇 가지를 지적하면 다음과 같다.

- 한국사회는 농업사회에서 산업사회로 전환되었다. 이에 덧붙여 3차 경제개발 5개년계획부터 추진되었던 중화학공업 육성정책은 당시 급격한 인플레이션과 만성적인 무역적자와 같은 부작용에도 불구하고 후일 한국 기업들이 세계시장에서 경쟁력을 확보하는 데 결정적으로 기여했다. 이 시기에 오늘날 세계적인 기업으로 성장한 삼성전자나 현대자동차와 같은 기업들의 기반이 마련되었다. 이것은 정부와 재벌이 과감하게 위험을

감수한 결과다. 정부는 모든 자원을 경제개발에 집중했고 재벌은 정부의 지원을 바탕으로 과감하게 투자했다. 그리고 한국경제는 이에 대한 보상을 받았다.

• 다음 〈표 4.2〉에 알 수 있듯이 이 기간 중 한국경제에서 괄목한 만한 변화는 양적 측면에서 확인할 수 있다. 예를 들어 한국의 GDP는 1966년 36억 달러에서 1996년 5,728억 달러로 증가했다. 30년간 GDP는 159배 증가한 반면 일인당 소득은 100배 증가했다. 외환보유고는 1966년 2.5억 달러에서 1996년 332.4억 달러로 133배 증가했다. 이 기간 중 수출액은 518배 증가한 반면 수입액은 208배 증가하는 데 그쳤다. 이에 덧붙여 다양한 자료, 예를 들면 주택 보급률, 자동차, 철강 및 선박의 연간 생산능력 등에 관한 자료는 한국경제가 여러 분야에서 엄청난 성과를 달성했음을 보여준다.

〈표 4.2〉 주요 경제지표 동향(1966~1996)

주요 경제지표	1966	1971	1976	1981	1986	1991	1996
명목GDP (단위: 억 달러)	36	95	298	724	1,137	3,155	5,728
일인당 명목 국민소득 (단위: 달러)	125	291	825	1,826	2,702	7,276	12,518
외환보유고 (단위: 억 달러)	2.5	5.7	29.6	68.9	79.1	137.3	332.4
수출 (단위: 억 달러)	2.5	10.7	77.2	212.5	347.1	718.7	1,297.1
수입 (단위: 억 달러)	7.2	23.9	87.7	261.3	315.8	815.2	1,503.4
인구 (단위: 백만 명)	29.43	32.88	35.85	38.72	41.21	43.30	45.53

출처: www.index.go.kr, ecos.bok.or.kr, www.kosis.kr

• 이 기간 중 한국경제에서 발생한 변화 중 상대적으로 주목받지 못했던 것은 한국인들의 사고방식에 있어서의 변화다. 한국인들은 오랫동안 감내해 왔던 만성적인 빈곤을 극복할 수 있다는 것을 인식하기 시작했다. 1963년 대통령선거에서 근소한 차이로 정권을 장악한 박정희 전 대통령을 필두로 한 정부는 '하면 된다'는 정신과 함께 모든 자원을 산업화와 근대화에 투입했다. 당시 잘 조직화된 노동조합이 존재하지 않았기에 저임금과 열악한 근로 환경에 대해 항의하는 근로자들이 거의 없었다. 게다가 그들은 일할 기회만 있다면 어떤 근로조건이라도 수용할 준비가 되어 있었다. 당시 한국은 총체적인 농업국가로서 농촌을 떠나 도시로 이주하려는 풍부한 노동력을 보유하고 있었다. 한국은 노벨경제학상을 수상한 경제학자 아서 루이스Arthur Lewis가 제안했던 노동의 무한공급 경제개발 모형에 적합한 나라였다. 또한 당시 근로자들 대부분은 양처럼 온순했다. 그들은 제대로 교육을 받지 못했을 뿐만 아니라 정확한 정보를 얻을 수도 없었기에 주변에서 무슨 일이 벌어지고 있는지 제대로 알지 못했다. 그렇지만 그들 대부분은 긍정적인 태도를 가지고 있었으며 어떤 역경도 감내할 수 있을 만큼 사고방식에 큰 변화가 있었다.

경제개발의 부정적인 측면

한국의 경제개발은 처음부터 끝까지 정부 주도로 이루어졌으며 수출드라이브 및 산업화정책을 통한 고도성장에 초점을 맞추었기에 압축성장의 부산물로 소득불평등의 확대, 정경유착의 심화, 부동산투기 심리의 만연, 그리고 농촌과 도시 간의 불균형 등 다양한 사회 문제들이 발생했다. 특히 이 시기에 형성된 재벌 중심의 경제구조는 한국경제의 아킬레스건이 되었다. 현재 한국경제가 안고 있는 문제들 대부분은 재벌과 밀접하게 관련되어 있다.

• 당시 정부는 한국에서 경제개발을 강력하게 추진할 수 있는 권한을 가진 유일한 주체였다. 더욱이 박정희 전 대통령은 빈곤에 찌든 농경사회를 선진화된 산업사회로 전환시키려는 열정으로 충만해 있었다. 야심 찬 경제개발계획에 대한 국민적 합의를 근거로 정부는 이용 가능한 모든 자원에 대해 총체적인 통제권을 행사했다. 당시 한국은 사회간접자본과 공장 건설에 투자할 자본이 부족했기에 기업이 은행융자뿐만 아니라 외국차관을 이용할 수 있다는 것은 엄청난 특혜였다. 당시 정부는 기업들에게 이런 금융자원을 공급해 주는 독점적인 권한을 가지고 있었다. 따라서 계획에서부터 실행에 이르기까지 정부는 상당히 오랫동안 민간부문을 장악할 수 있었다. 그렇지만 신중하지 못한 정치인이나 관료들이 원칙 없이 시장경제에 빈번하게 개입함으로써 한국경제의 지대추구적 특성이 더욱 강화되었다. 대부분의 기업들은 다양한 특혜를 받기 위해 그들과 밀접한 관계를 유지해야 했다.

• 한국전쟁 이후 몇몇 근대적인 기업들이 등장하기 시작했지만 이들은 사업적 노력을 통해서가 아니라 다양한 자원을 배분하는 책임을 맡고 있던 정부 관리들과 밀접한 관계를 유지함으로써 근근이 생존할 수 있었다. 그런 기업들의 소유주들은 관리들과 밀접한 관계를 유지해야 하는 중요성을 본능적으로 잘 알고 있었다. 그들은 기업가정신을 바탕

으로 사업을 추진하는 것보다 정부정책에 순종하는 것이 대기업으로 성장하는 지름길임을 잘 알고 있었다.

이 기간에 몇몇 기업집단들이 재벌의 초기 형태를 갖추기 시작했지만 사업모델, 매출액 및 기업의 지배구조와 같은 여러 측면에서 여전히 초보적인 수준에 머물렀다. 그들은 소유와 경영의 분리에 입각한 근대적인 기업으로 분류되기 어려웠다. 이 모든 사실을 감안할 때 당시 한국경제는 정부의 통제를 받는 경제로서의 한계를 가지고 있었다. 심지어는 사유재산권에 대한 법적 보호장치도 불완전했으며, 자유계약의 정신이 사업 세계에 깊이 침투하지 못했다. 무엇보다도 정치인, 관료 그리고 기업인을 망라해 누구도 시장원리의 의미를 제대로 이해하지 못했다. 중앙집권적 계획과 명령이 당시 한국경제의 작동을 이해하기 위한 핵심 용어였다.

• 1970년대 초 서울의 강남 개발을 필두로 한 부동산 개발은 모두 정부 주도로 이루어졌다. 정부는 주택용 택지를 개발하거나 고속도로를 건설하고 공장을 짓기 위한 목적으로 토지수용권을 보유하고 있던 유일한 기관이었다. 정부는 때로는 법적 근거도 없이 토지수용권을 행사했지만 당시 정부의 절대적인 권한 때문에 이에 대한 저항이 거의 없었다. 1970년대 초부터 시작된 강남 개발은 한국사회에서 불평등을 확대시키고 고착화하는 데 큰 영향을 미친 사건이었다. 다른 사람들보다 먼저 세부적인 개발계획에 관한 내부정보를 얻을 기회를 가졌던 사람들은 1990년대까지 개발 기간 내내 토지와 아파트 매매를 통해 막대한 시세차익을 얻을 수 있었다. 일단의 선택된 파워엘리트와 그들의 가까운 친족들

그리고 일부 운이 좋았던 사람들은 그런 내부정보를 얻을 수 있었으며, 아무 노력 없이 막대한 부를 축적할 수 있었다. 이런 경험이 한국사회에서 반복되었던 부동산투기의 원천이 되었다.

부동산 개발을 지켜본 일반대중은 무엇보다도 사회정의와 공정성이 구현되지 않았다는 사실에 크게 좌절했다. 만약 강남 개발이 투기의 대상이 된 대형 아파트 대신 저소득층과 중산층을 위한 소규모 아파트를 공급하는 방향으로 진행되었다면 부동산투기는 상당히 진정되었을 것이다. 나아가 이런 방향으로 개발이 진행되었다면 부동산에 대한 한국인들의 과도한 집착을 완화시키는 데 상당히 기여했을 것이며, 분배의 공평성을 유지함으로써 올바른 정의관을 정립하는 데 크게 기여했을 것이다.

• 수입대체와 병행되었던 수출 지향적인 개발전략은 5개년 경제개발계획 전 기간 내내 유지되었다. 따라서 정부정책에 어떤 급격한 변화도 없었고, 이 기간 중 재벌의 행동 패턴에도 거의 변화가 없었다. 초기에 박정희 전 대통령과 그의 정부는 권력을 장악한 후 재벌이 소유한 대부분의 재산을 몰수하려 했다. 그들은 불법적으로 재산을 취득했다는 비판을 받았기 때문이다. 그러나 정부와 재벌 간에 모종의 타협이 이루어졌다. 그 이유는, 당시 가장 시급한 일인 북한의 위협하에서 사회안정을 달성하기 위해서는 젊은이들에게 충분한 일자리를 제공해야 한다는 냉엄한 현실을 정부가 인식했기 때문이다. 재벌총수들은 상황판단이 빨라 그런 기회를 놓치지 않았으며, 전 기간 내내 권력자들과 우호적인 관계를 유지하는 데 모든 노력을 집중했다. 이런 밀접한 유대관계는 관료,

정치인 그리고 재벌 간에 견고한 담합을 형성하는 것으로 귀결되었으며, 이로 인해 사실상 한국경제의 구조적 특성이 결정되었던 것이다.

- 3차 경제개발 5개년계획부터 경제정책의 초점이 섬유나 합판과 같은 경공업에서 조선이나 정유와 같은 중화학공업으로 이동함에 따라 한국경제에도 큰 변화가 발생했다. 국내외의 많은 전문가들이 국가적 차원에서 중화학공업을 집중적으로 육성하기는 시기상조라고 주장했지만 박정희 전 대통령과 그의 핵심 참모들은 이 정책을 공격적으로 추진했다. 이미 많은 전문가들이 예상했듯이 비현실적인 정책을 강행함으로써 한국경제는 지속적인 인플레이션과 만성적인 무역적자에 직면하게 되었다.[75]

그 뒤에 들어선 새 정부는 1980년대 초반 중화학공업 분야에서 대규모 구조조정을 단행하지 않을 수 없었다. 왜냐하면 많은 기업들이 과잉설비와 세계시장에서의 과당경쟁으로 인한 지속적인 제품가격 하락으로 인해 거의 파산 지경에 이르렀기 때문이다. 한국경제는 이런 대규모 구조조정의 후유증으로 인해 많은 고초를 겪었는데, 이것은 1986년부터 시작된 경기 호황으로 인해 극복될 수 있었다. 그렇지만 당시 대규모 구조조정을 통해 획득한 경쟁력을 바탕으로 중화학공업이 한국경제를 선도하는 분야가 되리라 예측한 사람은 거의 없었다. 이것은 노력보다는

---

[75] 정확하게 말하면 한국경제는 1차 경제개발 5개년계획 초기부터 만성적인 무역적자로 고초를 겪었다. 이런 적자 폭이 1977년까지는 10억 달러 수준으로 유지되었으나 1978년부터는 20억 달러 수준으로 확대되었고 1984년에는 50억 달러에 달했다. 한국경제는 1986년에 비로소 당시의 특수한 경기 호황으로 인해 처음으로 30억 달러에 달하는 의미 있는 무역흑자를 실현했다. 이에 관한 상세한 내용은 www.kita.net을 참조하라.

순전히 운이 좋아 불운이 행운으로 바뀐 경우에 해당했다. 이런 경험을 통해 미래를 위해 거대한 설계를 하는 경우에는 열정보다는 이성이 더 중요하다는 교훈을 얻은 것이 수확이었다.

3. 외환위기와 한국경제의 구조 변화

1) 외환위기의 원인에 대한 회고

1997년의 외환위기는 경제개발을 추진한 이래 한국인들이 경험한 가장 충격적인 경제적 재앙이었다.[76] 이것은 스스로 그 모습을 드러내기 전까지는 어느 누구도 예상하지 못했던 일종의 '검은 백조black swan'였다.[77] 대부분의 일반인들은 당시 왜 외환위기가 발생했는지 이유조차 몰랐다. 심지어는 대통령의 경제수석 비서관과 같은 고위직에 있던 관료도 외환위기 직전까지 한국경제의 펀더멘털은 튼튼하다고 주장했다. 그렇지만 외환위기는 발생했고, 정부는 모라토리엄moratorium, 즉 '지불유예선언'을 피하기 위해 IMF의 구제금융을 요청하지 않을 수 없었다.

돌이켜보면 1997년에 한국의 외환보유고가 고작 39억 달러에 불과했

---

[76] 1997년 7월 태국에서 시작되어 아시아 전역으로 확산된 이 위기의 공식 명칭은 '동아시아의 금융위기'다. 그렇지만 우리에게는 외환위기라는 용어가 더 친숙하므로 여기서도 외환위기라 부를 것이다.
[77] 나심 탈레브Nasim N. Taleb의 베스트셀러 『검은 백조』(2008)가 발간된 후 일반인들에게 널리 알려진 검은 백조는 한국경제에서 일어난 일을 묘사하기에 적절한 용어다. 누구도 외환위기를 예측하지 못했지만 결국 발생했고, 그 후 한국경제를 영구적으로 바꿔놓았다.

다는 사실이 믿어지지 않는다. 2013년 말 한국은 외환보유고로 3,465억 달러를 보유하고 있었다는 사실을 고려한다면 외환위기는 피할 수 있었던 사건이었을지도 모른다는 생각이 든다. 그렇지만 이것은 근거 없는 추측에 불과하다. 1962년 경제개발 5개년계획을 추진한 이래 한국은 만성적인 무역적자로 고초를 겪고 있었다. 한국은 1986년부터 1989년까지는 무역흑자를 실현한 반면, 1962년부터 1985년까지 그리고 1990년부터 1997년까지 지속적인 무역적자로 고전하고 있었다. 그 후 고환율 덕에 1998년부터 비로소 무역흑자를 실현할 수 있었다.[78] 다음 〈표 4.3〉은 1990년부터 1997년까지 GDP 대비 무역적자의 상대적인 규모를 보여주고 있다.

〈표 4.3〉 외환위기 이전 무역수지와 GDP

(단위: 억 달러)

경제지표	1990	1991	1992	1993	1994	1995	1996	1997
무역수지	-48.3	-96.6	-51.5	-15.6	-63.4	-100.6	-206.2	-84.5
GDP	2,703 (1.8%)	3,155 (3.1%)	3,381 (1.5%)	3,722 (0.4%)	4,355 (1.5%)	5,313 (1.9%)	5,728 (3.6%)	5,323 (1.6%)

출처: stat.kita.net, ecos.bok.or.kr
주: 괄호 안의 숫자는 GDP 대비 무역적자의 비율을 나타낸다.

이 표에서 알 수 있듯이 GDP 규모에 비해 무역적자 규모 자체는 그다

---

[78] 1990년부터 1997년까지 8년간 누적 무역적자는 666억 6,300만 달러에 달했는데, 당시 한국의 GDP 규모에 비해 결코 적은 액수가 아니었다. 그러나 필자는 외환보유고의 동향을 감독하는 책임을 맡았던 사람들이 현명했다면 관리할 수 있는 범위 안에 있었다고 생각한다. 한국은 고환율 덕에 1998년부터 무역흑자를 실현할 수 있었다. 그 후 2008년 세계적 규모의 금융위기가 한국경제를 강타했던 때를 제외하고는 매년 무역흑자를 실현하고 있다.

지 심각한 수준은 아니었다. 진짜 문제는, 한국은 지속적인 무역적자를 극복하지 못했고 이것이 한국의 금융기관들에 단기자금을 대여해 주었던 외국은행들에게 부정적인 신호를 제공했다는 것이다. 당시 우리나라의 금융당국은 국제금융시장에서 가장 중요한 요소가 신뢰라는 간단한 사실을 이해하지 못했다. 그래서 그들은 외화차입금의 만기 연장이라는 문제를 소홀하게 취급했던 것이다.

한국은 1996년 OECD 회원국이 되었다. 이 역사적인 사건 이전에 김영삼 전 대통령이 이끌었던 문민정부는 1993년 '신경제정책'을 선언하고 미처 준비가 안 된 상태에서 세계화 운동에 적극적으로 동참하려 했다. 당시 의욕적으로 정부규제와 통제정책을 완화하고 가능한 한 많은 분야에 시장원리를 허용하려 했던 것은 일종의 과시적 행동이었다. 특히 유감스러운 것은 이런 정책들이 우리 자신의 계획에 따라 체계적으로 이루어졌다기보다는 당시 정부의 중상주의적 정책에 대한 외국의 비난을 완화한다는 차원에서 무질서하게 이루어졌다는 사실이다.

해방 후 미국에 의해 시장경제 시스템이 도입된 후 한국인들 가운데 시장원리를 제대로 이해하고 있는 사람은 극소수였다. 이런 상황에서 정부 주도로 경제개발 5개년계획이 추진되었기 때문에 한국경제는 진정한 의미에서 시장경제에 근접한 적이 없었다. 민간기업들은 이런 개발계획의 수동적인 추종자였을 뿐이다. 정부가 관리하는 '한국 주식회사'가 당시 한국경제의 실상을 묘사하는 적절한 표현이었다. 막강한 재벌조차 정부로부터 혜택을 받기 위해 노심초사했다. 달리 말하면 한국경제는 시장원리로부터 점점 더 멀리 표류한 반면 정치인, 관료 그리고 기업인들 간의 담합에 깊이 뿌리를 내린 전형적인 지대추구 경제를 향해 나아갔다. 한국경제에 만연한 이 모든 문제들의 귀착점이 바로 전대미문의 외환위기였던 것이다.

외환위기를 겪게 된 배경으로는 무엇보다도 국내 금융기관들을 감시·감독하는 책임을 맡았던 정부 관리들이 국제금융시장의 실상에 대해 잘 모르고 있었다는 사실을 지적하지 않을 수 없다. 상업은행들을 포함해 국내 금융기관들은 외국은행들로부터 지속적으로 달러화로 단기자금을 빌려 국내 기업들에게 원화로 장기대출을 해 주었다. 이것이 이른바 '이중의 불일치double mismatch', 즉 '통화불일치와 만기불일치'를 초래했다. 통화불일치는 외국은행으로부터 달러화로 빌린 자금을 원화로 국내 기업에게 빌려주고 차입금을 상환하는 경우에는 그 반대로 거래가 이루어지는 것을 말한다. 만기불일치는 단기로 차입한 자금을 장기로 기업에 대여하는 것을 말한다. 많은 사람들이 이런 불일치가 외환위기의 주요 원인이라고 주장했다. 물론 이런 이중의 불일치가 외화 운용에 큰 어려움을 제공한 것은 사실이지만, 이것은 어디까지나 결과에 불과했다. 이중의 불일치가 장기간 지속되도록 방치한 것은 당시 이해당사자들의 무지와 탐욕이었다. 즉, 이것은 경제관료, 금융인 및 재벌과 같이 담합으로 강력하게 결합되어 있던 한국경제의 주역들이 취한 비합리적이고 탐욕스러운 행위의 결과였던 것이다. 따라서 외환위기의 근본적인 원인은 당시 한국인들의 의식구조에서 찾아야 한다.

한국의 대기업들은 대부분 사업을 확장하기 위해 금융기관으로부터 가능한 한 많이 자금을 빌리는 데 익숙해 있었다. 그리고 금융기관들 또한 그런 기업들을 선호했다. 왜냐하면 그들은 이른바 '대마불사'라는 생각에 사로잡혀 있었기 때문이다. 그렇지만 1997년 태국의 바트화 폭락으로 촉발된 아시아 금융위기의 영향으로 인해 한보철강의 부도를 시작으로 대기업의 부도가 연쇄적으로 발생하기 시작했다. 특히 외국은행들이 만기 연장을 거부하고 무자비하게 대출을 회수하기 시작했기 때문에 환율이 크게 상승하자 기아자동차그룹을 포함해 재무구조가 취약한 기업집단들이 차례차례 부도를 내기 시작했다. 외환위기의 초기인 1997년 말부터 1998년 사이에 취약한 개별 기업들은 말할 것도 없고, 15개 이상의 재벌들이 부도가 났다.[79] 크게 변동하던 환율은 1997년 12월 3일 한국정부가 IMF의 구제금융을 받기 위한 조건들을 수용하고 합의서에 사인한 후에야 비로소 안정되기 시작했다. 다음 〈표 4.4〉는 IMF의 개입을 전후해 환율이 얼마나 요동쳤는지 보여준다.

〈표 4.4〉 외환위기 전·후의 환율 변동

(단위: 원/달러)

연도/월	환율(월말 기준)
1997/01	864.90
1997/02	864.20
1997/03	895.00
1997/04	891.90
1997/05	891.40
1997/06	887.90
1997/07	889.10
1997/08	902.00
1997/09	914.40

---

79 재무구조가 취약한 재벌들이 부도가 난 원인에 대한 상세한 설명은 이한구(2010) 8장을 참조하라.

연도/월	환율(월말 기준)
1997/10	964.60
1997/11	1,170.00
1997/12	1,695.00
1998/01	1,525.00
1998/02	1,633.00
1998/03	1,383.00
1998/04	1,336.00
1998/05	1,407.00
1998/06	1,373.00
1998/07	1,230.00
1998/08	1,350.00
1998/09	1,391.00
1998/10	1,319.00
1998/11	1,246.00
1998/12	1,204.00

출처: ecos.bok.or.kr

여기서 환율을 언급한 이유는 환율이 코리아 디스카운트와 밀접하게 관련되어 있기 때문이다. 환율이 어떤 수준에서 결정되는가에 따라 한국의 가치가 낮게 평가될 수도 있고, 그 반대로 높게 평가될 수도 있다. 한 나라를 대표하는 가격으로서 환율은 매우 중요하다. 따라서 단순히 수출을 촉진하기 위해 고환율을 유지하는 정책은 더 이상 바람직하지 않다. 특히 우리나라와 같이 무역의존도가 높은 나라는 수출과 수입의 상대적인 중요성을 감안해 환율과 관련된 문제를 신중하게 다루어야 한다. 즉, 수입과 수출, 성장과 분배라는 모든 측면을 종합적으로 고려하는 가운데 환율정책이 수립되고 집행되어야 한다.

1997년 외환위기가 발생하기 전까지 미국 달러화에 대한 한국 원화의 환율은 비교적 안정적이었다. 환율은 최저 702.3원(1990년 3월)부터 895.0원(1997년 3월)의 범위 안에서 움직였다. 그렇지만 IMF의 요구 조건 중 하나로 환율이 외환시장에서 자유롭게 결정되도록 한 이후 환율의 변동성이 커졌다. 외환위기가 종료된 후 환율은 최저 900.7(2007년 10월)과 1,534.0(2009년 2월) 사이에서 변동했다. GDP에 비해 외환시장의 규모가 작고 외국투자자들이 마음대로 자본시장을 통제할 수 있었던 것이 환율의 변동성을 증폭시킨 주요 원인으로 간주되었다.

당시 한국정부로서는 IMF의 구제금융을 받아들이는 것 이외에는 대안이 없었기 때문에 구제금융에 부과된 엄격한 조건들을 이행할 수밖에 없었다. 한국은 구제금융으로 IMF로부터 195억 달러, IBRD와 ADB로부터 각각 70억 달러와 37억 달러, 총 312억 달러를 받았다. 한국은 아르헨티나나 러시아와는 달리 구제금융 덕에 지불유예선언은 피할 수 있었다. 구제금융을 받는다는 것은 어떤 기준으로도 치욕스러운 일이었지만 한국의 경우 새롭게 출발하는 기회였다. 그리고 그 후의 역사는 이것이 사실임을 보여주었다.

2) 외환위기 이후의 구조 변화

'공짜 점심은 없다'는 말은 만고불변의 진리다. 한국은 IMF가 제시한 엄격한 조건들을 모두 수용해야 했다. 긴축 정부예산 편성, 높은 이자율 유지, 금융 및 기업부문 구조조정, 노동시장 유연성과 기업의 지배구조 개선, 자본시장 자유화 및 환율의 시장 결정 등이 그것이다. 한국인들 대부분은 당시 이 모든 것들이 신자유주의의 기본적인 특징이라는 사실을 몰랐다. 한국경제는 이런 변화에 대처할 준비가 되어 있지 않은 상태에서 신자유주의의 영향을 받기 시작했던 것이다. 당시 조건들 중 일부는 한국이 외환위기를 극복하기 위해서 불가피했던 반면, 다른 조건들은 적절하지 않은 것으로 간주되었다. 왜냐하면 그것들은 남미의 여러 나라에서 발생한 외환위기를 치유하기 위해 고안되었던 것이기 때문이다.[80] 그렇지만 한국은 선택의 여지가 없었기에 4대 부문의 구조조정을 단행하는 경제개혁을 추진하지 않을 수 없었다. 4대 부문이란 금융부문, 기업부문, 노동시장 및 공공부문을 말한다. 이를 위해 금융시스템, 대기업 그리고 공공부문의 구조조정 과정에 1,400억 달러 이상의 천문학적인 공적 자금이 투입되었다.

이미 잘 알려졌듯이 지급불능에 빠진 대부분의 부실은행들은 공적 자금의 투입과 함께 상대적으로 건전한 은행들에 합병되었다. 이로 인해 구조조정 이후 깨끗한 금융기관들이 탄생했다. 은행 시스템의 구조조정이 경제개혁의 핵심이었으므로 깨끗한 은행을 탄생시키기 위해 대부분의 공적 자금이 이 부문에 투입되었다. 또한 재벌의 계열사든 아니든 대규모 부채를 안고 있던 많은 기업들은 금융기관의 심사를 받은 후 세 개의 집단으로 분류되었다. 워크아웃, 법정관리 그리고 최종부도가 그것이다. 워크아웃이나 법정관리로 분류된 기업들 가운데 상당수는 세계경제가 불황에서 회복되자 회생할 수 있었다.

---

80 이와 관련해서 비현실적인 IMF정책을 강력하게 비판했던 사람으로 조지프 스티글리츠(2002)를 들 수 있다. 그는 IMF정책을 일관되게 비판한 대표적인 경제학자였다.

한국인들이 가장 견디기 힘들었던 일은 구조조정 과정에서 발생한 대량해고였다. 한국인들은 전통적인 평생고용제도에 익숙해 있었기 때문에 이것은 한국인들에게 전례가 없는 경험이었다. 그렇지만 노동시장의 유연성은 구제금융의 부수적인 조건들 중 하나였다. 은행을 포함해 기업들은 비용을 절감해야 하는 상황에 있었으므로 한국경제가 외환위기를 극복하기 전까지 대량해고는 계속 진행되었다. 그 후 이런 관행이 새로운 경제질서의 일부로 확고하게 자리 잡았으며, 고용 안정의 차원에서 끊임없이 논란의 대상이 되었다.

여기서 주목할 것은 구조조정 과정을 거친 후에도 공공부문에서는 별다른 변화가 없었다는 사실이다. 이것은 전형적인 도덕적 해이에 해당한다. 한국에서 공공부문은 정부예산의 규모 면에서만이 아니라 경제 전반에 대한 영향력의 관점에서 볼 때 한국경제의 30% 이상을 차지해 왔다. 정부가 민간부문을 통제했던 오랜 전통으로 인해 이번에도 민간부문에서 구조조정에 따른 비용 대부분을 감당했다. 정부의 판단 착오가 외환위기의 주요 원인이라는 사실이 널리 수용되고 있었다. 그렇지만 당시 김대중 전 대통령이 이끄는 새로운 정부가 IMF의 요구 조건에 따라 구조조정을 실행하는 책임을 맡고 있었기에 공공부문에서는 거의 변화가 없었다. 즉, 정권 초기에 정치적 안정을 위해 공공부문의 책임 문제를 외면했던 것이다. 그 결과 정치인, 고급 관료 및 일반 공무원들의 사고방식에는 별다른 변화가 일어나지 않았다.

예를 들어 국회의원의 숫자는 줄기는커녕 오히려 늘었으며 그들에 대한 보상체계는 전보다 더 좋아졌다. 고급관료들의 숫자 또한 외환위기 이후 그다지 줄어들지 않았다. 오히려 세계화와 무한경쟁에 대처한다는 명분을 내세워 새로운 자리들이 신설되었다. 고위공무원이 되기 위해 치러야 하는 국가시험의 인기가 여전히 높다는 것이 이것을 뒷받침한다. 요약하자면 공공부문에서 근무하던 사람들은 구조조정 과정에서 거의 고통을 분담하지 않았는데, 이런 잘못된 전통이 지금도 그대로 유지되고 있다. 그들에게 외환위기는 자신들이 권한을 합법적으로 행사하는 과정에서 발생한 유감스러운 사건이었을 뿐이다. 이것은 교묘한 도덕적 해이의 유형으로서 외환위기를 극복하는 과정에서 고통과 비용을 모두 부담했던 수많은 사람들을 모욕하는 일이었다.

필자는 여기서 새삼 1997년 외환위기의 원인을 분석하고 구조조정 과정을 평가하려는 것이 아니다. 이와 관련해서 이미 많은 논의와 토론이 있었으므로 여기서 이 문제를 다시 거론할 이유는 없다.[81] 한 가지만 지적하자면, 미국정부와 IMF 그리고 IBRD 같은 국제 금융기관들에 의해 워싱턴 합의Washington consensus가 채택된 이래 남미의 여러 나라에서 발생한 외환위기를 다루는 데 있어 IMF의 역할에 대해 끊임없는 논란이 있었다. IMF가 차입한 나라 국민들의 복지를 희생하면서 채권자인 미국 은행들을 보호하는 역할을 수행해 왔다는 데 대해서는 의심의 여지가 없다. IMF가 차입국에 개입하는 방식은 정부예산의 삭감, 관세 인하, 자본시장 자유화, 자유로운 외환시장, 민영화, 규제 완화 그리고 지적재산권 보호 등과 같은 신자유주의의 기본 원칙을 강요하는 것이었다.

IMF가 한국경제에 개입했던 방식도 이 원칙에서 예외는 아니었다. 당

---

81 이 문제와 관련해 지금까지 많은 저서와 논문들이 출간되었다. 그 가운데 특히 스티븐 해가드 Stephen Haggard 외의 『Economic Crisis and Corporate Restructuring in Korea』(2003), 정운찬 외의 『외환위기 10년, 한국사회 얼마나 달라졌나』(2009), 김인준 외의 『외환위기 10년 한국금융의 변화와 전망』(2008)을 추천한다.

시 한국경제는 IMF의 요구 조건을 모두 감당할 수 있는 여건에 있지 않았다. 그렇지만 어쨌든 IMF의 예상과는 달리 금융부문에서 현저한 개선이 이루어졌다. 과거 한국의 은행들은 대형 전당포 이상도 그 이하도 아니었다. 그들은 대출금에 상응하는 담보를 확보한 경우에만 자금을 빌려주었다. 증권시장은 시장규율도 없는 무질서한 카지노에 불과했고, 단기적이고 조급한 투자자들은 단지 쉽게 돈을 벌고 싶어 투자했다. 그렇지만 외환위기 이후 증권시장에도 많은 변화가 있었다.

또 다른 큰 변화는 기업부문에서 발생했다. 재벌 산하의 대기업들도 차입을 통한 자금조달이 때로는 매우 부담스럽다는 것을 인식했고, 그래서 부채비율을 일정한 수준 이하로 유지하려고 노력했다.[82] 그 외에 그들은 국제표준에 맞춰 기업의 지배구조를 개선하고 회계 투명성을 제고해야 했다. 이 모든 노력의 결과로 많은 기업들이 건전해지기 시작했다. 그중 일부는 치열한 국제경쟁에서 다른 나라의 기업들을 능가할 정도로 당당해졌다. 삼성전자의 성공은 이런 변신의 대표적인 사례다. 이런 전환 과정에서 발생한 가장 우려할 만한 사건은 경제력이 몇몇 재벌로 더욱 심하게 집중되었다는 것이다. 이것이 지금 한국경제의 가장 큰 걸림돌로 작용하고 있다.

---

[82] 1997년 한국에서 제조업 전체의 부채비율은 396%에 달했는데 이것은 어떤 기준에 비추어도 매우 높은 것으로 간주되었다. IMF는 한국정부에게 다양한 산업의 특성이나 개별 기업의 상황과는 관계 없이 부채비율을 일괄적으로 200% 이하로 낮출 것을 요구했다. 비록 이런 요구가 합리적이라고 간주되지는 않았지만 대부분의 기업들은 이 요구를 따라야 했다. 부채비율은 2001년에는 182%로 낮아져 IMF의 요구 조건을 충족했다. 그 후 부채비율은 2011년에는 109%, 2012년에는 101%로 낮아졌다.

5장 코리아 디스카운트와 재벌

1. 재벌의 역사적 배경

1) 재벌의 탄생과 진화

시장경제의 진화는 대체로 기업의 진화와 궤적을 같이한다. 근대적인 기업은 경제 여건의 변화에 잘 적응해 왔으며, 시장경제 또한 이런 기업들이 주도하는 가운데 발전해 왔다. 시장과 기업은 특별한 의미에서 '전체와 부분'에 해당한다. 미국 경제학자 조지프 슘페터가 자본주의의 핵심적 특징이라고 지적한 '혁신과 창조적 파괴'는 혁신적인 사고로 무장한 기업가들이 시장에 새로운 제품이나 생산 과정을 도입함으로써 기존의 것들을 낡은 것으로 만드는 과업을 의미한다. 이런 변화를 주도함으로써 그들은 전통적인 시장을 파괴하는 한편, 새로운 시장을 창출함으로써 파괴한 것 이상의 사회적 잉여를 창출해 사회발전에 기여한다. 이런 관점에서 19세기 말에서 20세기 초 미국의 존 록펠러, 앤드류 카네기, 코넬리우스 밴더빌트, 존 모건 그리고 헨리 포드와 같은 기업가들이 혁신적인 아이디어를 가지고 산업을 선도할 때 미국경제에서 일어났던 일은 창조적 파괴에 가까웠다.

그런데 한국의 경우는 사정이 달랐다. 한마디로 혁신이나 창조적 파괴가 일어날 가능성이 원천적으로 봉쇄되어 있었다. 일본의 지배하에서 한국인들이 소유하고 직접 경영했던 기업들 가운데 극소수의 기업들이 살아남았는데, 그 이유는 기업주들이 특별히 뛰어난 사업 감각이나 위험 관리 능력이 있었기 때문이 아니었다. 그들은 근대적 기업이라면 반드시 실천해야 하는 위험 관리의 기본 원칙조차 이해하지 못했지만, 운이 좋았거나 권력층과의 특별한 유대관계의 덕을 보았을 뿐이다. 따라서 그들 대부분은 해방 후에도 적극적으로 사업을 추진할 엄두를 내지 못했다.

그들이 사업을 확장할지 여부를 결정하는 데 영향을 미쳤던 다른 요인은 외부에서 영입하는 인사들에 대한 신뢰였다. 일반적으로 한국인들은 가족구성원과 가까운 친척은 신뢰하는 반면 외부인들은 신뢰하지 않는 경향이 있다. 이것은 오랜 농경사회의 특성에서 비롯된 것으로 한국인들의 의식과 무의식에 깊이 각인되어 있다. '가족 이외에는 아무도 믿지 말라'는 것이 한국사회에서 일종의 철칙이었다. 한국인들에게 이런 이중 기준이 깊이 각인되어 있었기에 단기간에 이런 편견을 극복하기는 어려웠다. 그래서 대부분의 기업들은 외부에서 전문가를 영입하기보다는 대체로 가족구성원들에 의해 경영되어 온 것이다.

한국에서 근대적 기업들은 대부분 1960년대 초 경제개발 5개년계획이 추진되면서부터 출현하게 되었다. 경제개발계획 기간 중 은행을 비롯해 모든 금융기관들을 장악한 정부는 경제개발 과정에 적극적으로 참여한 기업들에게는 무제한적으로 금융자원을 공급해 주었다. 따라서 일부 민첩한 사업가들은 이런 기회를 활용해 사업을 확장할 수 있었다. 특히 계산이 빠르고 인적 네트워크를 잘 활용한 사업가들은 낮은 이자율로 국내자금뿐만 아니라 해외자금을 이용할 수 있었다. 저렴한 자금을 기반으로 그들은 새로운 기업을 설립하거나 기존 기업을 인수할 수 있었으며, 때로는 투기 목적으로 방대한 토지를 구입하기도 했다. 이런 우호적인 여건은, 사업의 규모와 외형에 지나치게 신경을 쓰는 한국인의 독특한 성향과 더불어, 재벌이라고 불리는 복합기업conglomerate 내지 기업집단business group이 출현하는 데 크게 기여했다. 한국의 대표적인 재벌인 삼성그룹과 현대차그룹도 이런 방식으로 성장했다.[83]

오늘날 한국에서는 대략 40만 개 정도의 크고 작은 기업들이 활동하고 있다. 이 숫자에 비해 기업집단에 속한 기업들의 숫자는 무시할 정도지만 총자산, 매출액 및 이익 측면에서는 압도적인 우위를 차지하고 있다. 한국에서 기업집단을 형성하는 것이 기업조직의 지배적인 형태가 된 것은 한국인 고유의 의식구조 때문이며, 이로 인해 한국 특유의 기업문화가 형성되었다. 더욱 놀라운 것은 이들 기업집단이 영위하고 있는 사업영역은 다른 나라에서 찾아보기 어려울 정도로 다양할 뿐만 아니라, 단기간에 이들의 경제력이 한국경제를 지배할 정도로 막강해졌다는 사실이다. 이런 이유로 공정거래위원회는 2009년부터 총자산 규모 5

---

[83] 복합기업은 한국에만 존재하는 것이 아니다. 미국의 GE나 3M과 같은 세계적인 대기업들도 항상 복합기업의 형태를 유지해 왔다. 『이코노미스트』의 기사에 의하면 오늘날 서구에서 복합기업이 부활하고 있다. 그렇지만 한국의 복합기업인 재벌은 너무 강력해서 이제는 정부도 통제할 수 없다는 것이 문제다. 이와 관련된 상세한 내용은 2012년 11월 21자 『이코노미스트』의 기사를 참조하라.

조 원(457억 달러) 이상인 기업집단을 '상호출자제한 기업집단'으로 지정해 감시·감독하는 제도를 운영하고 있는데, 2013년 4월 기준 62개의 기업집단이 규제 대상으로 지정되었다.[84] 그리고 이들은 43개의 총수가 있는 민간기업집단, 8개의 총수가 없는 민간기업집단, 그리고 11개의 공기업집단으로 구성되었다.[85]

이들 산하에 있는 계열사는 모두 총 1,768개로 전체 국내기업 수의 0.4%에 불과하다.[86] 그렇지만 2012년 말 기준 62개 기업집단의 총자산 규모는 1조 8,710억 달러에 달했으며, 이들의 매출액은 모두 1조 5,080억 달러, 이익은 570억 달러에 달했다. 이 자료는 한국경제에서 기업집단들, 특히 총수가 있는 민간기업집단의 압도적인 경제력을 보여준다.[87] 가족구성원들에 의해 운영되고 있다는 한계에도 불구하고 재벌은 한국경제에서 긍정적인 측면과 부정적인 측면을 동시에 가지고 있는 강력한 실체로 등장했다.

한국의 재벌은 많은 계열사를 거느린다는 점뿐만 아니라 소유와 지

---

84 2013년 평균환율 1095.04원을 적용하면 5조 원은 457억 달러에 해당한다.
85 2014년 4월 기준 상호출자제한 기업집단에 포함되는 대상에는 약간의 변화가 있었다. 총수가 있는 민간기업집단은 40개로 줄었고, 총수가 없는 민간기업집단은 9개, 공기업집단은 14개로 증가했다. 매년 대상 기업집단에는 조금씩 변화가 있지만 본질적으로 달라지는 것은 없다.
86 1,768개 기업들 가운데 총수가 있는 민간기업집단에 속한 것은 모두 1,519개이다. 그리고 1,768개 가운데 상장기업의 숫자는 255개이다. 이 숫자는 상장기업 총 숫자 1,716개의 14.9%에 해당하지만 자본규모 면에서는 상장기업 전체 자본의 60.2%에 달한다. 이 간단한 자료로부터 총수가 있는 민간기업집단의 지배력을 확인할 수 있다.
87 총자산, 매출액 및 이익을 달러로 환산하는 데는 2012년 평균환율인 1126.76을 적용했다. 이 가운데 삼성그룹의 순이익은 260억 달러로 전체 순이익의 45.8%를 차지했다. 62개 기업집단 전체의 총자산 대비 삼성그룹의 총자산 비율은 14.5%이고 매출액 비율은 17.8%였다. 이 자료만으로도 한국경제에서 차지하는 삼성그룹의 위상을 확인할 수 있다. 상세한 내용은 www.ftc.go.kr을 참조하라.

배구조의 측면에서도 과거 일본의 '자이바쓰zaibatsu'와 유사하다. 그렇지만 일본의 자이바쓰는 1945년 일본이 연합군에 항복한 직후 연합군 총사령관이었던 미국의 맥아더 장군에 의해 해체되었다. 그런데 미쓰비시, 미쓰이 및 스미토모와 같은 자이바쓰는 전후 복구 과정에서 상당히 다른 구조를 가지고 재등장했다. 오늘날 일본에서는 기업집단의 현황을 나타내는 용어로 '게이레쓰keiretsu'가 대신 사용되고 있다. 이것은 동일한 기업집단에 속한 모든 기업들은 이들과 밀접한 이해관계를 가지고 있는 은행들을 통해 느슨한 형태로 연결되어 있다는 의미에서 과거의 자이바쓰와는 다르다. 게이레쓰에는 기업들을 지배하는 총수나 가족과 같은 실체가 없다. 이것은 과거의 미쓰비시, 미쓰이 및 스미토모와 같은 오래된 기업집단의 명칭 아래 느슨하게 연결된 기업들의 연합일 뿐이다.

과거 일본이 한국을 지배하던 시절 한국인들은 근대적인 일본기업들이 제조한 치약, 비누 및 약품과 같은 생활용품과 친숙해졌다. 그 시절 한국인들은 일본기업들이 대포, 전차 및 전투기와 같은 무기를 제작했다는 사실도 알고 있었다. 한국인들은 당시 이런 제품들을 만들어낸 일본기업들에 대해 일종의 경외심을 가졌으며, 이들은 무엇이든 생산할 수 있는 놀라운 조직으로 간주되었다. 그래서 한국인들은 태평양전쟁에서 일본이 승리할 것이라 믿게 되었고, 이로 인해 많은 사람들이 친일로 돌아섰다.

그런데 1945년 미군이 한반도에 진군한 직후 미국 제품이 일본 제품을 대체하기 시작했다. 'Made in USA'는 당시 모든 한국인들에게 품질의 상징이었다. 그리고 GE, GM 및 P&G와 같은 미국의 대표적인 기업들이 한국인들에게 널리 알려지기 시작했다. 재벌은 이런 역사적 배경하에서 탄생했다. 그렇지만 관官이 아니라 민民이면 어떤 분야에서든 무시당했던 독특한 역사로 인해 한국인들은 자신들의 고유한 사업적 사고방식business mindset을 계발할 기회를 갖지 못했다. 그래서 한국인의 정서에 맞는 기업가정신이 형성되지 못했던 것이다. 한국에서 재벌은 이런 역사적 과정을 통해 탄생했으며, 현재 한국경제를 지배하고 있다. 이것이 냉정한 오늘의 현실이다.

2) 정부와 재벌의 담합

한국의 괄목할 만한 경제발전은 일차적으로 정부와 재벌 간 긴밀한 협력의 결과라고 해도 과언이 아니다. 정부는 수출 중심의 경제정책을 효과적으로 집행하기 위해 적극적으로 재벌을 육성했으며 재벌은 그 추종자로서 나름 최선을 다했다. 이들 간의 관계는 전형적인 '선도자-추종자 모델'에 해당한다. 경제개발 전 기간에 걸쳐 금융기관들은 전적으로 정부의 통제하에 있었기에 그들에게는 정부정책에 적극 호응하는 것이 최선의 선택이었다. 물론 생산성이 높고 순종적인 근로자들이 경제개발 기간 내내 저임금과 열악한 근로조건을 감수함으로써 물질적인 풍요를 달성하는 데 크게 기여했다는 사실에는 의심의 여지가 없다. 필자는 단지 코리아 디스카운트를 극복한다는 관점에서 정부와 재벌의 역할 및 이들 간의 긴밀한 관계에 초점을 맞추려는 것뿐이다.

경제개발 기간 내내 정부가 금융기관에 대한 완벽한 통제권을 가지고 있던 상황에서 정치인, 관료 그리고 사업가들 간에 끈끈한 담합이 형성되었다는 것은 일견 예상된 일이었다. 그런데 이로 인해 악명 높은 지대추구 경제의 기초가 마련된 것은 두고두고 한국경제에 부담이 되었다. 1980년대 말 이후 민주화가 성공적으로 진행됨에 따라 외견상 이들 간의 담합이 어느 정도 약화된 것으로 여겨졌다. 그러나 이들 간의 밀접한 유대관계는 결코 약화되지 않았고, 오히려 더 정교하고 복잡한 관계로 진화했다. 제도와 인적 네트워크의 경로의존적인 성격을 감안한다면 이들 간의 관계에 실질적으로 변한 것은 거의 없다고 해도 과언이 아니다. 이와 같이 부패와 정실주의는 한국경제의 어두운 면을 상징하고 있다.[88] 이로 인해 외국투자자들이 한국의 자본시장에 참여하기를 주저했고, 그래서 코리아 디스카운트가 거론되었던 것이다.

이들 간의 관계를 생생하게 보여준 사례로는 1970년대 중반부터 정부가 추진한 중화학공업 육성정책을 들 수 있다. 당시 한국경제는 이런 정책을 추진하는 과정에서 예상되었던 문제들, 예를 들면 무역적자 확대와 인플레이션 악화와 같은 문제들을 감당할 수 있을 만큼 성숙하지 않았다. 그렇지만 박정희 전 대통령은 이 정책을 강력하게 추진했기에 처음에는 수동적이던 재벌들도 이 정책을 따르지 않을 수 없었다. 오늘날 글로벌 시장에서 한국이 주도하고 있는 메모리 반도체, 전자, 조선, 화학 및 자동차와 같은 산업은 당시 무모하게 추진된 중화학공업 육성정책의 산물이다. 한국정부는 이 정책에 적극적으로 참여한 재벌에게는 무제한의 금융지원을 아끼지 않았으며, 재벌은 치열한 국제경쟁에서 살

---

[88] 국제투명성기구TI(Transparency International)에 의하면 2012년 한국의 부패지수CPI는 176개 국가 가운데 45위였다. 한국은 2009년과 2010년에는 39위, 2011년에는 43위였다. 이 지수에 의하면 한국은 점점 더 부패해 가는 것처럼 보인다.

아남기 위해 최선을 다했다. 정부와 협력하는 가운데 끝까지 살아남은 재벌들은 거대한 기업집단으로 성장할 수 있었다.

이와 같이 한국경제에서 재벌의 흥망성쇠에 가장 큰 영향을 행사한 요인은 그들의 혁신적인 사고방식이나 위험을 감수하려는 태도가 아니라 정부와의 긴밀한 유대관계였다. 따라서 한국의 경제개발 과정에서 진정한 기업가정신으로 무장한 사업가들은 극히 드물었다. 반면 정부는 기업에게 정부정책에 적극 호응하는 것이 유리하도록 인센티브를 제공했다. 이런 사례에서 알 수 있듯이 한국에서 가장 시급한 문제는 사회 전반의 관점에서 적절한 인센티브 시스템을 설계하는 것인데, 이것은 파워엘리트의 의식 수준과 밀접하게 관련되어 있다. 사업가란 사업을 조직하고 다양한 위험을 감수하는 가운데 이윤을 추구하는 사람이며, 기업가정신이란 다양한 자원들을 결합하는 새로운 방법을 발견하고 최악의 조건에서도 이것을 실현하려는 사업적 의지다. 이 해석에 의하면 한국에는 기업가정신으로 무장한 사업가가 예나 지금이나 극히 드물다. 바로 여기에 한국경제의 미래와 한국인의 의식 수준을 연결시키는 고리가 존재한다.

한국에서 재벌을 탄생시킨 사업가들은 대부분 상황판단이 빠르고 야심만만했던 사람들이다. 그들은 정부의 지원을 받으면서 새로운 사업을 추진할 때 성공과 실패의 가능성을 충분히 비교한 후 최종적인 판단을 내릴 정도로 영리했다. 그들은 때로는 자신들이 가진 모든 것을 걸 정도로 무모하기도 했으며 경쟁자들을 압도하기 위해 불철주야 일에 집중하기도 했다. 이런 사업가들의 노력과 정부정책이 결합되어 새로운 재벌이 탄생하기도 했고 기존의 재벌이 해체되기도 했다. 그렇지만 시대에 따라 재벌의 흥망성쇠의 주요 원인은 달랐는데, 다음과 같이 정리할 수 있다.

해방 후 1960년대 초까지

이 시기에는 일본인들과 조선총독부로부터 몰수한 재산을 저렴한 비용으로 획득하는 것이 재산을 형성하는 주요 원천이었다. 실제로 일부 사업가들이 이 일에 성공했으며, 이를 바탕으로 자신들의 사업 기반을 마련했다. 또한 당시 미국 원조와 정부 보유 달러는 부를 축적하는 또 다른 원천이었다. 이 두 가지 일에 성공한 사업가들은 자신들의 기업을 성장시켜 재벌을 형성하는 데 한 걸음 더 다가갈 수 있었다. 그 결과 이 시기에 초기 형태의 재벌이 몇 개 등장했다. 예를 들어 대표적인 기업집단인 삼성그룹은 당시 수입 원당을 정제하는 분야에서 사업을 시작했다. 나아가 정부 보유의 은행 주식을 저렴한 가격에 취득한 사업가들은 중간 규모의 사업을 크게 확장해 대기업으로 성장할 수 있었다.

1960년대 중반부터 1970년대 중반까지

이 시기 주요 재벌들은 뇌물 공여와 부정축재로 인해 공중분해될 위험에 직면했었다. 그들이 보유한 은행 지분은 모두 몰수됐으며, 재벌에 의한 은행 지배는 종식되었다. 그러나 1961년 쿠데타를 일으킨 군사정부는 방향을 급선회해 한국경제의 안정을 위해 재벌과 함께 가기로 결정했다. 당시 기업 성장의 주요 원천은 외국자본과 국내 은행대출을 이용하는 것이었는데 이는 모두 정부의 통제하에 있었다. 그래서 재벌은 다양한 특혜를 누릴 수 있게 되었다. 이런 특혜의 절정에 해당하는 사건으로는 정부가 아무런 예고도 없이 취한 1972년의 '사채동결조치'를 들 수 있다. 이 초법적인 조치는 주로 재벌 계열사들인 대기업들의 이자 부담을 경감시켜 주기 위해 취해진 것이었다. 이것은 민주주의와 자유시장경제를 표방하는 국가에서는 상상할 수 없는 전체주의적인 성격의 강제 조치였다. 그럼에도 불구하고 한국인들은 이 조치를 수용할 수밖에 없었으며, 이로 인한 이득은 모두 재벌 산하 대기업들에게 귀속되었다. 정부정책에 협조하는 한 재벌은 이런 종류의 특혜를 누릴 수 있었다.

1970년대 중반부터 외환위기까지

정부는 박정희 전 대통령의 지시로 1970년대 중반부터 야심 찬 중화학공업 육성정책을 추진하기 시작했다. 정부정책에 협조적인 재벌들은 많은 특혜를 받았으며, 이를 바탕으로 선도적인 기업집단으로 급부상하기 시작했다. 이 점에서 선도적인 역할을 한 것은 과거의 현대그룹이었다. 이 그룹은 창업주 아들들 간의 갈등과 외환위기의 여파로 인해 그 지배적인 위상이 약화되기 전까지 1980년대와 1990년대에 걸쳐 한국의 선도적인 재벌이었다.

중화학공업 육성이라는 정부정책으로 인해 특정 재벌이 급부상한 사건은 재벌의 탄생뿐만 아니라 재벌의 성장까지 좌우할 수 있었던 정부의 영향력을 상징적으로 보여주었다. 그렇지만 당시 과도한 설비와 글로벌 차원에서의 과당경쟁으로 인해 중화학공업 분야에서 구조조정이 불가피했다. 이런 이유로 박 전 대통령 서거 이후 새로 등장한 군사정부는 이 산업 분야 기업들의 생사여탈권을 쥐게 되었다. 1993년 문민정부가 들어서기 전까지 재벌과 새로운 군사정부 간의 긴밀한 유대관계가 지속되었다. 그렇지만 문민정부가 들어선 이후에도 이들 간의 유대관계에 큰 변화는 없었다. 이미 이들 간의 담합은 위험 수준을 넘어섰던 것이다. 한국경제에는 이들 간의 견고한 담합구조에 영향을 미칠 수 있는 다른 세력이 없었다. 이런 담합구조에 변화를 초래한 것이 외환위기라는 사실은 역설적이다.

외환위기부터 현재까지

외환위기 직후 한국경제에 대한 IMF의 개입은 재벌의 흥망성쇠에 지대한 영향을 미쳤다. IMF의 개입과 함께 신자유주의가 소리 없이 한국경제에 도입되었으며, 이를 바탕으로 민영화, 규제 완화 및 금융시장 자유화가 강행되었다. 외환위기는 모든 면에서 글로벌 기준을 지킬 것을 촉구하는 국가적인 사태로 발전하였다. 그 여파로 과도한 부채를 가진 15개 이상의 재벌들이 파산했으며 시장에서 영원히 퇴출되었다.

몰락한 재벌들 산하에 있던 기업들 가운데 극히 일부만이 워크아웃이라 불리는 정상화 과정을 통해 가까스로 생존하게 되었다. 구조조정은 모든 분야에서 무자비하게 진행되었으며 이런 변화에 잘 적응한 재벌 산하 대기업들은 글로벌 시장에서 외국 기업들과 경쟁하는 가운데 빠르게 성장할 기회를 갖게 되었다. 이런 면에서 삼성그룹은 선도적인 재벌이었다. 이 시기에 재벌의 흥망성쇠를 결정하는 핵심 요인은 정부로부터 재벌의 내부 역량으로 이동하였다.

오늘날 재벌은 한국에서 부와 영원한 경제력의 상징으로 간주되고 있지만 재벌 흥망성쇠의 역사는 '이 세상에 확실한 것은 아무것도 없다'는 법칙에 예외가 없음을 보여준다. 일부 재벌은 한국경제에서 영원히 사라진 반면, 일부 다른 재벌은 대내외의 급변하는 여건에 기민하게 대응해 경쟁자들보다 빠르게 성장했다. 앞에서도 언급했듯이 과거에는 재벌 흥망성쇠의 주요 원인이 정부정책이었지만 무한경쟁의 글로벌 시대에는 재벌의 전반적인 내부 역량이 더욱더 중요해지고 있다. 다음 〈표 5.1〉은 1960년대 중반 이후 2012년까지 재벌 순위 변동을 간략하게 보여주고 있다.

〈표 5.1〉 10대 재벌의 변천사

순위	1960년대 중반	1974년	1983년	1990년	1995년	2000년	2005년	2012년
1	삼성	삼성	현대	현대	현대	현대	삼성	삼성
2	삼호	럭키금성	삼성	대우	삼성	삼성	현대차	현대차
3	럭키금성	현대	대우	삼성	대우	럭키금성	LG	SK
4	대한	한진	럭키금성	럭키금성	럭키금성	SK	SK	LG
5	개풍	쌍용	쌍용	쌍용	SK	한진	롯데	롯데
6	삼양	SK	SK	한진	쌍용	롯데	한진	현대중공업
7	쌍용	한화	한화	SK	한진	대우	GS	GS
8	화신	대농	한진	한화	기아	금호	한화	한진
9	판본	동아	국제	대림	한화	한화	현대중공업	한화
10	동양	한일	대림	롯데	롯데	쌍용	금호-아시아나	두산

출처: Stephan Haggard 외 편저, 『Economic Crisis and Corporate Restructuring in Korea』, www.ftc.go.kr

주: 1) 대우그룹은 외환위기 이후 해체되었으며 계열사들 중 일부는 지금도 활발하게 활동하고 있다.
　　2) 현대그룹은 2001년 현대그룹, 현대차그룹 및 현대중공업그룹으로 분할되었다. 럭키금성그룹도 2005년 LG그룹과 GS그룹으로 분할되었으며 LG그룹에서 다시 LS그룹과 LIG그룹이 분할되었다..
　　3) 기아그룹은 외환위기 이후 현대차그룹에 합병되었다.
　　4) 총수가 없는 기업집단들은 여기서 제외되었다.

이 표에서 알 수 있듯이 10대 재벌 순위는 역동적으로 변해 왔다. 이들 가운데 일부는 운이 좋아 주어진 기회를 최대한 활용해 기업집단으로 성장했지만, 다른 일부는 결국 이 리스트에서 영원히 사라졌다. 예를 들어 화신그룹, 판본그룹, 개풍그룹 및 대농그룹은 이런 범주에 속한다. 리스트에는 없지만 한때 수출 1위 기업을 보유했던 동명목재그룹도 여기에 해당한다. 한편 이들 중 일부는 정치 환경의 변화에 적응하는 데 실패했는데, 이로 인해 금융기관들이 대출을 회수하고 국세청이 세금을 추징함으로써 결국 파산했다. 삼호그룹, 국제그룹 및 동아그룹이 이 범주에 속한다. 또한 이들 가운데 일부는 글로벌 경제 상황을 잘못 판단했고 부채가 과도했기 때문에 결국 공중분해되었다. 대우그룹, 기아그룹 및 쌍용그룹이 이 범주에 속한다.

여기서 한 가지 특기할 사항은 1980년대 현대그룹의 급격한 부상(浮上), 그리고 1997년 외환위기 이후 갑작스러운 그룹 분할이다. 이 그룹은 1980년대 초부터 한국의 선도적인 재벌 지위에 올랐으며, 정부의 중화학공업 육성정책에 적극적으로 참여한 덕분에 1990년대 말까지 그 지위를 유지했다. 이것은 한국경제에서 재벌의 흥망성쇠에 대한 정부의 영향력을 보여주는 전형적인 사례였다.

주목할 만한 다른 사항은 외환위기 이후 삼성그룹이 다시 선도적인 재벌로 등장한 것이다. 1960년대 초부터 삼성그룹은 소비재와 서비스산업을 중심으로 하는 안정적인 사업 모델을 가진 지배적인 재벌이었다. 그렇지만 이 그룹은 2000년대 이후 디지털 및 인터넷 시대를 대비한 과감한 투자를 통해 메모리 반도체, 고급 전자제품, 디스플레이 및 스마트폰을 생산하는 삼성전자를 중심으로 성공적으로 변신했다. 삼성그룹의 위상 변화를 상징적으로 보여준 사건은 일본의 소니를 압도하게 된 것이다. 급격히 변하는 글로벌 경제 환경에 성공적으로 적응함으로써 삼성전자는 2000년대 초부터 모든 면에서 일본의 소니를 능가하기 시작했다. 이것은 과거 전문가들이 불가능하다고 예상했던 일이다. 이런 놀라운 적응과 성과로 인해 삼성그룹은 2000년대 초부터 한국의 선도적인 재벌로 다시 부상했다.

여기서 재벌들이 과거부터 지금까지 왜 무모할 정도로 다양하게 계열사를 만들었으며 공격적으로 시장점유율을 높이려 했는지 생각해 볼 필요가 있다. 재벌은 규모와 관계없이 유리한 조건으로 은행융자를 받을 수 있는 특권을 보유했다. 경제개발 기간 내내 지속되었던 높은 물가상승률에 비해 상대적으로 낮은 이자율을 고려한다면 은행융자를 받아 공장을 건립하거나 단순히 토지를 매입하는 것 자체가 그들에게 부여된 특권이었다. 그런데 그들은 이런 밝은 면 외에도 담합의 어두운 면도 잘 알고 있었다. 즉, 그들은 정부정책이 언제라도 예고 없이 바뀔 수 있으며 이로 인한 모든 위험을 감당해야 한다는 것을 잘 알고 있었다. 이에 대처하는 최선의 방법은 사업을 다각화하는 것이었다. 이것은 정책 위험에 대비한 보험의 성격을 띠었다.

한국경제에서 재벌은 가장 안정적이고 강력한 사업실체라는 사실에는 의심의 여지가 없다. 그리고 이들 간에도 커다란 격차가 있지만, 독립적인 기업들과 재벌의 계열사들 간에 더 큰 격차가 존재한다. 이와 관련된 가장 심각한 문제는 재벌의 압도적인 우위로 인해 새롭고 독립적인 기업의 성장이 거의 불가능하다는 것이다. 재벌이 그동안 한국에서 기업가정신으로 무장한 새로운 기업이 등장하는 데 커다란 장애물이었다는 사실은 많은 것을 시사한다. 최근 한 보고서에 의하면 지난 20년 동안 한국에 설립된 기업들 가운데 단지 12개 기업만이 한국의 500대 기업으로 성장했다. 반면 재벌 계열사 가운데 72개가 여기에 포함되었다.[89] 이것은 기업가정신을 추구하려는 사람들에게는 우울한 전망이 아닐 수 없다.

이제는 재벌의 막강한 경제력을 고려하지 않고서 한국경제에 대해 논의한다는 것 자체가 무의미하다. 이들은 한국에서 진실로 무소불위無所不爲의 존재다. 독자적으로 조업하고 있는 수많은 중소기업들이 존재하지만 고용 규모를 제외하고는 모든 면에서 그들의 영향력은 미미한 실정이다. 과거에는 정치권력이 경제권력에 일방적으로 영향을 미쳤다면 지금은 재벌로 상징되는 경제권력이 역으로 정치권력에 영향을 미치고 있다. 과거에 비해 정치권력은 분산되었지만 경제권력은 더욱 집중되었기 때문이다. 나아가 사실상 국경이 사라진 글로벌 시대에는 경제권력의 위상이 더욱 높아질 수밖에 없다. 금융자본이 글로벌 경제를 장악한 이유가 바로 이 때문이다. 따라서 지금까지 재벌이 무엇을, 어떻게 해왔든 그들은 실질적으로 지배적인 실체라는 엄연한 사실에 입각해서 재벌개혁이나 경제민주화에 관해 논의해야 한다. 정치권력이 재벌을 개혁하려 하는 것은 문자 그대로 일반대중에게 보여주기 위한 정치적 과시행위 이상의 의미가 없다. 그들은 이미 재벌에 포획되어 있기 때문이다.

이런 이유로 필자는 재벌 스스로 변화할 수 있도록 제도적·규범적 관점에서 인센티브를 제공하는 것이 더 현실성이 있다고 생각한다. 한

---

[89] 이와 관련해서는 www.ceoscoredaily.com/news/article_print.html?no=1604 기사를 참조하라.

국의 상황을 고려한다면 인센티브 시스템을 설계할 때 경제적 요인 외에 문화적·규범적인 내용이 포함되도록 해야 한다. 여기에는 특별히 재벌총수와 그 일가의 의식 수준을 향상시킬 수 있는 프로그램이 포함되어야 한다. 예를 들면 문화적·규범적 측면에서 한국사회의 수준을 한 단계 높이는 데 기여한 재벌총수와 그 일가가 일정한 기준을 충족하는 경우 국가적 차원에서 만든 명예의 전당에 이름을 올려 대대손손 기억되도록 하는 방안을 생각해 볼 수 있다. 그래서 그들에게 호화롭지만 불안한 삶보다는 명예와 봉사를 바탕으로 한 평화로운 삶을 살 수 있는 기회를 주어야 한다.

이런 의미에서 그들은 위대한 천재 알버트 아인슈타인의 충고를 경청해야 한다. 아인슈타인은 단순히 뛰어난 물리학자가 아니라 우주의 신비로부터 영감을 얻은 뛰어난 사상가였다. 그는 기회가 있을 때마다 무엇이 의미 있는 삶인가에 대한 자신의 생각을 발표했다.[90] 그는 지나친 소유와 외적인 성공 그리고 사치를 경멸했으며, 인간은 서로 돕는 가운데 존재 의미를 확인할 수 있다고 생각했다. 그리고 그는 소박한 삶을 열렬히 소망했으며 분에 넘칠 정도로 동료들의 도움을 받고 있다고 생각했다. 또한 그는 인간이 할 수 있는 경험 중 가장 아름다운 것은 신비의 경험이며, 진정한 예술과 과학의 바탕에 있는 근본적인 감정이 바로 이것이라고 생각했다. 필자가 여기서 그의 말을 인용한 것은 인류 역사상 가장 뛰어난 천재가 인간과 세상을 보는 방식에는 분명 진리가 내재해

---

90 그의 생각은 『아인슈타인의 생각』(2013)에 수록된 여러 편의 글에 잘 표현되어 있다. 이 책에는 그가 1930년대부터 작고하기 전인 1950년대 초에 걸쳐 과학, 종교, 유대인, 전쟁과 평화 그리고 학문 등에 관해 쓴 주옥 같은 에세이들이 수록되어 있다. 비록 오래전에 쓰인 글이지만 지금도 우리들에게 큰 감동과 깊은 통찰을 주고 있다.

있다고 믿기 때문이다. 진정 삶의 의미를 추구하는 사람이라면 마땅히 그의 말을 음미해야 할 것이다. 이것은 재벌총수와 그 일가의 경우에도 예외가 아니다. 오히려 물질적인 가치에 지나치게 경도되어 살아온 그들이야말로 아인슈타인의 말에 더 귀를 기울여야 할 것이다.

현재 그들은 자신과 사회를 위해 가장 바람직한 행동이 무엇인지 모르고 있다. 이런 상황에서 그들이 재산에 집착하는 이유는 간단하다. 그들은 유일무이한 권력의 원천인 재산을 잃으면 다른 사람들에 대한 영향력을 상실하고 대접을 받지 못할까 봐 불안한 것이다. 막대한 재산을 가지고 있으면서 불안하게 사는 것보다는 진정한 명예를 추구하는 것이 더 나은 삶이라는 점을 그들이 인식할 수 있도록 해야 한다. 이것은 그들의 의식 수준이 상승하는 경우에만 가능하며, 그러면 재벌개혁의 전기가 마련될 수 있다. 따라서 그들이 스스로 의식 수준을 상승시킬 수 있는 구체적인 방법을 제시해 줄 필요가 있다. 필자는 이성과 감성 그리고 영성의 조화를 추구하는 훈련을 통해 이것이 가능하다고 생각한다.[91] 왜냐하면 실제로 이런 목적에 기여할 수 있는 실천 가능한 연구가 많이 축적되어 있기 때문이다. 정치권력을 포함해 외부의 힘에 의해 재벌을 개혁하기에는 재벌의 경제력이 너무 막강하다. 그렇기 때문에 재벌 내부에서 변화가 일어나도록 해야 한다. 그래야만 과거 재벌개혁에 실패한 전철을 되풀이하지 않을 수 있다.

---

[91] 앞에서 언급한 미국의 세계적인 영성운동가인 데이비드 호킨스의 일련의 저서들과 영성지능을 높이는 구체적인 방법을 제시한 신디 위글스워스(2014)의 저서 등은 이런 목적에 활용될 수 있다. 이들을 거론하는 이유는 동양적인 지혜에 바탕을 둔 가르침을 실천적으로 응용할 수 있는 구체적인 프로그램의 형태로 제시했기 때문이다.

2. 코리아 디스카운트와 재벌의 지배

1) 4대 재벌의 경제력 개관

2012년 대통령선거에서 가장 뜨거운 쟁점은 경제민주화였으며, 재벌은 이 논의의 핵심이었다. 경제민주화의 진정한 의미에 관해서는 논란의 여지가 있지만, 재벌의 경제력 집중을 억제하기 위해 적절한 조치가 취해져야 한다는 점에서는 누구나 예외 없이 의견이 같았다. 한국경제에서 재벌은 뜨거운 감자다. 한국이 몇몇 산업 분야에서 일본을 능가할 수 있었던 것이 새로운 생산 설비에 대한 재벌의 과감한 투자와 그들의 공격적인 글로벌 마케팅 전략 덕분인 것은 사실이다. 그들은 커다란 위험을 감수했으며 충분히 보상받았다. 몇몇 재벌총수들이 종종 사회적으로 물의를 일으키는 것과는 무관하게 이 점은 존중되어야 한다.

그런데 주목할 점은 재벌이 너무 강력해져서 정부를 포함해 어느 누구도 통제하기 어렵다는 사실이다. 오늘날 그들은 '영원한 제국'의 상징으로 간주된다. 그들이 지배력을 상실한다거나 재정적으로 지급불능 상태에 빠질 것으로 예상하는 사람은 거의 없다. 왜냐하면 그들의 막강한 영향력이 우리들의 일상생활 거의 모든 분야에 미치고 있기 때문이다. 대부분의 한국인들은 치약, 라면 및 스마트폰과 같은 생활필수품에서부터 TV 수상기, 자동차 및 아파트와 같은 내구소비재에 이르기까지 재벌의 영향력하에서 살고 있다. 특히 삼성, 현대차, SK 및 LG그룹과 같은 상위 4대 재벌은 한국경제에 지대한 영향력을 행사하고 있기 때문에 이들의 협력 없이는 한국경제의 지속적인 발전을 기대하기 어렵다. 우리는 어느덧 재벌의 볼모가 되었다.

재벌의 경제력을 측정하기 위해서 흔히 GDP와 재벌의 총자산 및 매출액을 비교하는 방법이 사용된다. 물론 다른 기준에 입각해 측정된 자료들이기 때문에 이것들을 직접 비교하는 데는 분명 한계가 있다. 그렇지만 그 추세는 나름대로 의미가 있다. 다음 〈표 5.2〉는 2012년 말 기준 한국경제에서 재벌의 경제력을 보여주는 기본 자료다.

〈표 5.2〉 재벌의 경제력에 관한 기본 자료

(단위: 억 달러)

GDP	12,224
4대 재벌의 총자산	6,352(52.0%)*
10대 재벌의 총자산	9,496 (77.7%)*
중앙정부세입(세출)	2,609 (2,884)
4대 재벌의 총매출액	6,578(53.8%, 252.1%)**
10대 재벌의 총매출액	9,505 (77.8%, 364.3%)**
상장기업 시가총액	11,805
4대 재벌의 시가총액	6,538 (53.5%)***
10대 재벌의 시가총액	8,237 (67.4%)***

출처: www.ftc.go.kr, www.etoday.co.kr, www.worldbank.org, ecos.bok.or.kr 및 dart.fss.or.kr

주: 1) 2012년 평균환율은 1,126.76원이었고 연말환율은 1,070.60원이었다. 달러로 총자산, 총매출액 및 GDP를 추정하는 데는 평균환율을 적용했으며 시가총액을 추정하는 데는 연말환율을 적용했다.

2) 2012년 말 기준 유가증권시장에는 784개의 기업이 상장되었으며 코스닥시장에는 1,005개의 기업이 상장되었다. 유가증권시장의 784개 기업의 시가총액은 1조 782억 달러였으며 코스닥시장의 1,005개 기업의 시가총액은 1,019억 달러였다. 여기 인용된 시가총액 1조 1,805억 달러는 세계은행 자료인데, 두 시장의 시가총액을 더해서 구한 것으로 추정된다. 여기서 약간의 금액 차이는 통계적 오차로 추정된다.

3) 4대 재벌과 10대 재벌의 시가총액에는 상장기업뿐만 아니라 비상장기업들도 포함되어 있다.
4) *가 있는 퍼센트는 GDP 대비 총자산의 비율, **가 있는 퍼센트는 GDP와 중앙정부세입 대비 총매출액의 비율, ***가 있는 퍼센트는 시장 전체 시가총액 대비 4대 및 10대 재벌의 시가총액의 비율을 나타낸다.

2012년 기준 한국의 GDP는 세계에서 15위였다. 미국이 16조 2,446억 달러로 세계 1위였는데, 이는 한국 GDP의 13배에 해당했다. 인위적으로 높게 유지되었던 환율 때문에 한국의 GDP가 다소 저평가되었다는 사실을 감안한다면 한국의 GDP는 결코 작은 규모가 아니다. 이런 전제하에서 재벌의 경제력을 평가하는 것이 더 의미가 있다. 재벌의 경제력을 측정할 때 가장 먼저 GDP와 그들의 총자산을 비교하는 것이 일종의 관행이다. GDP는 유량流量 변수인 반면 총자산은 저량貯量 변수이므로 측정 기준은 다르지만 상대적인 비중의 변화 추세는 의미가 있다. 이런 비교에 의하면 한국경제는 모든 면에서 점점 더 4대 재벌에 종속되고 있음을 확인할 수 있다.

이 자료에 의하면 2012년 말 기준 4대 재벌의 총자산 규모는 6,352억 달러로 GDP의 52.0%, 10대 재벌의 총자산 규모는 GDP의 77.7%에 달했다. 이것을 30대 재벌로 확대하면 GDP 대비 비율은 108.1%였다. 4대 재벌의 매출액과 GDP 간의 관계에도 같은 이야기가 성립한다. 4대 재벌의 총매출액은 GDP의 53.8%, 중앙정부예산의 252.1%에 달했으며, 10대 재벌의 경우에는 각각 77.8%와 364.3%에 달했다. 이런 비교를 30대 재벌로 확대하면 그 비율은 각각 109%와 471.8%에 달했다. GDP는 국내에서 생산된 최종생산물의 가치의 합계인 반면, 재벌의 매출액에는 중간재의 가치가 모두 포함되어 있다. 그럼에도 불구하고 30대 재벌의 매출액 합계가 GDP를 초과한다는 것은 재벌의 수중에 경제력이 과도하게 집중되어 있다는 것을 의미한다.

일반적으로 증권시장에 상장된 기업들의 시가총액market capitalization 또는 시장가치market value는 재벌의 경제력을 측정하는 또 다른 기준으로 사용된다. 여기서는 시가총액과 시장가치를 병용할 것이다. 2012년 말 기준 증권시장에 상장된 모든 기업들의 시가총액 합계는 1조 1,805억 달러였다. 그런데 비상장기업들을 포함한 4대 및 10대 재벌의 시가총액은 각각 전체 시가총액의 53.5%와 67.4%였다. 비상장기업들의 시장가치가 상대적으로 작기 때문에 이들을 제외하면 비율은 조금 낮아지겠지만 큰 차이는 없다. 이것은 2012년 말 기준 4대 재벌에 관한 다음 자료를 통해 쉽게 확인할 수 있다.

〈표 5.3〉 4대 재벌에 관한 기본 자료

(단위: 억 달러, 개)

구분	삼성	현대차	SK	LG	4대 재벌 합계
상장기업 수	17(59)	10(47)	18(63)	11(50)	54(219)
총자산	2,151(565)	1,276(204)	834(414)	827(81)	5,088(1,264)
시가총액	3,157(424)	1,243(136)	636(189)	716(37)	5,752(785)
매출액	2,240(448)	1,215(239)	597(810)	903(126)	4,955(1,623)
순이익	225(37)	105(14)	21(12)	18(3)	369(66)

출처: www.ftc.go.kr, www.krx.co.kr, dart.fss.or.kr
주: 1) 둘째 행의 괄호 안에 있는 숫자는 각 재벌의 비상장기업들의 숫자를 나타낸다.
　　2) 셋째 행의 괄호 안에 있는 금액은 각 재벌의 비상장기업들의 총자산을 나타낸다. 다른 행에 있는 다른 금액들도 같은 방법으로 이해하면 된다.

3) SK그룹의 경우 2013년 4월 공정거래위원회가 자료를 공표한 후 두 개의 상장기업이 그룹으로부터 제외되었다. 제외된 두 기업은 모든 면에서 규모가 매우 작기 때문에 여기서의 비교에는 거의 영향을 미치지 않았다.

이 표에서 알 수 있듯이, 4대 재벌 산하 상장기업들의 총자산은 전체 총자산의 80.1%를 차지하는 반면 상장기업들의 시가총액은 4대 재벌에 속한 모든 기업들의 시가총액의 88.0%에 달한다. 따라서 4대 재벌 산하 상장기업들의 시가총액은 전체 시가총액의 48.7%를 차지한다. 이것은 54개 상장기업들이 유가증권시장 및 코스닥시장에 상장된 1,789개 기업들의 시가총액의 거의 절반을 차지한다는 것을 의미한다. 이와 같이 주식시장도 4대 재벌이 장악했다 해도 과언이 아니다.

매출액과 순이익에 대해서도 같은 이야기가 성립한다. 4대 재벌 산하 상장기업들의 매출액은 이들 전체 매출액의 75.3%를 차지하며, 4대 재벌 산하 상장기업들의 순이익은 전체 순이익의 84.6%를 차지한다. 매출액의 경우에는 4대 재벌 산하 상장기업들의 비중이 다소 낮게 측정되었는데 그 이유는 SK그룹의 경우 비상장기업들의 매출액이 상장기업들의 매출액을 초과하기 때문이다. 이런 의미에서 SK그룹은 이들 가운데 가장 덜 공개된 그룹이라 할 수 있다.

2013년 4월 기준 공정거래위원회의 규제를 받는 민간기업집단은 모두 51개이다. 이들 가운데 43개는 총수가 있고 나머지 8개는 총수가 없다. 이들 8개의 기업집단의 경우 민간에 의해 소유되고 있지만 주식이 고르게 분산되어 있어 경영권 내지 대주주의 권리를 행사하려는 특정 개인이 존재하지 않는다. 이런 유형의 기업집단 가운데 대표적인 것이 포스코와 KT다. 비록 총수는 없지만 사실상 기업집단으로서의 특징에는 차이가 없기 때문에 4대 재벌의 경제력을 비교하는 경우 이들을 포함시키는 것이 적절하다. 2013년 4월 기준 51개 기업집단의 총자산은 1조 3,839억 달러에 달했다. 그리고 2012년 말 기준 이들의 매출액은 1조 3,386억 달러, 순이익은 589억 달러에 달했다. 다음 〈표 5.4〉는 총자산, 자본총액, 매출액 및 순이익의 관점에서 4대 재벌에의 경제력 집중도를 보여준다. 이것을 10대 재벌로 확대하면 집중도는 더욱 심해지지만 그 강도强度는 체감한다는 것을 알 수 있다. 이런 이유로 경제력 집중에 관한 한 4대 재벌에 초점을 맞추는 것이다.

〈표 5.4〉 재벌에의 경제력 집중 비교

(단위: 억 달러)

기업집단	총자산	자본총액	매출액	순이익
51개 기업집단	13,829	7,611	13,386	589
4대 기업집단	6,352(45.9%)	3,954(52.0%)	6,578(49.1%)	436(74.0%)
5위-10위 기업집단	3,144(22.7%)	1,650(21.7%)	2,927(21.9%)	89(15.1%)
11위-20위 기업집단	1,971(14.3%)	812(10.7%)	1,387(10.4%)	14(2.4%)
21위-30위 기업집단	1,050(7.6%)	481(6.3%)	1,419(10.6%)	12(2.1%)
31위-40위 기업집단	725(5.2%)	373(4.9%)	547(4.1%)	15(2.6%)
41위-51위 기업집단	588(4.3%)	340(4.5%)	528(3.9%)	22(3.8%)

출처: www.ftc.go.kr, ecos.bok.or.kr
주: 괄호 안의 퍼센트는 51개 기업집단 전체 대비 총자산, 자본총액, 매출액 및 순이익의 비율을 나타낸다.

2013년 4월 기준 51개 기업집단에는 총 1,768개의 계열사가 포함되어 있으며 이 가운데 255개가 상장기업이다. 이들 기업집단의 총자산과 매출액은 각각 2012년 GDP의 122.4%, 118.5%에 달했다. 이것은 한국경제가 이미 실질적으로 이들에게 포획되었다는 것을 시사한다. 이 가운데 4대 재벌은 51개 재벌 전체 총자산, 총자본 및 매출액의 50% 정도를 차지하며 전체 순이익의 74%를 차지한다. 더욱이 〈표 5.4〉에서 알 수 있듯이 상위 10대, 20대, 30대 재벌로 순차적으로 확대해 비교하면 하위 재벌들의 비중은 급격하게 감소한다. 이외에도 2012년 말 기준 주요 경영지표의 관점에서 51개 기업집단의 사업 성과를 살펴보면 4대 재벌과 나머지 재벌들 간의 격차가 크다는 것을 확인할 수 있다. 이것은 다음 〈표 5.5〉에 요약되어 있다.

〈표 5.5〉 기업집단과 전 산업의 주요 경영지표 비교

기업집단	부채비율	순이익률	자기자본 순이익률
4대 기업집단	60.7%	6.6%	11.0%
삼성	36.4%	9.8%	13.2%
현대차	70.4%	8.2%	13.7%
SK	91.2%	2.4%	5.1%
LG	105.7%	2.1%	4.8%
5위-10위 기업집단	90.5%	3.0%	5.4%
11위-20위 기업집단	142.6%	0.8%	1.8%
21위-30위 기업집단	118.4%	1.2%	2.6%
31위-40위 기업집단	94.0%	2.8%	4.1%
41위-51위 기업집단	72.9%	4.2%	6.5%
51개 기업집단 전체	81.7%	4.4%	7.7%
전 산업	147.6%	2.5%	6.0%
제조업	101.0%	4.2%	9.6%
비제조업	199.1%	0.8%	2.0%

출처: www.ftc.go.kr, ecos.bok.or.kr

〈표 5.5〉에서 확인할 수 있는 중요한 사항은 4대 재벌을 제외한 나머지 재벌들은 부채비율, 순이익률 및 자기자본 순이익률의 관점에서 매우 취약하다는 사실이다. 이들 대부분은 전 산업 평균과 비교해도 더 나은 경영지표를 보여주지 못했다. 이것은 대부분의 재벌들이 여전히 수익성을 고려하지 않고 외부차입을 통해 사업 규모를 확장한다는 생각에 사로잡혀 있거나 이익률이 낮은 사업부문에 과도하게 투자하고 있다는 것을 시사한다.

그리고 4대 재벌이 별도의 기업집단으로 분류되었지만 이들 간에도 커다란 격차가 존재한다. 삼성그룹과 현대차그룹은 모든 면에서 다른 두 그룹과 분명히 구별된다. 전 산업 평균보다 나은 지표를 보여준 것은 오직 이 두 그룹뿐이다. SK와 LG그룹은 2012년에 최악의 사업 환경을 경험했을지도 모른다. 비록 그렇더라도 이들 그룹이 산업 전체 평균보다 초라한 경영지표를 보여주었다는 사실은 결코 간과할 내용이 아니다. 이것은 이런 기업집단들도 글로벌 경기침체가 다시 발생해 장기간 지속된다면 파산할 가능성이 있다는 것을 시사한다. 이 점은 다른 간단한 지표인 이자보상비율을 통해서도 확인할 수 있다.[92]

---

[92] 이자보상비율=(영업이익/지급이자비용)으로 측정된다. 이것은 이자비용에 대한 영업이익의 비율을 뜻하므로 1보다 크면 그 기업은 영업이익으로 이자비용을 감당하기에 충분하다는 것을 의미한다. 반대로 1보다 작으면 그 기업은 영업이익으로 이자비용조차 감당할 수 없다는 것을 의미한다. 따라서 이 비율이 클수록 우량기업이다.

<표 5.6> 이자보상비율의 비교

기업집단	2011년	2012년
삼성	18.7	34
현대차	12.8	15.3
SK	4.8	2.9
LG	4.8	5.5
전 산업	2.8	2.6
제조업	4.9	4.6

출처: ecos.bok.or.kr

　2012년 기준 삼성그룹의 이자보상비율은 34였는데 이것은 영업이익이 이자비용의 34배에 달했다는 것을 의미한다. 삼성그룹의 경우 2011년에는 18.7이었으므로 일년 동안 현저하게 영업 실적이 좋아졌다는 것을 알 수 있다. 현대차그룹의 경우에도 거의 같은 이야기가 성립한다. 2011년 이 비율은 12.8이었는데 2012년에는 15.3으로 상승했다. 그렇지만 SK와 LG그룹의 경우는 전혀 다르다. 이들의 경우 이자보상비율은 2011에는 모두 4.8이었는데, 2012년에는 각각 2.9와 5.5로 변했다. 한편 2012년 산업 전체의 경우 이 비율은 2.6이었는데, 2011년의 2.8에 비해 다소 낮아졌다. 또한 제조업의 경우 2012년에는 4.6으로 2011년의 4.9에 비해 다소 낮아졌다. 이와 같이 이자보상비율의 관점에서 삼성그룹과 현대차그룹만이 괄목할 만한 성과를 거두었다. 반면 SK와 LG그룹은, 비록 재무상태가 비교적 안정적인 기업집단으로 알려져 있지만, 2012년에는 제조업 평균과 크게 다르지 않았다. 이런 이유로 경제력이라는 관점에서 자연스럽게 4대 재벌에서 2대 재벌로, 그리고 다시 2대 재벌에서 하나의 재벌, 즉 삼성그룹에 초점을 맞추게 된다.

국민경제의 규모는 GDP로 측정하는 것이 관례이며 필요하다면 주식시장의 규모, 즉 상장기업 전체의 시가총액을 보조지표로 사용할 수 있다. 앞에서도 언급했듯이 최근 한국경제가 재벌, 특히 4대 재벌에 의해 거의 포획되어 있다는 것은 결코 과장이 아니다. 총자산, 매출액 및 시가총액과 같은 여러 측면에서 4대 재벌은 한국경제의 거의 60%를 차지하고 있다. 이것을 10대 재벌로 확대하면 거의 80%에 육박한다. 그렇지만 특정 기업집단에의 경제력 집중이라는 쟁점을 자세히 살펴보면 생각보다 문제가 훨씬 더 심각하다는 것을 알 수 있다.

여기서 왜 5대 또는 6대 재벌이 아니라 4대 재벌에 초점을 맞추었는지 그 이유를 설명할 필요가 있다. 그것은 4대 재벌이 총자산, 매출액, 순이익 및 시가총액과 같은 여러 측면에서 다른 재벌들과 뚜렷이 구별되기 때문이다.[93] 그리고 이들 가운데 삼성그룹은 여러 가지 이유로 관심의 중심에 있다. 다음 〈표 5.7〉에서 알 수 있듯이 2012년 기준 4대 재벌의 시가총액은 10대 재벌의 시가총액의 80%를 차지했다. 이 중 삼성그룹 혼자 40%를 차지했는데, 이것은 놀라우면서 동시에 우려할 만한 결과다. 왜냐하면 한국경제 전체가 하나의 기업집단의 사업 성과에 크게 의존한다는 것을 의미하기 때문이다. 어떤 기업이든 시장지배력을 갖게 되면 그 기업은 그런 지위를 성취하도록 했던 혁신적인 사고를 유지하기보다는 시장지배력을 근거로 지대를 추구하려는 경향이 있다. 이것이 현재 한국경제에서 벌어지고 있는 현상으로서 향후 큰 부담으로 작용할 것이다.

---

[93] 공정거래위원회도 기업집단을 이런 방식으로 분류하고 있다. 그 이유는 한국경제에서 4대 재벌의 영향력이 30대 재벌에 속한 나머지 재벌들보다 훨씬 더 크기 때문이다.

<표 5.7> 10대 재벌의 시가총액 추이

(단위: 억 달러)

순위	기업집단	2003	2007	2012	증가율
1	삼성(a)	921	1,956	3,581	288.7%
2	현대차	221	491	1,379	522.9%
3	SK	248	525	826	233.5%
4	LG	214	733	753	251.7%
	소계(b)	1,604	3,705	6,538	(307.5%)
5	롯데	119	371	488	311.5%
6	포스코	141	587	426	202.3%
7	현대중공업	30	442	278	832.7%
8	GS	56	234	271	382.5%
9	한진	30	120	68	126.5%
10	한화	44	168	168	283.1%
	총계(c)	2,024	5,626	8,237	(307.0%)
	비율1(a/c)	45.5%	34.8%	43.5%	
	비율2(b/c)	79.3%	65.8%	79.4%	

출처: www.etoday.co.kr

주: 1) 10대 기업집단의 순위는 2012년 말 기준 총자산의 규모에 근거했다. 따라서 연도별 시가총액의 순위는 총자산의 순위와 반드시 일치하지는 않는다.
2) 포스코는 총수가 없는 민간기업집단이므로 총수가 있는 경우로 한정하면 포스코는 제외되고 두산그룹이 10위가 되지만 별로 달라지는 것이 없어 그대로 사용했다.
3) 시가총액에는 상장기업만이 아니라 비상장기업도 포함되어 있다. 상장기업의 시가총액은 2012년 말 기준 증시에서 평가된 시장가치에 해당하며, 비상장기업의 시가총액은 장부가치를 반영했다.
4) 시가총액을 달러로 환산하는 데는 연말환율이 적용되었다. 2003년 말 환율은 1,192.60원, 2007년 말 환율은 936.10원, 2012년 말 환율은 1070.60원이었다.

2) 삼성그룹의 압도적 위상

경제개발계획을 추진한 이래 한국의 경제정책은 수출 확대에 초점을 맞춰 왔다. 그래서 정부는 낮은 금리로 수출기업들에게 자금을 공급해 주는 한편, 높은 환율을 유지함으로써 의도적으로 이들을 육성했다. 이것은 정부정책 혜택 대부분이 재벌들에게 귀속되었다는 것을 의미한다. 삼성전자와 현대자동차 같은 세계적 기업의 출현은 수십 년 동안 이런 정책과 기업 자체 노력의 시너지효과에 의한 것으로 해석할 수 있다. 특히 고환율정책은 이들이 글로벌기업으로 성장하는 데 결정적인 역할을 했다.

과거 이런 정책은 이른바 '낙수효과trickle-down effect' 또는 '전이효과spill-over effect'를 근거로 어느 정도 정당화되었다. 그러나 이미 여러 사람들이 지적했듯이 그런 효과는 사실상 사라졌으므로 대기업에 대한 특혜는 더 이상 정당화될 수 없다.[94] 이들 재벌은 상당수의 사업장을 해외에서 운영하고 있으며 한국의 일반대중은 그들의 사업 성과의 과실을 더 이상 공유하지 못한다. 따라서 국내의 다른 기업들을 희생하면서 그들을 지원한다는 것은 부조리한 정도를 벗어나 반사회적이다. 이 점에 대해서는 더 많은 실증적 분석이 필요하겠지만 그동안 확인된 자료만으로도 이야기하기 충분하다. 이제는 한국경제에 대한 그들의 기여보다는 그들로 인한 잠재적인 피해에 초점을 맞춰야 할 시점에 와 있다. 이런 이유로 한국경제에서 삼성그룹이 갖는 경제적 의미를 다각도로 검토할 필요가 있다.

앞의 〈표 5.1〉에서 보았듯이 삼성그룹은 2001년 이래 재벌 순위 1위

---

[94] 이런 측면을 설득력 있게 설명한 대표적인 저서로는 김상조의 『종횡무진 한국경제』(2012)를 들 수 있다.

를 고수하고 있다. 그 이유는 삼성전자의 놀라운 실적에 기인한다. 실제로 삼성전자는 모든 면에서 그룹의 다른 계열사들을 압도해 왔는데, 최근 그 격차가 더욱 확대되었다. 이 모든 사실은 삼성그룹이 한국경제에서 점점 더 지배적인 존재가 되고 있으며 그 중심에는 삼성전자가 있다는 것을 의미한다.[95] 한국경제가 어느 때보다 더 삼성그룹에 지나치게 의존하고 있다는 것은 결코 과장이 아니다. 오히려 이것은 절제된 표현이고, 여러 면에서 한국인들이 삼성그룹의 볼모가 되었다는 것이 정확한 표현일 것이다. 이런 이유로 적지 않은 지식인들이 재벌, 특히 삼성그룹이 봉건체제와 유사하며 재벌총수는 중세의 영주와 같이 행동한다고 비판하는 것이다.[96] 대부분의 재벌총수는 무리한 방법을 동원해서라도 후손에게 기업집단의 경영권을 상속하려 한다는 사실은 중세의 봉건체제와 유사하다는 명백한 증거다. 이 점에 관해서는 더 이상 어떤 변명도 설득력이 없다.

이들 가운데 삼성그룹이 압도적으로 우월하다는 것은 여러 자료를 통해 쉽게 확인할 수 있다. 사실 이 그룹의 압도적 우위는 이중적인 면을 가지고 있으므로 자료를 해석할 때 더욱 신중해야 한다. 다시 한번 한국경제에서 삼성그룹이 차지하는 위상을 정리하면 다음 〈표 5.8〉과 같다.

---

[95] 통상적으로 삼성전자의 외국인 지분율이 50% 안팎인 반면, 총수 일가와 국민연금 같은 우호적인 투자자의 지분을 모두 합해도 30%가 안 된다는 사실을 감안할 때 삼성전자가 과연 한국 기업인지 의문이다. 이것은 곧 삼성그룹 전체의 정체성 문제와도 직결된다. 외국인들이 자주 실행하는 적대적 M&A를 고려할 때 이것은 깊이 생각해야 할 문제다. 포퓰리즘에 입각해 정치권에서 정치적으로 다룰 문제가 아니다.

[96] 재벌을 중세 봉건체제, 그리고 재벌총수를 중세의 영주에 비유하는 사람들이 적지 않다. 이 가운데 특히 주목할 저서로는 피터 언더우드(2012)와 박창기(2012)를 들 수 있다. 피터 언더우드가 북한을 7위의 재벌로 묘사한 것은 흥미롭다. 필자는 재벌은 봉건체제 이상이라고 생각한다.

<표 5.8> 삼성그룹의 위상 변화에 관한 기본 자료

(단위: 만 명, 억 달러)

연도	고용	직접수출액	매출액 (연결 기준)	세전 이익	상장기업 시가총액
1987	10	63 (수출액 473억 달러의 13.3%)	125 (GDP 1,434억 달러의 8.7%)	2.5	13
1993	14	107 (수출액 822억 달러의 13.0%)	361 (GDP 3,722억 달러의 9.7%)	10	94 (시가총액 1,396억 달러의 6.7%)
2012	42	1,572 (수출액 5,481억 달러의 28.7%)	3,372 (GDP 1조 2,224 억 달러의 27.6%)	347	3,157 (시가총액 1조 782억 달러의 29.3%)

출처: www.etnews.com

주: 1) 평균환율은 1987년 792.3원, 1993년 802.8원, 2012년 1,126.8원이었으며 직접수출액, 매출액, 세전 이익 및 GDP를 달러로 환산하는 데 적용되었다. 그리고 연말 기준 환율은 1987년 792.3원, 1993년 807.2원, 2012년 1,070.6원이었는데 시가총액을 달러로 환산하는 데 적용되었다.
2) 삼성그룹의 시가총액은 코스닥시장에 상장된 크레듀Credue를 제외하고 유가증권시장에 상장된 기업들만을 대상으로 추정되었다.
3) 매출액은 연결 기준이고 시가총액에는 상장기업만 포함되어 있으므로 <표 5.9>와는 다소 차이가 있다.

이 자료에 의하면 1990년대 중반까지 삼성그룹은 수출, GDP 및 시가총액과 같은 다양한 거시경제지표의 10% 정도를 차지했으나 경제적 영향력이 압도적인 것은 아니었다. 그런데 2012년에는 이 비율이 거의 30% 수준으로 크게 상승했다. 이것은 놀라운 일이다. 1993년부터 2012년에 걸친 대략 20년 동안 이 그룹이 한국경제에서 차지하는 비중이 거의 3배나 상승했기 때문이다. 삼성그룹 산하의 기업들은 재무적인 면에서나 영업이익 면에서 증권시장에 상장된 다른 기업들에 비해 평균적으로 훨씬 더 양호하다. 나아가 우리나라 전체 기업들과 비교한다면 그 격차는 더욱 벌어진다. 따라서 한국에서 가장 큰 기업집단이 적극적으로 계속 사업을 확장한다면, 한국경제에서 이 기업집단이 차지하는 비중은 조만간 임계수준critical level을 넘을 것이 확실시된다. 여기서 임계수준이란 정부를 포함해 어떤 세력도 통제하기 어려울 정도로 비대해진 경제규모를 말한다. 이에 관한 상세한 논의에 앞서 2003년부터 2012년까지 삼성그룹의 총자산과 시가총액 그리고 매출액이 어떻게 변했는지 구체적으로 살펴보자.[97] 이것은 다음 〈표 5.9〉에 요약되어 있다.

〈표 5.9〉 삼성그룹 경제력의 변천사

(단위: 억 달러)

연도	총자산 (a)	시가총액 (b)	매출액 (c)	GDP (d)	비율 1 (a/d)	비율 2 (b/d)	비율 3 (c/d)
2003	771	921	1,015	6,804	11%	14%	15%
2004	941	1,091	1,217	7,653	12%	14%	16%
2005	1,132	1,616	1,392	8,980	13%	18%	16%
2006	1,351	1,752	1,575	10,110	13%	17%	16%
2007	1,555	1,956	1,729	11,227	14%	17%	15%
2008	1,584	1,139	1,713	10,017	16%	11%	17%
2009	1,511	1,936	1,725	9,023	17%	21%	19%
2010	1,998	2,550	2,202	10,943	18%	23%	20%

97 시가총액에는 삼성그룹의 상장기업들뿐만이 아니라 비상장기업들도 포함되었다. 그렇지만 비상장기업들의 시가총액은 그룹 전체 시가총액의 극히 일부를 차지했다. 예를 들어 2012년 말 기준 상장기업들의 시가총액은 3,157억 달러였는데 모든 계열사들의 시가총액은 3,581억 달러였다. 이 격차 424억 달러가 비상장기업들의 시가총액에 해당했다.

연도	총자산 (a)	시가총액 (b)	매출액 (c)	GDP (d)	비율 1 (a/d)	비율 2 (b/d)	비율 3 (c/d)
2011	2,308	2,503	2,464	12,027	19%	21%	20%
2012	2,717	3,581	2,689	12,224	22%	29%	22%

출처: www.ftc.go.kr, www.etoday.co.kr, ecos.bok.or.kr

주: 1) 총자산과 GDP를 달러로 환산하는 데는 평균환율이 적용되었으며 시가총액에는 연말환율이 적용되었다.
2) 시가총액에는 상장 및 비상장기업들이 모두 포함되었다. 상장기업의 시가총액은 증권시장에서의 시장가치를 근거로 추정하였으며 비상장기업들의 기업가치는 순자산 장부가치를 근거로 추정했다.

    삼성그룹의 주요 기업들이 글로벌 시장에서 외국 기업을 상대로 경쟁하고 있다는 점을 고려할 때 이 그룹의 경제력을 원화보다 달러화로 평가하는 것이 여러 면에서 의미가 있다. 왜냐하면 달러로 평가한 자료를 가지고 쉽게 외국 기업이나 외국의 경제지표와 비교할 수 있기 때문이다. 〈표 5.9〉에서 알 수 있듯이 이 그룹의 총자산 및 시가총액이 크게 증가한 것은 환율효과와 계열사들의 우수한 경영 실적이라는 두 요인이 복합적으로 작용했기 때문이다. 평균환율은 2003년 1,191.85원에서 2012년에는 1,126.76원으로 약 5.8% 평가절상되었다. 따라서 그만큼 총자산과 시가총액이 빠르게 증가한 셈이다. 그리고 이 자료로부터 GDP 대비 삼성그룹의 시가총액의 비율은 2003년 14%에서 2012년에는 29%로, 총자산의 비율은 11%에서 22%로 그리고 매출액의 비율은 15%에서 22%로 증가했음을 알 수 있다.[98] 그 이유는 9년간 시가총액은 289%,

---

[98] 2011년과 대비해 2012년 이 그룹의 시가총액이 크게 증가한 것은 같은 기간 중 삼성전자의 시가총액이 크게 증가했기 때문이다. 삼성전자의 시가총액은 2011년 말 기준 1,544억 달러에서 2012년 말 기준 2,162억 달러로 증가했다. 이 격차는 618억 달러로 동 기간 중 이 그룹 전체의 시가총액 변동의 대부분을 차지했다.

총자산은 252%, 매출액은 165% 증가한 반면, 명목 GDP는 80% 증가에 그쳤기 때문이다. 연평균 증가율CAGR로 환산하면 시가총액은 연평균 16%, 총자산은 15% 그리고 매출액은 11.5%씩 증가한 반면, 명목 GDP는 6.7%씩 증가했다.

한국의 대표적인 기업집단이 경쟁이 치열한 글로벌 환경에서 계속 빠르게 성장한다는 것은 좋은 일이다. 그렇지만 다른 한편으로 현재와 같이 한 명의 총수가 거대 기업집단의 중요한 결정에 지속적으로 막강한 영향력을 행사하는 것은 우려할 만한 일이다. 만약 이런 추세가 지속된다면 삼성그룹의 총자산과 시가총액이 한국의 명목 GDP를 추월하는 데 20년도 걸리지 않을 것이다. 매출액의 경우는 연평균 증가율이 다소 낮기 때문에 GDP를 추월하려면 상당한 기간이 필요하다. 이런 상황을 조금 과장해서 말하자면 한국경제의 운명이 재벌총수 한 사람의 의사결정에 의존하게 된다는 것이다. 다음 〈표 5.10〉은 지난 9년간의 연평균 증가율이 앞으로도 그대로 유지되고 환율은 2012년 말 수준에 고정되었다는 가정하에서 삼성그룹의 예상 총자산과 시가총액 및 매출액을 예상 GDP와 비교한 결과를 보여준다.[99]

---

[99] 2013년 삼성그룹의 매출액은 3,047억 달러, 총자산은 3,027억 달러였다.

<표 5.10> 예상 미래가치 비교: 삼성그룹과 GDP

(단위: 억 달러)

연도	총자산 (15%)	시가총액 (16%)	매출액 (11.5%)	GDP (6.7%)
2012	2,717	3,581	2,689	12,224
2013	3,125	4,154	2,998	13,043
2014	3,593	4,819	3,343	13,917
2015	4,132	5,590	3,727	14,849
2016	4,752	6,484	4,156	15,844
2017	5,465	7,521	4,634	16,906
2018	6,285	8,725	5,167	18,038
2019	7,227	10,121	5,761	19,247
2020	8,311	11,740	6,424	20,536
2021	9,558	13,618	7,162	21,912
2022	10,992	15,797	7,985	23,380
2023	12,641	18,325	8,904	24,946
2024	14,537	21,257	9,928	26,618
2025	16,717	24,658	11,070	28,401
2026	19,225	28,603	12,343	30,304
2027	22,108	33,180	13,763	32,334
2028	25,425	38,489	15,345	34,501
2029	29,238	44,647	17,110	36,812
2030	33,624	51,790	19,078	39,279
2031	38,668	60,077	21,271	41,911
2032	44,468	69,689	23,738	44,719
2033	51,138	80,839	26,468	47,715
2034	58,808	93,774	29,512	50,912

주: 괄호 안의 수치는 연평균 증가율을 나타낸다.

환율과 여러 경제변수들에 내재해 있는 불확실성을 감안한다면 향후 이들 가치가 어떻게 변할지 장담할 수 없다. 따라서 이것은 하나의 사고실험으로 그칠 가능성이 크다. 그렇지만 삼성그룹이 성과 면에서 한국경제의 평균적인 성과를 지속적으로 능가할 가능성은 매우 크다. 만약 이것이 가능한 시나리오라면 삼성그룹은 20년 이내에 규모 면에서 GDP를 능가하게 된다. 이것은 이 그룹이 정치, 경제정책, 법률체계 그리고 사회·문화적 환경을 망라한 모든 면에서 절대적인 영향력을 행사할 수 있는 경제력을 갖게 된다는 것을 의미한다. 따라서 빠르게 성장하는 삼성그룹과 지지부진한 한국경제를 조화시킬 수 있는 특단의 해법을 발견해야 한다. 이것은 한국의 미래를 위해 정말 중요한 사안이다.[100]

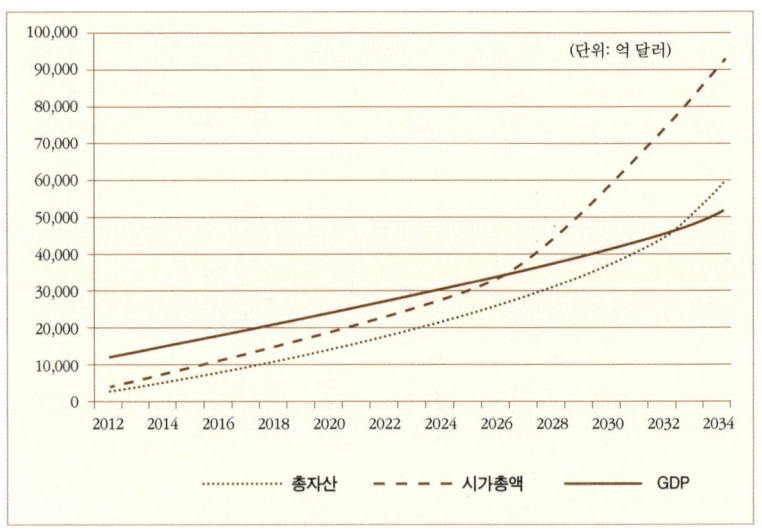

〈그림 5.1〉 예상 미래가치 비교: 삼성그룹과 GDP

---

100 이와 반대로 최윤식(2013)이 지적했듯이 만약 5년 내에 삼성전자가 소니나 노키아처럼 몰락한다면 이로 인해 한국경제가 받을 충격은 엄청날 것이다. 이런 의미에서 한국경제는 진퇴유곡進退維谷의 상황에 처해 있다.

〈그림 5.1〉은 미래 삼성그룹의 시가총액과 총자산 그리고 GDP의 추세를 보여준다. 매출액도 언젠가는 GDP를 추월하겠지만 상당한 기간이 필요하므로 생략했다.

다시 한번 강조하지만 1993년까지 주요 거시경제지표 대비 삼성그룹의 비중은 10% 정도였는 데 비해 2012년에는 20% 이상으로 크게 증가했다. 한 기업집단이 규모 면에서 국민경제의 20% 이상을 차지할 정도로 성장했다는 것은 그 경제력을 완화시키는 작업이 현실적으로 쉽지 않다는 것을 의미한다. 그렇기 때문에 정치권에서 추진되고 있는 소위 '재벌 때리기'는 한국경제를 위한 진정한 해결책이 되기 어렵다. 이 문제는 재벌 자체의 의식 전환이라는 차원에서 접근하는 것이 더 바람직하다.

그런데 막강한 삼성그룹도 사실상 삼성전자라는 하나의 계열사에 크게 의존하고 있다. 2013년 4월 기준 삼성그룹에는 모두 76개 계열사가 있는데 그중 17개는 상장기업이고 나머지 59개는 비상장기업이다. 그리고 17개 상장기업 가운데 13개는 비금융회사, 4개는 금융회사다. 이 가운데 삼성전자가 단연 독보적이라는 것은 널리 알려져 있다. 한국경제가 삼성그룹에 크게 의존하고 있는 것 이상 삼성그룹은 삼성전자에 크게 의존하고 있다. 따라서 삼성그룹과 관련된 쟁점은 대표기업인 삼성전자와 관련된 쟁점 그 이상도 이하도 아니다. 삼성전자의 막강한 경제력은 그룹 내 다른 기업들과 비교하면 쉽게 확인할 수 있다.

다음 〈표 5.11〉은 2012년 말 기준 삼성그룹 내 삼성전자의 위상을 보여주고 있다.

<표 5.11> 삼성그룹 내 삼성전자의 비중

(단위: 억 달러)

구분	총자산	총자본	매출액	영업이익	순이익	시가총액
삼성전자(a)	1,183	940	1,253	164(13.1%)	154(12.3%)	2,162
금융회사를 제외한 13개 상장기업 전체 (삼성전자 포함)(b)	1,844	1,278	1,830	196(5.4%)	202(8.2%)	2,665
비율1(a/b)	64.2%	73.6%	68.5%	83.7%	76.2%	81.4%
17개 상장기업 전체(c)	2,151	1,586	2,240	225	225	3,000
비율2(a/c)	55.0%	59.3%	55.9%	72.9%	68.4%	72.1%

출처: www.ftc.go.kr, dart.fss.org, www.krx.co.kr
주: 1) 영업이익과 시가총액 중 일부는 dart.fss.org에 수록된 자료와 개별 기업의 시가총액에 관한 일일 자료를 근거로 추정했다.
2) 둘째 행의 괄호 안에 있는 숫자는 각각 삼성전자의 영업이익률과 순이익률을 나타낸다.
3) 셋째 행의 괄호 안에 있는 숫자는 삼성전자를 제외한 나머지 기업들의 평균 영업이익률과 순이익률을 나타낸다.

이 표에서 알 수 있듯이 2012년 말 기준 삼성전자는 전반적으로 그룹의 60% 이상을 차지하는 지배적인 기업이다. 만약 제조업체에 한정한다면 삼성전자의 지배력은 더욱 커져 그룹의 70% 이상을 차지한다. 삼성전자가 빠르게 성장해 글로벌기업이 된 것은 다행스러운 반면 삼성그룹뿐만 아니라 한국경제 전체가 하나의 기업에 지나치게 의존하는 것은 위태로운 일이다. 게다가 외국투자자들의 삼성전자 지분율이 항상 50% 안팎을 차지해 왔다는 사실을 감안한다면 더욱 위태로운 일이다.[101]

---

[101] 2014년 10월 외국투자자들의 지분율은 51%였다. 2013년 9월에는 이들의 지분율이 48%였던 것에 비해 3%가량 증가했다. 이와 같이 이들의 지분율은 50% 안팎에서 변동하고 있다.

한국경제에서 차지하는 삼성전자의 경제적 위상은 다른 주요 국가들과의 비교를 통해서도 확인될 수 있다. 2012년 말 기준 세계에서 시가총액이 가장 큰 기업은 미국의 애플이었다. 그렇지만 애플은 미국 시가총액의 2.7%, GDP의 3.2% 정도를 차지한 반면 삼성전자는 각각 19.3%와 20.1%를 차지했다. 이런 압도적인 지배력은 홍콩, 스위스 및 네덜란드와 같은 작은 나라들을 제외하면 다른 나라에서는 찾아볼 수 없다.

다음 〈표 5.12〉는 2012년 말 기준으로 이런 내용을 보여주고 있다.

〈표 5.12〉 삼성전자의 시장가치와 경제력의 국제 비교

(단위: 억 달러)

순위	국가	시가총액 (CMV)	GDP (CMV/GDP)	국가별 최대기업의 시가총액 (MV)	MV/CMV (MV/GDP)
1	미국	186,683	162,446 (115%)	5,006 (Apple, 1)	2.7%(3.1%)
2	중국	36,974	82,295 (45%)	2,648 (PetroChina, 3)	7.2%(3.2%)
3	일본	36,810	59,378 (62%)	1,597 (Toyota Motor, 28)	4.3%(2.7%)
4	영국	30,195	24,618 (123%)	2,227 (Royal Dutch Shell, 10)	7.4%(9.0%)
5	캐나다	20,161	18,214 (111%)	869 (Royal Bank Canada, 71)	4.3%(4.8%)
6	프랑스	18,233	26,112 (70%)	1,246 (Sanofi, 37)	6.8%(4.8%)
7	독일	14,863	33,260 (43%)	1,019 (Volkswagen, 56)	6.9%(3.1%)
8	오스트레일리아	12,864	15,324 (84%)	2,474 (BHP Billiton, 4)	19.2%(16.1%)
9	인도	12,633	18,587 (68%)	495 (Reliance Industries, 148)	3.9%(2.7%)
10	브라질	12,299	22,527 (55%)	1,291 (Ambev, 34)	10.5%(5.7%)
11	한국	11,805	12,228 (97%)	2,276 (삼성전자, 8)	19.3%(18.7%)

순위	국가	시가총액 (CMV)	GDP (CMV/GDP)	국가별 최대기업의 시가총액 (MV)	MV/CMV (MV/GDP)
12	홍콩	11,081	2,626 (422%)	2,340 (China Mobile, 6)	21.1% (89.1%)
13	스위스	10,790	6,312 (171%)	2,100 (Nestle, 15)	19.5% (33.3%)
14	스페인	9,951	13,225 (75%)	867 (Inditex, 72)	8.7% (6.6%)
15	러시아	8,747	20,175 (43%)	1,114 (Gazprom, 45)	12.7%(5.5%)
16	네덜란드	6,510	7,701 (85%)	1,083 (Unilever, 48)	16.6% (14.1%)
17	남아프리카공화국	6,123	3,824 (160%)	394 (MTN Group, 193)	6.4%(10.3%)
18	스웨덴	5,605	5,239 (107%)	504 (Hennes&Mauritz, 143)	9.0%(9.6%)
19	멕시코	5,251	11,865 (44%)	602 (AMX, 112)	11.5%(5.1%)
20	이탈리아	4,805	20,133 (24%)	879 (Eni, 70)	18.3%(4.4%)

출처: 「FT Global 500」(2012), 「Fortune Global 500」(2012), www.worldbank.org
주: 1) 넷째 열의 괄호 안 숫자는 GDP 대비 시가총액의 비율을 나타낸다.
   2) 다섯째 열의 괄호 안 숫자는 2012년 「FT Global 500」에 의한 기업 순위를 나타낸다.
   3) 여섯째 열의 괄호 안 숫자는 GDP 대비 시가총액 최대 기업의 비율을 나타낸다.

우선, GDP와 전체 시가총액의 관계라는 관점에서 볼 때 세 가지 유형의 나라들이 있다는 것을 유념할 필요가 있다. 일부 나라들의 경우 GDP 대비 전체 시가총액의 비율이 100%에 근접했으며 다른 일부 나라들의 경우에는 100%보다 상당히 작았다. 그리고 예외적이지만 100%보다 상당히 큰 나라도 있다. 미국, 영국, 캐나다, 한국 및 스웨덴은 100%에 근접한 나라에 속한다. 반면 중국, 일본, 인도, 프랑스, 독일, 멕시코, 러시아, 스페인 및 이탈리아는 100%보다 작은 나라에 속한다. 홍콩, 스위스 그리고 남아프리카공화국은 100%보다 상당히 큰 나라에 속한다. 이런 현상은 각 나라에서 자본시장의 역할과 밀접하게 관련되어 있다. 그렇지만 비율이 높다고 해서 그것이 국민경제에서 자본시장이 긍정적인 역할을 하고 있다는 증거라고 단정하기는 어렵다. 왜냐하면 높은 비율이 주식시장에서 투기적 자본의 영향력이 지나치게 크다는 것을 의미할 수도 있기 때문이다.

만일 이런 비교를 비율이 100%에 근접한 나라들로 한정한다면 삼성전자는 전 세계적으로 GDP와 시가총액의 20% 정도를 차지하는 유일한 기업이다.[102] 이것은 어떤 기준으로도 간과할 수 없는 놀라운 사실이다. 왜냐하면 특정 기업에 지나치게 의존하는 것은 국민경제의 지속적이고 안정적인 성장을 위해 결코 바람직하지 않기 때문이다. 개인이나 국가나 분산투자는 위험에 대처하는 효과적인 방법이다. 만일 삼성전자의 실적이 부진하면 한국경제의 실적도 부진할 수밖에 없다. 더욱이 발행 주식의 50% 정도가 외국투자자들의 수중에 있다는 사실을 간과해서는 안 된다.

비록 삼성그룹의 계열사들 간의 복잡한 순환출자에 힘입어 삼성전자의 경영권이 유지되고는 있지만, 향후 외국투자자들이 적대적 인수를 시도할 가능성을 배제할 수 없다. 만일 이런 시도가 성공한다면 한국경

---

[102] 2013년 말 기준 삼성전자의 시가총액은 1,915억 달러로 전년 대비 소폭 감소한 반면 한국 증시의 시가총액은 1조 1,237억 달러로 조금 증가했다. 따라서 시가총액 대비 삼성전자의 비중은 17.0%로 감소했다. 그리고 2013년 GDP는 1조 3,043억 달러였으므로 삼성전자의 비중은 15%로 감소했다. 그럼에도 다른 나라에 비해 삼성전자가 차지하는 비중이 압도적이라는 사실에는 변함이 없다. 미국의 경우 2013년 GDP는 16조 8,000억 달러였고 애플의 시가총액은 5,048억 달러였으므로 GDP 대비 비중은 3.0%였다.

제는 심각한 문제에 직면하게 될 것이다. 왜냐하면 삼성전자를 지배하게 된 새로운 주체는 한국정부가 감당하기 어려운 다양한 특혜를 요구할 것으로 예상되기 때문이다. 이런 이유로 삼성전자, 나아가 삼성그룹과 관련된 쟁점들은 신중하게 다루어야 한다.

동남아시아의 필리핀이나 인도네시아, 그리고 남미의 콜롬비아, 파라과이 및 페루와 같은 여러 저개발국에서 경제발전의 가장 큰 장애물은 식민지 시대부터 외국 기업들과 밀접한 유대 관계를 유지하고 있는 소수의 가문들이 국민경제를 장악하고 있다는 사실이다. 이들 나라의 경제는 그런 소수의 가문들과 외국 기업들의 볼모가 되어 있다. 이런 가문들의 경제적 영향력이 상당히 줄어들지 않으면 이들 나라에서 진정한 경제발전은 기대하기 어렵다. 이와 유사한 논리가 한국경제에도 적용된다. 만약 지금보다 재벌들에게 경제력이 더 집중된다면 한국경제는 깊은 수렁에 빠질 것이다. 더욱 강화된 그들의 경제력으로 인해 한국경제에는 심각한 비효율이 만연할 것이며, 소득분배의 불평등이 감당할 수 있는 한계를 넘어설 것이다. 이미 이와 유사한 일이 벌어지고 있다.

소수의 기업집단에 경제력이 과도하게 집중된다면 국민경제가 이들 기업집단의 사업 성과에 의존하게 된다는 것은 의심할 여지가 없다. 이것은 또한 이들의 실적에 따라 국민경제의 불확실성과 변동성이 증가한다는 것을 의미한다. 그러면 외국투자자들이 이런 이유를 들어 한국 주식의 가치를 낮게 평가하려는 시도를 피하기 어렵다. 만약 우리가 그들의 입장이라도 마찬가지로 행동할 것이다. 더욱이 경제력 집중이 삼성그룹이라는 하나의 기업집단, 나아가 결국 삼성전자라는 하나의 기업으로 귀결된다면 어떤 기준으로도 코리아 디스카운트를 피하기 어렵다.

요약하자면 코리아 디스카운트의 근본 원인은 한국 주식에 대한 외국인들의 비우호적인 태도가 아니라 한국경제의 구조적인 문제에서 찾아야 한다. 이런 점에서 현재와 같은 재벌 중심의 경제를 만드는 데 기여했던 정치인, 관료 및 관련된 사람들 모두 일정 부분 코리아 디스카운트에 대한 책임을 면할 수 없다. 이것을 극복하고 코리아 프리미엄을 실현하기 위해서도 진정한 의미의 재벌개혁이 필요하다. 그리고 이런 개혁은 재벌 외부에서보다는 재벌 내부에서 시작되는 것이 바람직하다. 그래야만 지속성과 진실성이 있기 때문이다. 재벌총수들은 자신들의 기업집단을 위해서만이 아니라 그들 자손들이 영원히 살아갈 한국사회를 위해 그동안 무엇을, 어떻게 했는지 뒤돌아보아야 한다. 그들이 진정 명예를 존중한다면 반드시 그래야 한다. 그들이 후대에 탐욕스럽고 비도덕적인 사람으로 비난을 받을지 아니면 도전적이면서도 합리적이었던 사람으로 존경을 받을지 여부는 전적으로 그들의 결심에 달려 있다.

6장 코리아 디스카운트와 증권시장

1. 증권시장의 역사적 개관

한 나라의 역사는 사람들이 어떻게 고유한 문화와 가치를 형성했는가에 대해서뿐만 아니라 그들의 일상생활에서 중요한 정보가 무엇이었는지도 알려준다. 그래서 역사를 이해하는 것이 중요하다. 70년 전 부당하게 분단된 한국은 외국인들에 의해 과소평가되었던 고난의 역사를 가지고 있다. 우리 또한 그들에게 내세울 것이 없다는 열등감에서 스스로 과거사를 무시해 왔다. 그런데 이런 식으로 우리 자신을 계속 폄하한다면 외국인들로부터 정당하게 평가받을 가능성이 거의 없다. '하늘은 스스로 돕는 자를 돕는다'는 서양 격언이 지금의 우리에게 제격이다.

국제사회에는 한국이 중국과 일본 사이에 끼어 있기 때문에 다양한 고난을 겪은 것이라고 알려져 있다.[103] 과거 중국은 스스로를 세상의 중

---

[103] 일부 외국인들은 한국이 중국과 일본 사이에 끼어 있다는 사실이 한국인들을 괜찮은 자본주의자로 만든 원천이라고 생각하는 것 같다. 이와 관련해 『이코노미스트』에 수록된 다음 구절은 인용할 가치가 있다. "(…) 아마도 그것은 제국주의적인 중국과 일본 사이에 끼어 있었던 결과일 것이다. 그것은 북쪽에 핵무기로 무장한 은둔자를 두고 있는 것과도 무관하지 않을 수

심이라고 간주할 정도로 권위주의적이며 자기 민족 중심의 국가였으며, 일본은 오직 약탈을 위해 주변 국가들을 침략했던 호전적이고 잔인한 국가였다. 단순화하기는 했지만 이것이 20세기 초까지 이어져 온 진실이다. 그러면 한국은 어땠는가? 과거부터 현재까지 국제사회에서 한국은 정체성이 결여된 나라였다. 외국인들에게 한국은 문자 그대로 '노바디nobody'였다. 반면 이런 상황과는 무관하게 국내에서 상류층은 오직 자신의 기득권을 지키는 데 연연했고, 나머지 대다수의 사람들은 단지 생존을 위해 최선을 다해야 했다.

한국은 과거 영토를 확장하거나 전리품을 챙기기 위해 주변 국가들을 침략한 적이 없다. 이런 이유로 한국인은 때로는 유약한 겁쟁이로 간주되기도 했지만, 반대로 '평화를 사랑하는 민족'이라 불리기도 했다. 왕과 그의 가신들에 의해 경영되던 작고 가난한 나라로서 한국은 세계의 중심에 선 적이 없다. 당시 일반인들에게 주어진 어려운 정치적·경제적 여건으로 인해 대부분의 한국인들은 자신의 삶을 되돌아보고 자신이 겪었던 고난의 의미를 숙고해 볼 기회를 갖지 못했다. 이런 의미에서 외국인들이 우리를 폄하하는 발언을 한 것에 대해 불평하기 전에 우리의 역사에 더 많은 관심을 가질 필요가 있다.

협의의 코리아 디스카운트의 근본적인 원인을 파악하기 위해서는 한국이 오랫동안 가난에 찌들고 정치적으로 억압되었던 사회였다는 사실을 이해하는 것이 중요하다. 왜냐하면 기업의 지배구조, 주식의 가치평

도 있다. 이유야 어쨌든 한국은 커다란 불안감을 잘 활용했다. 이것이 그들을 괜찮은 자본주의자들로 만들었다. 최근의 금융위기에 잘 대처한 나라를 꼽으라면 한국이라고 말할 정도이다." 나에게 이것은 칭찬이 아니라 냉소적인 진술로 보인다. 상세한 것은 2010년 3월 21자 「이코노미스트」의 기사를 참조하라.

가 및 재벌의 반사회적인 행위와 관련된 쟁점들은 단순히 지금의 문제가 아니라 역사적·문화적인 산물이기 때문이다. 또한 우리의 사고방식과 행동은 의식과 무의식 간의 상호작용의 산물이다. 이 점을 강조하는 이유는 빈곤은 우리의 무의식에 깊이 뿌리를 내리고 있는 반면, 권력은 우리의 의식에 뚜렷이 각인되어 있기 때문이다. 빈곤은 굶주림을 피하려는 우리의 본능과, 그리고 권력은 다른 사람들 위에 군림하려는 우리의 의지와 밀접하게 관련되어 있다. 한국인들은 빈곤을 두려워하는 한편, 가능하다면 모든 수단을 동원해 권력을 추구하는 경향이 있으므로 일종의 역설적인 상황이 발생할 수 있다. 이때 의식과 무의식이 충돌하면서 우리 스스로의 정체성에 대해 회의를 가질 수 있다. 이런 상태가 오랫동안 지속되면 결국 무기력한 상태에 빠지게 된다. 우리가 외환위기를 경험한 것은 경제적 요인 때문이라기보다는 우리 내면에 잠재해 있던 이런 종류의 무기력이 일시에 표출되었기 때문이다.

    표면적으로 한국경제는 시장지향적이지만 여러 가지 이유로 진정한 시장경제라고 말하기 어렵다. 무엇보다도 정부는 게임의 규칙을 만들고 시행하는 것 이상의 영향력을 행사해 왔다. 즉, 정부의 영향력은 GDP 대비 정부예산의 비율보다 훨씬 크다.[104] 한국경제의 가장 두드러진 특징은 1997년 외환위기 이전 정부는 모든 금융기관에 대해 절대적인 통제권을 행사했다는 점이다. 상업은행, 보험회사 및 증권회사와 같은 민간 금융기관들은 정부정책에 크게 의존했다. 이들의 사업 성과는 정부정책에 절대적으로 의존했기 때문에 가능한 모든 수단을 다 동원해 자

---

[104] GDP 대비 정부예산의 비율은 2000년대 내내 22% 안팎이었다. 정부지출의 관점에서는 그 비율이 다소 높았는데, 그 이유는 2000년대 줄곧 재정적자가 유지되었기 때문이다.

신들을 감시·감독하는 권한을 가진 관료들과 밀접한 관계를 유지하려 했다. 이런 현상은 자본시장에 한정해도 마찬가지였다. 여기서 다소 차이는 있지만 자본시장과 증권시장을 같은 의미로 병행 사용할 것이다. 외환위기 이전 감독당국은 증권시장에서 거의 모든 것을 규제했다. 그렇지만 1997년 말 이후 IMF가 한국경제에 개입하면서 모든 것이 달라졌다.

1) 증권시장의 역할 변화

외환위기 이전 한국경제에서 증권시장은 '자본주의의 꽃'이라기보다는 '과시용 쇼윈도'에 불과했다. 당시 증권시장은 표면상으로는 다양한 증권들의 거래를 보호하고 지원하는 근대적인 제도와 법률체계를 갖추고 있었다. 그렇지만 이 시장은 상장기업들에게 좋은 조건으로 자금을 공급해 주고 사람들이 적절한 이익을 낼 수 있는 투자 기회를 제공하는 데 거의 기여한 것이 없었다. 증권시장은 금융시스템의 중요한 일부로서 금융자원을 효율적으로 배분해 주는 역할을 실질적으로 수행하지 못했으며, 기껏해야 증권회사들과 투자신탁회사들의 이익에 봉사하는 데 그쳤다. 협의의 코리아 디스카운트는 상장기업의 시장가치와 관련되어 있으므로 증권시장에 초점을 맞추는 것은 진정한 코리아 프리미엄을 모색하기 위한 첫 번째 단계다. 코리아 프리미엄을 실현하기 위해서는 외환위기 이후 외국투자자들에게 넘어간 금융주권financial sovereignty을 되찾아와야 하기 때문이다.

증권시장에 대해 논의하는 경우 무엇보다도 외환위기 전에는 개인투자자들만이 아니라 기관투자자들의 의식에 리스크 개념이 확고히 자리 잡지 못했다는 점을 지적하지 않을 수 없다. 그들은 시장에서 주식 및 파생상품의 거래와 관련된 각종 리스크를 다루는 방법을 몰랐다. 이것은 증권시장에 대한 한국인들의 태도를 이해하는 데 중요하다. 그들 대부분은 리스크와 수익 간의 관계에 무지했기에 '고위험-고수익'이나 '저위험-저수익'의 의미를 제대로 파악하지 못했다. 이와 같이 무지는 개인적으로뿐만 아니라 사회적으로도 불행한 상황을 초래하는 근본 원인이다.

한국에서 증권시장은 1950년대 말에 형성되었지만 금융자원을 동원하고 배분하는 본래의 역할을 거의 수행하지 못했다. 이 시장은 내부정보를 가진 사람들이 쉽게 돈을 벌 수 있는 일종의 카지노에 불과했으며 사기, 횡령 그리고 도덕적 해이가 만연한 곳으로 악명이 높았다. 한국 증권시장은 1968년 자본시장육성법과 1972년 기업공개촉진법과 같은 일련의 기본 법령이 공표되기 전까지는 휴면 상태에 있었다. 이후 자본시장을 활성화시키기 위해 수차례에 걸쳐 법과 제도를 정비했지만 그 효과는 미미했다. 한마디로 한국에서 증권시장은 상장기업들에게 금융자원을 효율적으로 공급하는 역할을 수행하고 일반투자자들에게는 재산을 증식할 수 있는 기회를 제공하는 데 실패했다.

그런데 1997년 외환위기 이후 자본시장이 완전히 개방되면서 상황이 반전되었다. 외국투자자들은 통신이나 전력과 같은 기간산업에 속한 일부 기업을 제외한 모든 상장기업들이 발행한 주식에 자유롭게 투자할 수 있게 되었다. 그 후 막대한 자본과 선진적인 투자기법으로 무장한 외국투자자들은 현물시장과 파생상품시장을 좌우하는 시장지배력을 갖게 되었다. 이것은 주가지수와 외국투자자들의 매매패턴 간에 양陽의 상관관계가 존재한다는 사실을 통해 확인할 수 있다. 그 결과 시장참여자들은 외국투자자들이 순매수 포지션을 취하면 주가가 상승하는 반면, 반대 포지션을 취하면 주가가 하락한다는 믿음을 형성하게 되었다. 이들의 영향력에 대한 논의에 앞서 외환위기 이후 다양한 투자주체들의 지분율이 어떻게 변했는지 확인할 필요가 있다. 시가총액을 기준으로 한 이들의 지분율은 다음 〈표 6.1〉에 요약되어 있다. 그리고 〈그림 6.1〉은 주요 투자주체들인 외국인, 기관 및 개인의 지분율 변동을 보여준다. 코스피KOSPI는 미국 증권시장을 대표하는 뉴욕주가지수NYSEI와 같이 한국의 대표적인 주가지수다.

〈표 6.1〉 투자주체별 지분율 추이

연도	코스피	외국인	정부 및 공공기관	기관투자자	일반 법인	개인
1998	562.46	17.98%	19.72%	13.65%	19.78%	28.87%
1999	1,028.07	21.69%	16.43%	16.90%	19.11%	25.87%
2000	504.62	30.19%	14.35%	15.83%	19.60%	20.04%
2001	693.70	36.62%	8.14%	15.75%	17.16%	22.32%
2002	627.55	36.01%	5.66%	15.85%	20.15%	22.33%
2003	810.71	40.11%	4.54%	16.70%	18.95%	19.70%
2004	895.92	41.97%	4.40%	17.64%	18.00%	18.00%
2005	1,379.37	39.73%	3.98%	19.60%	18.27%	18.43%
2006	1,434.46	37.26%	4.29%	21.96%	18.55%	17.94%
2007	1,897.13	32.37%	3.12%	21.18%	21.53%	21.79%
2008	1,124.47	28.78%	2.91%	12.36%	28.89%	27.05%
2009	1,682.77	32.65%	1.85%	12.52%	21.96%	31.02%
2010	2,051.00	32.97%	3.55%	14.01%	28.28%	21.20%

연도	코스피	외국인	정부 및 공공기관	기관투자자	일반 법인	개인
2011	1,825.74	32.91%	2.63%	13.62%	30.19%	20.66%
2012	1,997.05	34.70%	3.58%	16.74%	24.73%	20.26%
2013	2,011.34	35.23%	3.60%	17.08%	24.41%	19.69%
평균		33.20%	6.42%	16.34%	21.85%	22.23%

출처: www.krx.co.kr

주: 1) 코스피와 지분율은 모두 연말 기준으로 측정했다.
   2) 지분율은 시가총액 기준으로 측정했다.
   3) 코스닥시장은 지분율 측정에서 제외되었다.

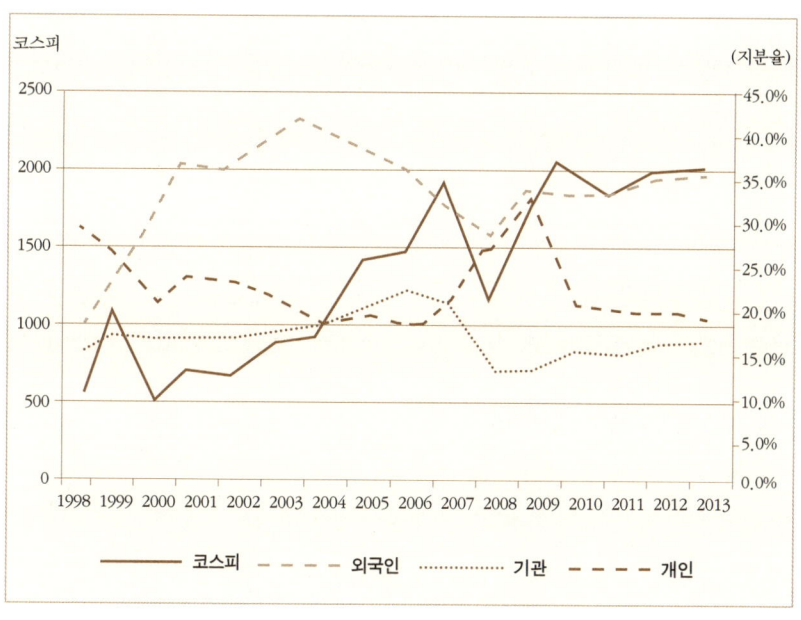

〈그림 6.1〉 주요 투자주체별 지분율 추이

외국투자자들은 1992년 한국 주식에 직접투자가 허용된 후 처음에는 한국시장에 대해 소극적이었다. 그들은 한국시장이 충분히 성숙하지 않았고 유동성도 부족해 글로벌 투자전략에 편입시킬 필요가 없다고 생각했기 때문이다. 그렇지만 투자 환경이 유리하게 조성되자 그들은 한국 증권시장에 적극적으로 관심을 갖기 시작했다. 코스피는 1980년대에 개발되어 널리 이용되기 시작했으며, 유가증권시장에 상장된 200개의 블루칩 기업에 기초한 코스피200은 1994년부터 사용되기 시작했다. 1996년에는 주가지수 선물시장과 함께 한국의 나스닥NASDAQ이라 할 수 있는 코스닥시장이 개장했다. 1997년에는 주가지수 옵션시장이 개장했고, 이에 따라 외국투자자들, 특히 파생상품과 주식 공매도를 이용하는 투자전략에 크게 의존하는 헤지펀드들이 적극적으로 참여하기 시작했다. 1997년 외환위기 이후 자본시장이 완전히 개방되었으므로 이들에게도 전기가 마련되었다.

코스피는 1996년의 651.22에서 외환위기가 시작된 1997년 말에는 376.31로 급락했다. 그 후 한국경제가 IMF의 구제금융을 조기상환할 정도로 회복되었다는 것이 확인되자 코스피는 곧 원래 수준을 회복했다. 그렇지만 2005년 지수가 1,000 이상의 수준에서 안정되기 전까지 비우호적인 국내외 경제 여건으로 인해 코스피는 대체로 1,000 이하에 머물렀다. 그 후 코스피는 2008년 미국발 금융위기 및 그 후에 진행된 유로존 위기로 인해 몇 번의 부침을 경험했다. 코스피는 2007년 10월 31일 역사적 고점이었던 2,064.85에서 2008년 10월 24일 938.75로 급락해 바닥을 쳤다. 그런 후 코스피는 점차적으로 다시 상승하기 시작해 2011년 5월 2일 2,228.96으로 전고점을 경신했으나, 2011년 중반 유로존 위기가 다시 부상하면서 약세로 돌아서 2013년 중반까지 1,900대 중반에 머물렀다가 2014년 9월에는 2,000선을 회복했다. 모든 자료에 의하면 1997년 이래 외국투자자들은 한국 증권시장에서 유일한 시장지배적인 세력이었다. 그리고 이것은 코리아 디스카운트와 밀접하게 관련되어 있다.

앞의 〈표 6.1〉에 나타나 있듯이 외국투자자들은 2008년을 제외하고는 2000년 이래 코스피시장에서 30% 이상의 지분율을 유지해 온 유일한 투자주체다. 이 표를 통해 다양한 투자주체들이 이 기간 중 증권시장에서 어떻게 행동했는지 알 수 있다. 예를 들어 외국투자자들은 지분율을 1998년 17.98%에서 2000년에는 30% 이상으로 늘렸으며 지금까지도 30% 이상의 지분율을 유지하고 있다.[105] 그들은 1997년 외환위기 직후와 2008년 글로벌 금융위기가 본격화되었을 때에는 지분율을 조금 낮추었지만 금융위기가 진정된 직후 다시 지분율을 높였다. 향후 한국이 선진국시장에 편입되면 조금 더 높아질 것으로 예상되고 있다.

한편 개인투자자들은 외국투자자들과 반대로 행동했다. 예를 들어 외국투자자들은 지분율을 2007년 32.27%에서 2008년 28.78%로 줄인 반면, 개인투자자들은 2007년 21.79%에서 2008년 27.05%로 늘렸다. 한국 증권시장을 안정화시키는 책임을 맡고 있는 기관투자자들은 주가에 거의 영향을 미치지 못했다는 의미에서 제 역할을 하지 못했다. 이런 상황에서 다른 투자주체들은 외국투자자들의 투자전략을 모방하는 것이 최선이라는 믿음을 가지고 있었기에 외국투자자들은 사실상 한국 증권시

---

[105] 유가증권시장, 즉 코스피시장에서 2013년 말 기준 외국투자자들의 지분율(시가총액 기준)은 35.23%로 2012년 말보다 조금 더 높아졌으며, 2014년에는 지속적으로 35% 수준을 유지하고 있다.

장을 장악하게 되었던 것이다. 이것이 협의의 코리아 디스카운트의 중요한 측면이다.

1990년대부터 지금까지 이른바 '개미'라고 불리는 개인투자자들이 점진적으로 늘어났다. 1990년에 개인투자자들은 240만 명에 달했다가 1997년 금융위기 때 130만 명으로 감소했으나 그 후 꾸준히 증가해 2012년에는 502만 명에 달했다. 그 결과 경제활동인구 대비 개인투자자들의 비율은 1996년 13.04%에서 2012년 19.95%로, 총인구 대비 비율도 3.22%에서 10.03%로 증가했다.[106] 이 비율은 양적인 관점에서 결코 사소한 것이 아니다. 왜냐하면 인구 10명 당 1명이 자신의 증권계좌를 보유하면서 적극적으로 증권시장에 참여한다는 것을 의미하기 때문이다. 이에 덧붙여 자산운용사나 투자신탁회사가 운영하는 여러 가지 펀드에 투자함으로써 간접적으로 증권시장에 참여하는 것을 고려한다면 개인투자자들의 비중을 무시할 수 없다.

한편 증권회사, 보험회사, 은행 및 연기금과 같은 다양한 기관투자자들은 그들의 가용 기금 가운데 상당 부분을 직접 주식에 투자하고 다양한 금융상품을 개발함으로써 증권시장에의 참여를 점점 확대해 왔다. 1998년부터 2013년 사이 전체 시가총액 대비 그들의 평균지분율은 16.34%였다. 그들의 지분율은 글로벌 금융위기 직전인 2006년 21.96%로 가장 높았으며 금융위기가 진행되던 2008년 12.36%로 가장 낮았다. 이 간단한 통계는 기관투자자들이 자본손실을 줄이기 위해 주식을 매도

---

[106] 부진한 시황으로 인해 개인투자자의 숫자는 2011년 528만 명을 피크로 2012년 이후 다소 감소했다. 그렇지만 개인투자자들의 속성상 시황이 좋아지면 금방 회복될 것으로 예상된다. 이에 대한 상세한 자료는 www.krx.co.kr을 참조하라.

하는 데 급급했을 뿐 증권시장에서 의미 있는 역할을 하지 못했다는 것을 보여준다.

이 기간 중 시가총액 대비 개인투자자들의 지분율에 대해 언급할 필요가 있다. 이들은 '승자'보다는 '패자'로 간주되어 왔지만 증권시장에서 결코 무시할 수 없는 중요한 일부였다. 공식적인 통계는 없지만 이들 가운데 대략 5% 정도만 증권시장에서 수익을 내는 것으로 알려져 있다. 그럼에도 이들의 지분율은 이 기간 중 평균 22.40%에 달했다. 가장 높았던 것은 2009년의 31.02%였고, 가장 낮았던 것은 2006년의 17.94%였다. 이 기간 중 기관과 개인, 이 두 투자주체들의 지분율을 더하면 평균 38.57%에 달했다. 이것은 결코 무시할 수 없는 지분율이지만, 근시안적인 매매패턴으로 인해 이들은 증권시장에서 의미 있는 역할을 수행하지 못했다. 외국투자자들의 투자자금은 주로 투기적인 핫머니인 것으로 추측되고 있음에도 불구하고 이들 대부분이 개인이나 기관투자자들에 비해 장기투자에 더 관심이 있다는 것은 역설적이다.

협의의 코리아 디스카운트와 관련해 한국의 증권시장과 선물시장에서 주가와 선물가격을 결정하는 데 누가 가장 큰 영향을 미쳤는지 이해하는 것도 중요하다. 시장에서 주가와 선물가격에 지대한 영향을 미쳐왔던 유일한 주체는 외국투자자들이었다. 이것은 다음 〈표 6.2〉의 상관관계를 통해서 확인할 수 있다.

〈표 6.2〉 코스피의 변동과 투자주체별 순매수 간의 상관관계

	코스피 변동	기관 순매수	개인 순매수	외국인 순매수	(기관+개인) 순매수	(외국인+개인) 순매수	(기관+외국인) 순매수
기관 순매수	-0.228						
개인 순매수	-0.583	-0.016					
외국인 순매수	0.542	-0.770	-0.588				
(기관+개인) 순매수	-0.544	0.783	0.610	-0.976			
(외국인+개인) 순매수	0.596	-0.115	-0.932	0.723	-0.671		
(기관+외국인) 순매수	0.275	-0.961	-0.510	0.838	-0.793	0.264	

출처: ecos.bok.or.kr

주: 1) 상관계수는 2003년 1월부터 2013년 7월까지 월간 코스피 변동과 투자주체들의 순매수에 관한 월간 자료를 바탕으로 추정한 것이다.
   2) 기관 순매수와 (외국인+개인) 순매수 간의 상관계수를 제외한 상관계수들은 99%의 신뢰 수준에서 통계적으로 유의하다.

코스피 변동은 2003년 1월부터 2013년 7월까지 인접한 두 달의 월말 지수의 격차에 의해 측정했다. 여기 제시된 계수들 가운데 외국투자자들의 영향력을 이해하는 데 가장 중요한 것은 둘째 열에 있는 처음 세 개의 상관계수들이다. 이 표에서 알 수 있듯이 외국인의 순매수와 코스피 변동 간에만 양의 상관관계가 성립한다. 이것은 코스피는 대체로 외국투자자들의 순매수나 순매도에 따라 상승 또는 하락했다는 것을 의미한다. 반면 코스피와 기관투자자들의 순매수 간의 상관계수는 음陰의 값을 갖는다. 이것은 이 두 변수가 대체로 반대 방향으로 움직였다는 것을 의미한다. 즉, 만약 어떤 특정한 달에 기관투자자들이 순매수인 경우 전월에 비해 코스피지수는 하락했을 가능성이 높다는 것을 의미한다.

개인투자자들의 경우에도 같은 이야기가 성립한다. 정확하게 말해 코스피 변동과 이들의 매매패턴 간의 음의 상관관계는 기관투자자들의 경우보다 훨씬 더 강하다. 개인투자자들의 경우 상관계수는 -0.583이었다. 이 표에 있는 다른 상관계수들도 두 개의 관련된 변수들 간의 상관관계를 나타낸다. 예를 들어 기관투자자들의 순매수와 외국투자자들의 순매수 간의 상관계수는 -0.770이었다. 이것은 외국투자자들과 기관투자자들은 대체로 반대 방향으로 매매했다는 것을 의미한다. 또한 외국투자자들의 순매수와 개인투자자들의 순매수 간의 상관계수는 -0.588이었는데, 이것 역시 이들은 반대 방향으로 매매했다는 것을 의미한다.

이와 같이 외국투자자들은 한국 증권시장에서 주가에 지대한 영향을 미치는 유일한 투자주체라는 것을 실증적으로도 확인할 수 있다.[107] 그들은 자신들의 글로벌 투자전략에 따라 한국의 주가를 통제할 수 있다는 것을 인식하게 되었다. 이것은 곧 그들이 한국 주식을 의도적으로 저평가 또는 고평가되도록 할 수 있다는 것을 의미한다. 이런 의미에서 금융주권에 관한 한 한국은 독립국가라고 보기 어렵다. 이것이 코리아 디스카운트와 밀접하게 관련되어 있음은 명백하다.

---

107 외국투자자들의 시장 지배는 임의의 표본 기간을 통해 얻은 간단한 통계로도 확인될 수 있다. 예를 들어 2013년 6월 10일부터 7월 8일까지의 20거래일 중 16거래일 동안 코스피와 외국투자자들의 순매수는 같은 방향으로 움직였다. 즉, 20거래일 중 16거래일은 외국투자자들이 순매수하면 코스피는 상승했고, 순매도하면 코스피는 하락했다. 또한 2013년 4월 1일부터 4월 30일 사이 이들은 22거래일 중 15거래일에 걸쳐 같은 방향으로 움직였다. 또한 2012년 7월 1일부터 7월 31일 사이 22거래일 중 15거래일 동안 이들은 같은 방향으로 움직였다. 필자는 무작위적으로 일정 기간을 선정해 측정하더라도 이와 유사한 결과를 얻을 것이라 생각한다. 이것은 단순한 관찰이지만 한국 증권시장에서 외국투자자들의 압도적인 우위를 보여주는 명백한 증거다.

2) 증권시장과 환율의 역할

1997년 자본시장 자유화 이후 한국의 증권시장이 양적인 면에서 크게 성장한 것은 사실이다. 이것은 1997년과 2013년 사이의 여러 자료를 통해 확인할 수 있다. 다음 〈표 6.3〉은 한국 증권시장의 양적 성장을 보여준다.

〈표 6.3〉 증권시장의 양적 성장

연도	상장기업 수	시가총액 (조 원)	환율 (연말 기준)	시가총액 (억 달러)	시가총액 세계 최대기업 (억 달러)
1997	776	71.0	1,695.00	419	1,365[P](GE)
1998	748	137.8	1,204.00	1,145	2,227[P](GE)
1999	725	349.5	1,138.00	3,071	2,719[P](마이크로소프트)
2000	704	188.0	1,264.50	1,487	5,862(마이크로소프트)
2001	689	255.9	1,313.50	1,948	4,774(GE)
2002	683	258.7	1,186.20	2,181	3,721(GE)
2003	684	355.4	1,192.60	2,980	2,640(마이크로소프트)
2004	683	412.6	1,035.10	3,986	2,993(GE)
2005	702	655.1	1,011.60	6,476	3,822(GE)
2006	731	704.6	929.80	7,578	4,469(엑슨모빌)
2007	746	951.9	936.10	10,169	7,240(페트로차이나)
2008	765	576.9	1,259.50	4,581	4,061(엑슨모빌)
2009	770	887.9	1,164.50	7,625	3,531(페트로차이나)
2010	777	1,141.9	1,134.80	10,062	3,687(엑슨모빌)
2011	791	1,042.0	1,151.80	9,047	4,063(엑슨모빌)
2012	784	1,154.3	1,070.60	10,782	5,006(애플)
2013	777	1,186.0	1,055.40	11,237	5,048(애플)

출처: www.krx.co.kr, ecos.bok.or.kr, 「FT Global 500」
주: 1) 상첨자 'p'가 있는 최대기업의 시가총액은 전년도 9월 말을 기준으로 측정했다.
   2) 2000년과 2005년 사이 최대기업의 시가총액은 각 연도 3월 말을 기준으로 측정했다.
   3) 시가총액 최대기업에 관한 자료는 「FT Global 500」에서 인용했다.

이 자료를 통해 확인할 수 있듯이 1997년부터 2013년 사이 한국의 시가총액은 원화로 평가해 약 17배 증가한 반면, 달러화로 평가하면 27배 증가했다. 왜냐하면 이 기간 중 달러화 대비 원화의 가치가 61% 상승했기 때문이다. 여기서 한 나라를 대표하는 가격으로서 환율의 중요성을 확인할 수 있다. 예를 들어 만약 원화로 측정한 시가총액이 절반으로 감소한 반면 같은 기간 중 환율이 100% 평가절상되었다면 달러화로 평가한 시가총액에는 아무런 변화가 없다.[108] 물론 그 역逆도 성립한다. 이 기간 중 상장기업들이 좋은 성과를 내든 아니면 초라한 성과를 내든 달러로 측정한 시가총액은 절상 또는 절하된 환율로 인해 변함이 없게 된다. 이것은 극단적인 예지만 환율이 인위적으로 왜곡된다면 이와 유사한 문제가 발생할 수 있다. 그렇다면 국부國富의 상당 부분이 허공으로 사라질 수 있다. 그래서 환율을 인위적으로 높게 유지하기보다는 적절한 범위 내에서 유지해야 한다. 다음 〈표 6.4〉와 〈그림 6.2〉는 한국 원화와 미국 달러화, 그리고 한국 원화와 일본 엔화 간의 관계에 대해 흥미로운 사실을 보여주고 있다.

---

108 예를 들어 환율이 1달러 1,000원에서 500원으로 하락한다면, 환율은 100% 평가절상되었다고 말한다. 반대로 환율이 500원에서 1,000원으로 상승한다면, 환율은 50% 평가절하되었다고 한다. 이것이 우리나라 통계청에서 채택하고 있는 방식이다. 이것은 기준연도가 아니라 비교연도의 환율이 절상(또는 절하)률을 측정하는 경우에 분모로 사용된다는 것을 의미한다. 여기서도 이 관행을 따랐다.

〈표 6.4〉 달러화 및 엔화 대비 원화 환율의 변동 추이

연도	원/달러	원/100엔	엔/달러
1970	316.7	88.5	357.7
1972	398.9	132.1	302
1974	484	160.8	301
1976	484	165.3	292.8
1978	484	248.7	194.6
1980	659.9	325.3	202.9
1982	748.8	320.2	233.9
1984	827.4	330.6	250.3
1985	890.2	443.7	200.1
1986	861.4	538.4	160
1988	684.1	547.7	124.9
1990	716.4	532.4	134.6
1992	788.4	633	124.6
1994	788.7	790.7	99.8
1996	844.2	726.5	116.2
1997	1,695.0	1302.8	130.1
1998	1,204.0	1,050.2	114.7
2000	1,264.5	1,101.5	114.4
2002	1,186.2	999.9	118.6
2004	1,035.1	1,009.7	102.5
2006	929.8	783.4	118.7
2008	1,259.5	1,396.8	90.2
2010	1,134.8	1,393.6	81.4
2011	1,151.8	1,481.2	77.8
2012	1,070.6	1,238.3	86.5
2013	1,055.4	1,002.3	105.3

출처: ecos.bok.or.kr
주: 환율은 모두 연말 기준이다.

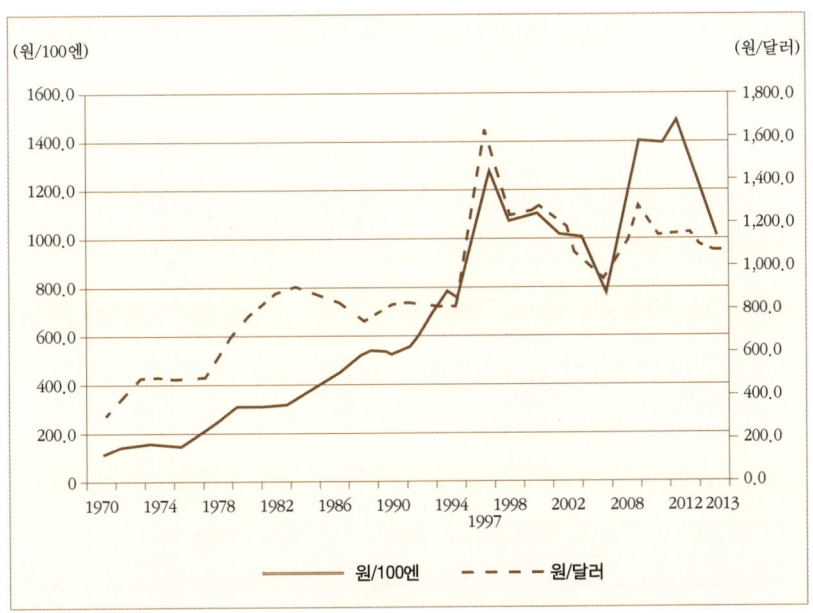

<그림 6.2> 달러화 및 엔화 대비 원화 환율의 변동 추이 그래프

이 자료에서 알 수 있듯이 한국 원화는 미국 달러화 및 일본 엔화에 대해 지속적으로 평가절하되어 왔다. 구체적으로 1970년부터 2013년까지 43년 동안 한국 원화는 미국 달러화에 대해 70%, 일본 엔화에 대해 91% 평가절하되었다. 원화가 엔화에 대해 더 많이 평가절하된 이유는 이 기간 중 엔화는 달러화에 대해 240% 평가절상되었기 때문이다. 이와 같이 원화가 달러나 엔화에 대비해 지속적으로 평가절하된 주된 경제적 요인으로는 미국과 일본에 비해 상대적으로 한국의 물가상승률이 높았다는 점과 상당 기간 국제수지가 적자를 보였다는 점을 들 수 있다. 그러나 이것이 사실이더라도 달러화와 엔화에 대해 원화가 지나치게 평가절하되었다는 사실은 부인하기 어렵다. 여기에는 정부의 고환율정책이 큰

역할을 했다고 해석할 수밖에 없다. 코리아 디스카운트를 극복한다는 관점에서 볼 때 이것은 더 이상 용납되어서는 안 된다.

이 기간 초기인 1970년대에 환율은 정부정책에 의해 좌우되었다. 예를 들면 〈표 6.4〉에서 알 수 있듯이, 1974년부터 1978년 사이 달러화 대비 원화 환율은 484원에 고정되어 있었다. 그 이후 정부 개입의 강도는 점차적으로 감소했으며 1997년 외환위기 이후 1998년부터 환율은 시장에서 완전히 자유롭게 결정되게 되었다. 그렇지만 시장참여자들의 기대 형성에 정부의 환율방어 의지가 중요한 영향을 미친다는 점에서 환율이 진정 자유롭게 시장에서 결정된다고 보기는 어렵다. 역대 정부는 경제의 펀더멘털에 근거한 내재가치보다 상대적으로 높게 환율을 유지하는 것이 수출증대, 그리고 이를 통한 한국경제의 성장을 위해 유리하다는 편향된 시각을 계속 유지해 왔다. 그러나 이제는 장기적인 관점에서 어떤 환율정책이 한국경제의 미래를 위해 바람직한지 깊이 고민해야 한다. 왜냐하면 정부가 이 기간 내내 인위적으로 환율을 높게 책정했기에, 달러로 평가한 각종 자산의 가치는 낮아질 수밖에 없었다. 코리아 디스카운트는 환율로부터 시작되었기 때문에 코리아 프리미엄을 실현하기 위해서도 기존의 환율정책은 수정되어야 한다.

3) 증권시장에서 삼성전자의 위상

앞의 〈표 6.3〉에서 특히 주목할 만한 사항은 이 기간 중 한국 유가증권시장에 상장된 기업의 숫자가 거의 변하지 않았다는 점이다. 1997년 776개에서 2013년 777개로 이 기간 중 겨우 1개 증가했을 뿐이다. 그 주된 이유는 상장 요건이 더욱 엄격해졌으며, 1996년 코스닥시장이 개장開場했기 때문이다.[109] 그 외에 재벌들이 지배하는 여건하에서 새로운 기업이 많이 등장하지 못했으며, 이 가운데 상장할 정도로 성장한 기업이 거의 없었다고 해석할 수도 있다. 어쨌든 이 기간 중 상장기업의 평균 시가총액은 1997년 5,400만 달러에서 2012년 14억 4,600만 달러로 증가했다. 즉, 이 기간 중 기업가치가 평균적으로 27배 증가했다.

그런데 여기에는 심각한 편향이 존재한다. 그것은 바로 한국 증권시장에 비해 지나치게 거대한 기업인 삼성전자 때문이다.[110] 2013년 말 기준 이 기업의 시가총액은 1,915억 달러로 전체 시가총액의 약 17%에 해당한다. 이로 인해 상장기업의 평균 시가총액을 추정하는 데 커다란 편향이 발생한다. 한국 증권시장의 또 다른 특징은 시가총액의 관점에서 대기업과 중소기업 간의 격차가 점점 더 벌어지고 있다는 점이다. 예를 들어 과거 1983년으로 되돌아가 보면 시장 전체의 시가총액 대비 상위 10개 상장기업들의 비율은 27% 정도였는데 2012년에는 41%로 증가했다. 삼성전자가 이 가운데 절반을 차지했다. 따라서 삼성전자를 제외한 나머지 상장기업들의 시가총액을 추정함으로써 한국 증권시장에서 이 기업의 상대적인 위상을 파악할 필요가 있다. 다음 〈표 6.5〉와 〈그림

---

109 반면 코스닥시장에 상장한 기업 숫자는 1997년 359개에서 2012년에는 1,005개로 증가했다. 이것은 이 시장이 새로운 기업들을 위한 대안의 증권시장으로서 그 역할을 제대로 수행했다는 것을 보여준다. 그렇지만 이 시장 전체의 시가총액은 2012년 말 기준 1,019억 달러로, 코스피시장에 상장된 기업들 전체 시가총액의 9.5%에 불과했다. 이런 이유로 여기서는 코스피시장에 초점을 맞추고 있는 것이다.

110 삼성전자를 제외한 나머지 상장기업들의 평균 시가총액을 추정하면 1997년에는 5,100만 달러, 2013년에는 12억 100만 달러에 달했다. 이것은 이 기간 중 기업가치가 평균적으로 23배 증가했다는 것을 의미한다.

6.3〉은 이것을 보여주고 있다.

〈표 6.5〉 삼성전자를 제외한 시가총액 추이

(단위: 억 달러)

연도	삼성전자를 제외한 시가총액(CMV) (a)	삼성전자 시가총액(MVS) (b)	세계 최대기업 시가총액(LMV) (c)	b/a	a/c	b/c
1997	395	24	1,365(GE)	6.1%	28.9%	1.8%
1998	1,054	91	2,227(GE)	8.6%	47.3%	4.1%
1999	2,684	387	2,719 (마이크로소프트)	14.4%	98.7%	14.2%
2000	1,285	202	5,862 (마이크로소프트)	15.7%	21.9%	3.4%
2001	1,606	342	4,774(GE)	21.3%	33.6%	7.2%
2002	1,746	435	3,721(GE)	24.7%	46.9%	11.7%
2003	2,409	570	2,640 (마이크로소프트)	23.7%	91.2%	21.6%
2004	3,279	707	2,993(GE)	21.6%	109.6%	23.6%
2005	5,405	1,070	3,822(GE)	19.8%	141.4%	28.0%
2006	6,489	1,089	4,469(엑슨 모빌)	16.8%	145.2%	24.4%
2007	9,190	979	7,240 (페트로 차이나)	10.7%	126.9%	13.5%
2008	4,006	574	4,061(엑슨 모빌)	14.3%	98.6%	14.1%
2009	6,511	1,114	3,531 (페트로 차이나)	17.1%	176.6%	31.5%
2010	8,700	1,362	3,687(엑슨 모빌)	15.6%	236.0%	36.9%
2011	7,561	1,485	4,063(엑슨 모빌)	19.6%	186.1%	36.5%
2012	8,506	2,276	5,006(애플)	26.8%	169.9%	45.5%
2013	9,322	1,915	5,048(애플)	20.7%	184.7%	37.9%

출처: www.krx.co.kr, ecos.bok.or.kr
주: 1) 시가총액은 모두 연말 기준으로 측정했다.
    2) 삼성전자를 제외한 시가총액 및 삼성전자의 시가총액은 연말환율을 적용해 달러로 환산했다.

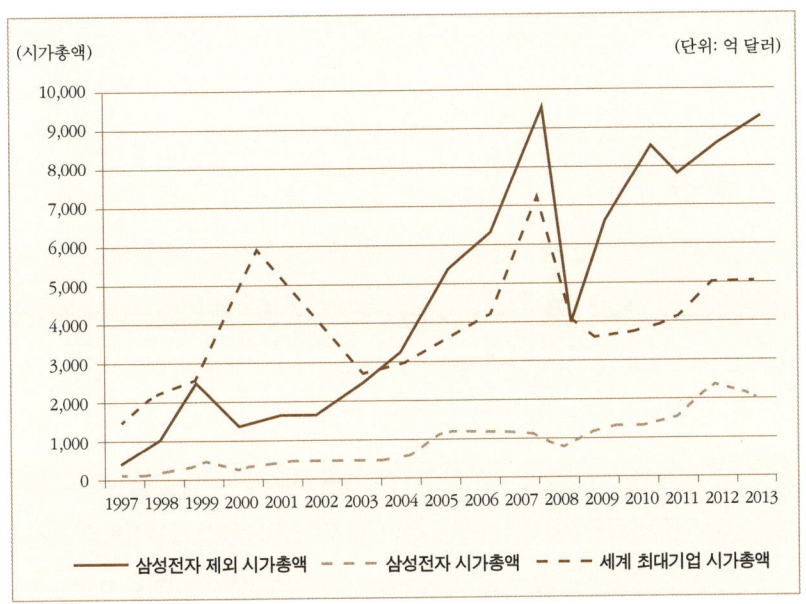

<그림 6.3> 삼성전자를 제외한 시가총액의 추이

한국 증권시장이 양적인 측면에서 크게 성장한 것은 분명하다. 그렇지만 한국 증권시장 전체의 시가총액과 「파이낸셜타임스 글로벌 500」에 속한 기업들 가운데 시가총액이 가장 큰 기업을 비교하면 아직도 갈 길이 멀다는 것을 알 수 있다. 한국 증권시장은 여전히 미국 증권시장에 비해 매우 작다. 과거 미국 증권시장에 상장된 한 기업의 시가총액이 한국 증권시장 전체의 시가총액보다 컸던 적이 있다. 예를 들어 GE와 같은 기업의 시가총액이 1997년, 1998년 그리고 2001년과 2002년에 한국 전체 시가총액을 초과했었다. 그리고 2000년에는 마이크로소프트의 시가총액이 한국 전체 시가총액을 초과했었다. 한국 증권시장이 충분히 성장한 2012년에도 애플의 시가총액이 한국 전체 시가총액의 절반을 초과

했다.

여기서 상장기업 가운데 삼성전자를 제외하면 한국 증권시장의 위상은 더욱 초라해진다. 앞의 표에서 알 수 있듯이 삼성전자를 제외한 시가총액 대비 삼성전자 시가총액의 비율은 1997년 6.1%에서 2013년 20.7%로 증가했다. 15년간 삼성전자의 시가총액이 전체 시가총액보다 4배 이상 빠르게 증가했기 때문이다. 이런 추세가 지속된다면 증권시장에서 삼성전자의 비중은 지나치게 높아져 지금보다 더 시장을 왜곡시킬 것이다. 이것은 자본시장의 건전한 성장을 위해서도 결코 바람직하지 않을 뿐만 아니라 이로 인해 증권시장에서 코리아 디스카운트를 해소할 가능성은 점점 적어질 것이다. 삼성전자라는 한 기업이 증권시장에서 차지하는 비중이 커질수록 투자의 기본인 분산투자의 원칙을 위반하게 되며 이로 인해 증권시장 전체, 나아가 한국경제는 더 큰 리스크를 감당해야 하기 때문이다. 이와 같이 특정 재벌의 계열사인 한 기업에 지나치게 의존한다는 것은 한국의 미래를 포함해 모든 면에서 결코 바람직하지 않다. 삼성전자에 대한 일방적인 의존도를 극복하는 유일한 대안은 독일의 히든 챔피언hidden champion 같은 강소기업强小企業을 집중 육성하는 것이다.

4) 코리아 디스카운트와 증권시장의 과제

양적 성장에도 불구하고 한국 증권시장은 여러 면에서 여전히 취약하다. 그렇지만 이 시장에서 활동하고 있는 전문가들이 단기적인 이익을 추구하는 데에만 전념하지 않고, 장기적인 안목에서 협력한다면 금융자원을 보다 효율적으로 배분할 수 있는 잠재력을 가지고 있다. 한국 증권시장의 선진화를 위해 극복해야 할 가장 중요한 과제는 '용의자의 딜레마'를 극복하는 것이다. 한국 증권시장이 지금까지 성취한 것을 상세히 살펴본다면 이런 기대가 결코 백일몽은 아니라는 것을 알 수 있다. 예를 들어 코스피는 1984년의 122.52에서 2012년에는 1,997.05로 상승했다. 이것은 이 기간 중 코스피가 1,530%, 즉 15배 상승했다는 것을 의미하는데, 세계에서 홍콩과 타이완 다음으로 세 번째로 높은 기록이다. 전체 시가총액은 1984년의 39억 8,800만 달러에서 2012년에는 1조 781억 달러로 증가했다. 이것은 대략 30년 만에 시가총액이 34,873%, 즉 340배 증가했다는 것을 의미한다. 이 기간 중 GDP는 1984년의 775억 달러에서 2012년에는 1조 2,224억 달러로 약 1,577% 증가했다. 즉, GDP는 약 16배 증가한 반면, 시가총액은 340배 증가했으므로 실물경제에 비해 증권시장이 20배 이상 빠르게 성장했다고 할 수 있다.

또한 이 기간 중 증권시장은 일반대중에게 수익성 있는 투자 기회를 제공하는 역할을 했다. 공식적인 자료에 의하면 주식투자의 경우 자본이득과 배당소득을 합하면 1983년부터 2012년까지 2,793%의 누적수익률을 실현했다. 이런 실적은 채권투자(1,609%), 은행예금(777%), 금투자(419%), 부동산투자(420%) 및 원유투자(290%)와 같은 대안투자로부터의 누적수익률과 비교해 가장 높은 수익률이었다.[111] 물론 이런 기록적인 수익률을 실현한 사람은 거의 없다. 왜냐하면 인덱스펀드에 투자한 후 장기간 보유했던 사람을 제외하고는 오랜 세월 동안 주식을 계속 보

---

111 이 통계자료는 한국증권거래소에서 수집한 것이다. 상세한 내용은 www.krx.co.kr을 참조하라.

유한 투자자들이 거의 없기 때문이다. 그렇지만 이것은 한국 증권시장이 신흥시장 가운데 최고 중 하나로서 일반대중에게 수익성이 높은 투자 기회를 제공할 수 있는 잠재력이 있다는 것을 보여준다.

한국에서 자본시장의 역할에 대해 균형감각을 유지하기 위해서는 은행대출을 통한 간접금융과 비교해 상장기업들이 직접 자금을 조달하는 직접금융 면에서 자본시장이 얼마나 효과적이었는지 검토할 필요가 있다. 다음 〈표 6.6〉과 〈표 6.7〉은 2000년 이후 자금조달 면에서 자본시장이 얼마나 기여했는지 보여준다.

〈표 6.6〉 직접금융과 간접금융의 비교

(단위: 억 달러)

연도	직접금융(a)	간접금융(b)	a/b
2000	645	1,675	38.5%
2001	770	1,463	52.6%
2002	699	1,807	38.7%
2003	612	2,153	28.4%
2004	514	2,277	22.6%
2005	535	2,688	19.9%
2006	496	3,324	14.9%
2007	671	4,208	15.9%
2008	524	4,166	12.6%
2009	751	3,966	18.9%
2010	812	4,473	18.2%
2011	1,034	5,020	20.6%
2012	925	5,227	17.7%
2013	872	5,697	15.3%
평균	704	3,449	20.4%

출처: dart.fss.or.kr, ecos.bok.or.kr
주: 1) 매년 평균환율을 적용해 달러로 환산했다.
   2) 직접금융은 기업공개IPO, 유상증자 및 회사채 발행액을 합한 금액이고 간접금융은 은행의 기업대출을 말한다.

〈표 6.7〉 직접금융의 구성

(단위: 억 달러)

연도	기업공개(a)	유상증자(b)	회사채 발행(c)	a+b/c
2000	35.2	91.6	518.6	24.5%
2001	45.0	49.2	675.4	13.9%
2002	25.3	53.8	619.9	12.8%
2003	24.1	69.5	518.2	18.1%
2004	24.4	48.8	440.5	16.6%
2005	12.6	53.0	469.7	14.0%
2006	17.9	49.4	436.4	15.4%
2007	24.5	161.0	487.1	38.1%
2008	6.5	39.5	478.2	9.6%
2009	13.1	77.9	659.8	13.8%
2010	37.2	52.2	723.0	12.4%
2011	22.0	94.4	917.5	12.7%
2012	4.1	16.8	903.8	2.3%
2013	10.0	37.5	824.9	5.8%
평균	21.6	63.9	619.5	13.8%

출처: dart.fss.or.kr
주: 매년 평균환율을 적용해 달러로 환산했다.

이 표에서 알 수 있듯이 2000년대 내내 간접금융 대비 직접금융의 비율은 평균 20% 정도에 그쳤다. 이것은 자본시장이 제 역할을 못했다는 것을 의미한다. 그런데 더 심각한 문제는 직접금융의 구성에 있다. 직접 금융의 장점은 기업이 기업공개와 유상증자를 통해 자기자본을 확충함으로써 재무구조를 개선하고 금융 비용을 절감하는 데 있다. 직접금융의 여러 방법 중 회사채 발행은 은행융자에 대한 차선의 대안일 뿐이다. 이 기간 중 기업공개와 유상증자를 통해 조달한 자금 규모가 평균적으로 직접금융의 12.1%, 회사채 발행의 13.8%에 불과했다는 사실 또한 자본시장이 본연의 역할을 하지 못했다는 것을 의미한다. 나아가 이 두 가지 방법으로 조달한 자금 규모가 너무 작아서 어떤 기준으로도 의미를 부여하기 어렵다.[112] 그리고 이나마도 시황市況에 지나치게 의존하고 있다. 시장이 약세인 경우 이 두 가지 자금조달 방법은 2008년과 2012년과 같이 거의 무력해진다.

이 시점에서 한국경제에서 증권시장의 존재 이유에 대해 생각해 보지 않을 수 없다. 만약 이 시장이 자기자본을 확충하려는 기업들에게는 직접 자금을 조달하는 기회를, 그리고 개인투자자들에게는 일정한 위험을 감수하는 가운데 적절한 수익을 얻을 수 있는 기회를 제공하지 못한다면 이 시장은 제 기능을 수행한다고 할 수 없다. 만일 한국의 증권시장이 이런 목표들을 지속적으로 달성하지 못한다면 이 시장은 선도자인 외국 투자자들이 주도하는 일종의 카지노로 전락할 것이다.[113]

---

112 〈표 6.7〉에 나타난 기업공개의 규모는 코스피시장과 코스닥시장을 모두 망라하고 있는데 여기에는 모두 1,700개가 넘는 기업들이 포함되어 있다는 점을 고려한다면 기업공개를 통해 자기자본을 조달하는 기능은 거의 마비되었던 것으로 보인다. 또한 이 기간 중 기업공개의 평균 규모는 코스피시장의 시가총액에 비해 거의 무시할 만한 수준이었다.
113 이 가능성에 대해서는 보다 실증적인 분석이 필요한 것은 사실이다. 그렇지만 직관적으로도 한국의 증권시장이 이런 한계를 벗어나지 못하고 있다는 것을 감지할 수 있다.

이 모든 점을 감안할 때 빠른 시일 안에 증권시장의 원래 기능을 회복하는 것이 중요하다. 단순히 자산관리의 차원에서가 아니라 코리아 디스카운트를 극복하기 위해서 이 문제를 해결하는 최선의 방법을 찾아야 한다. 이를 위해 가장 시급한 과제는 외국투자자들로부터 금융주권을 되찾아오는 것이며, 이를 위해서는 무엇보다도 증권시장의 안전판safety net이 마련되어야 한다. 이것은 가장 영향력 있는 국내 기관투자자인 국민연금NPS이 증권시장을 선도하는 역할을 수행하고, 이런 기대를 바탕으로 다른 기관투자자들이 장기 투자전략을 가지고 시장에 참여할 때 가능하다.

한국의 국민연금은 세계에서 네 번째로 규모가 큰 연금기금이다. 2012년 말 국민연금은 매입가 기준 3,314억 6,400만 달러의 금융자산을 보유하고 있다. 1995년에는 고작 63억 400만 달러의 자산을 보유했으므로 국민연금이 보유한 금융자산의 총가치는 17년 동안 53배 증가했다. 2012년 말 기준 국민연금은 매입가 기준 채권에 2,184억 3,900만 달러, 주식에 815억 8,200만 달러를 투자했다. 이것은 국민연금이 기금의 65.9%는 채권에, 24.6%는 주식에 투자했다는 것을 의미한다. 그리고 국내 주식에 대한 투자는 547억 700만 달러에 달했다.[114]

한편 2012년 말 기준 각종 펀드의 가치를 모두 합하면 2,960억 9,600만 달러에 달했다. 이 모든 펀드들은 개인과 기업들의 간접투자를 바탕으로 조성된 것이다. 이것은 2001년 말에 1,202억 8,900만 달러였으므

---

114 이 경우 원화를 달러화로 환산하는 데는 연말환율이 적용되었다. 원화로 환산한 가치에 관한 자료는 www.nps.or.kr을 참조하라. 예를 들어 국민연금은 2012년 말 매입가 기준 354조 8,650억 원의 금융자산을 보유했다. 이 금액에 2012년 말 환율 1,070.6을 적용하면 3,314억 6,400만 달러다. 다른 가치들도 이런 식으로 환산해 구했다.

로 이 기간 중 규모가 2.5배 커졌다. 이 금액 가운데 2012년 말 기준 882억 6,800만 달러는 주식에 투자되었는데 펀드 전체 금액의 29.8%에 달했다.[115] 따라서 2012년 말 기준 국민연금과 모든 펀드가 주식에 투자한 규모는 1,468억 3,700만 달러에 달했는데 이것은 결코 적은 금액이 아니다. 한편 외국투자자들은 2012년 말 기준 3,747억 9,900만 달러의 한국 주식을 보유하고 있었는데, 이것은 당시 전체 시가총액 1조 727억 6,400만 달러의 34.57%에 달하는 규모였다.

외국투자자들이 국민연금과 일반 펀드라는 한국의 대표적인 두 기금보다 시가총액 면에서 2.5배 더 많이 보유하고 있다는 사실을 고려한다면 그들로부터 금융주권을 되찾아오는 데는 적지 않은 시간이 걸릴 것이다. 국민연금이 한국 주식에 대한 투자를 늘리고 기관투자자들이 적절한 수익률을 달성하는 장기투자상품을 공급하는 운용기관으로서 신뢰를 회복하는 것 이외에는 금융주권을 회복할 다른 방법이 없다.[116] 이것을 실현하기 위해서 이들은 선진투자기법에 정통해야 할 뿐만 아니라 코리아 디스카운트의 본질을 제대로 이해해야 한다.

---

115 이에 대한 상세한 내용은 www.freesis.or.kr을 참조하라.
116 2011년 1월 13일자 『이코노미스트』의 기사에 의하면 국민연금은 2015년에는 약 500조 원의 자산을 보유하고 이 가운데 100조 원은 해외에 투자할 것으로 예상된다. 2012년 말 기준 국민연금은 매입가 기준 355조 원의 금융자산을 보유했는데 이 가운데 45조 원은 해외 채권과 주식에 투자했다. 따라서 해외 투자 비율은 12.7%에 달했다. 2015년의 환율을 정확하게 예측하기 어렵기 때문에 여기서는 모든 가치를 원화로 표시했을 뿐이다. 따라서 『이코노미스트』에 의하면 국민연금은 3년 내에 해외 채권과 주식에 대한 투자를 3배 정도 늘리는 것을 계획하고 있는 것으로 보인다. 만일 이것이 사실이라면 필자는 국민연금이 국내 주식에 대한 투자를 늘리는 방향으로 계획을 수정할 것을 주장하고 싶다. 만일 국민연금이 한국 증권시장에서 선도적인 세력이 된다면 해외 투자를 늘리지 않고서도 목표 수익률을 달성할 가능성이 충분히 높다. 국민연금은 장기적인 관점에서 어떤 방법이 한국경제를 위해 가장 좋은 것인지 깊이 생각해야 한다.

2. 코리아 디스카운트와 파생상품시장

1) 파생상품시장의 도입

1970년대 초 달러화의 금 태환兌換이 정지되고 환율제도가 더욱 신축적으로 운용되는 방향으로 선회한 후, 국제금융시장의 변동성이 크게 증가했다. 이로 인해 미국을 비롯한 금융 선진국에서는 금융 선물과 옵션 같은 다양한 파생증권들이 활발하게 거래되기 시작했다. 이런 국제적 여건에서 한국 증권시장에 선물과 옵션 등 다양한 파생증권들이 도입된 것은 1990년대 중반이었다. 1997년 외환위기가 발생하기 전에는 증권시장에서 활동하고 있는 소수의 전문가들만이 파생증권의 경제적 역할을 이해하고 있었다. 선물이나 옵션과 같은 파생증권은 대부분의 투자자들에게는 극히 생소한 금융상품이었다. 당시 한국 증권시장은 초보적인 단계에 있었으며, 외국투자자들은 대부분 한국 주식에 관심이 없었다. 따라서 외국투자자들도 주식거래와 외환거래에서 발생할 수 있는 각종 위험으로부터 자신들을 보호해 주는 파생상품시장의 개설을 적극적으로 요구하지 않았다.

그렇지만 1996년에 주가지수 선물시장, 1997년에 주가지수 옵션시장이 개설되면서 상황이 바뀌었다. 이것은 1994년에 200개 블루칩으로 구성된 코스피200 지수가 발표되면서부터 증권시장에 지각변동이 일어났기 때문이었다. 투자자들은 증권선물위원회가 마련한 규칙에 따라 1996년부터 코스피200 선물을, 1997년부터 코스피200 옵션을 거래하기 시작했다. 막대한 수익을 낼 수 있는 가능성으로 인해 파생상품시장이 갑자기 투자자들의 주목을 받게 되었다.

파생증권의 주요 기능은 주식이나 채권 같은 기초증권에 내재된 각종 가격 리스크에 대비해 투자자들에게 헷징hedging의 기회를 제공하는 것이다. 이론적 관점에서 볼 때 파생증권은 시장을 완벽하게 만들어 주고 투자자들이 각종 리스크에 대비해 최적 포트폴리오를 형성하도록 함으로써 효율적으로 리스크를 관리할 기회를 제공한다. 그러나 한국 증권시장에서의 현실은 정반대였다.[117] 우월한 정보와 선진투자기법으로 무장한 외국투자자들은 처음부터 파생상품시장을 완전히 장악했다. 이들은 상대적으로 열위에 있는 국내 기관투자자들과 개인투자자들을 상대로 현물과 선물을 적절하게 조합한 합성포지션을 구축하는 기법을 통해 막대한 자본이득을 얻기 시작했다. 현물시장뿐만 아니라 파생상품시장까지 장악함으로써 증권시장에서의 금융주권은 이들의 수중에 들어갔다.

2) 파생상품시장의 현황

한국의 파생상품시장은 대부분의 전문가들 예상과는 달리 매우 빠르게 성장했다. 1996년 주가지수 선물시장이 개장된 후 일평균 선물 거래

---

[117] 이 점은 공매도short sale의 경우도 마찬가지다. 이론적인 관점에서 볼 때 공매도는 투자자들이 최선의 포트폴리오를 형성하도록 기회를 확대시켜 줌으로써 그들의 후생을 증대시키게 되어 있다. 그렇지만 시장지배력을 가진 투자자가 시장에서 무슨 일이 벌어지든 자본이득을 얻고자 한다면 현실적으로 공매도는 증권시장의 변동성을 더 크게 만들 수 있다. 공매도의 어두운 면은 미국발 금융위기가 진행되는 기간 중에 여러 번 확인되었다. 따라서 대부분의 나라에서는 일정 범위 내로 공매도를 제한하려는 움직임이 있었다.

금액, 특히 코스피200 선물과 코스피200 옵션 거래금액의 합계는 일평균 주식 거래금액을 상당히 초과해 왔다. 소위 '꼬리가 몸통을 흔든다'고 하는 이런 현상은 한국 증권시장에서 더 이상 낯설지 않다. 이제 이것은 자연스러운 현상이 되어 누구도 심각한 문제로 생각하지 않는다. 이런 현상이 반복되다 보니 당연한 것으로 인식되고 있기 때문이다. 다음 〈표 6.8〉은 2011년 1월부터 2012년 12월까지 2년간 일평균 주식 거래금액과 선물 및 옵션 거래금액을 보여준다.

〈표 6.8〉 주식과 파생상품의 일평균 거래금액 비교

(단위: 억 달러)

연도/월	코스피 현물	코스피200 선물	코스피200 옵션	3년국채선물	달러선물
2011/01	68.5	505.9	17.1	120.9	23.2
2011/02	55.2	427.1	14.6	77.2	17.8
2011/03	61.1	289.3	11.8	101.4	17.9
2011/04	84.8	449.4	18.6	122.8	15.9
2011/05	67.3	430.5	19.3	142.3	18.3
2011/06	60.7	361.6	14.2	178.2	22.3
2011/07	64.7	468.0	17.0	131.7	16.9
2011/08	75.6	382.0	14.6	118.6	23.4
2011/09	57.0	444.0	18.8	117.6	27.7
2011/10	58.3	374.6	16.8	99.5	24.3
2011/11	48.1	310.1	12.7	97.9	28.5
2011/12	42.9	220.0	10.1	68.5	10.9
2012/01	47.3	373.0	13.7	136.7	21.5
2012/02	61.0	298.6	9.5	98.3	12.6
2012/03	47.6	287.8	8.5	90.5	17.6

연도/월	코스피 현물	코스피200 선물	코스피200 옵션	3년국채선물	달러선물
2012/04	43.7	419.0	7.8	57.5	15.3
2012/05	40.5	332.1	13.5	82.8	26.8
2012/06	35.0	355.9	16.5	151.6	23.6
2012/07	35.8	449.9	26.7	189.0	15.7
2012/08	38.6	254.3	7.8	85.5	8.6
2012/09	46.4	227.0	7.7	80.7	16.0
2012/10	39.0	218.4	8.8	103.3	9.4
2012/11	39.9	222.9	8.9	66.7	11.3
2012/12	39.2	153.2	7.7	91.5	6.4
평균	52.4	343.9	13.5	108.8	18.0

출처: dart.krx.or.kr, www.kofia.or.kr, ecos.bok.or.kr
주: 월 평균환율을 적용해 달러로 환산했다.

이 기간 중 일평균 주식 거래금액은 52억 4,300만 달러에 달했던 반면 일평균 지수선물과 옵션 거래금액은 357억 3,800만 달러에 달했다. 후자는 전자의 6배 이상이었다. 그리고 여기에 다른 파생증권들의 거래금액을 더한다면 이 격차는 더욱 벌어질 것이다. 이것은 결코 정상적인 현상이라 할 수 없다.[118]

---

[118] 이런 추세는 지금도 그대로 유지되고 있다. 예를 들어 2013년 8월 코스피시장에서 현물거래 규모는 일평균 34.3억 달러, 코스피200 선물거래 규모는 417.4억 달러, 코스피200 옵션거래 규모는 10.3억 달러, 3년국채거래 규모는 68.9억 달러, 달러선물거래 규모는 11.5억 달러였다. 2014년 7월에 현물거래 규모는 39.5억 달러, 코스피200 선물거래 규모는 491.2억 달러, 코스피200 옵션거래 규모는 10.6억 달러, 3년국채거래 규모는 57.9억 달러, 달러선물거래 규모는 12.0억 달러에 달했다. 또한 선물과 옵션거래 규모의 변동성이 크다는 점도 그대로 유지되고 있다. 모든 면에서 한국 증권시장은 외국투자자들이 투기적인 거래를 통해 쉽게 수익을 낼 수 있는 시장으로 전락했다.

그런데 한국의 언론은 파생상품시장을 다룰 때마다 보통 거래금액보다는 거래량에 초점을 맞추는 경향이 있다. 예를 들어 2011년 한국시장에서 파생증권의 거래량은 38억 1,900만 계약에 달해 전 세계 거래량의 27%를 차지했다고 보도되었다. 당시 한국의 파생시장은 전 세계에서 2위와 상당한 차이를 두고 1위를 차지했다. 이것은 특히 옵션시장에서의 엄청난 거래 규모 때문이었다. 2011년 옵션거래량은 36억 7,200만 계약으로 전 세계 거래량 57억 6,700만 계약의 63.7%를 차지했다.[119] 이 두 거래량 38억 1,900만 계약과 36억 7,200만 계약 간의 근소한 차이로부터 알 수 있듯이 옵션거래량은 모든 파생상품 거래량의 96%를 차지했다. 이것은 우리나라에서 파생상품 거래의 투기적 성질을 보여주는 명백한 증거다. 왜냐하면 옵션은 대부분의 나라에서 대체로 헷징보다는 투기 목적으로 이용되기 때문이다.[120]

한편 정부채권과 외환거래를 위한 현물 및 선물시장에서의 일평균 거래금액을 비교해 보면 이들 시장에서는 투기적 거래의 증거를 발견하기 어렵다. 이들 시장에서는 원래 의도했던 대로 파생증권이 헷징을 목적으로 사용되었다고 볼 수 있다. 예를 들어 같은 기간 중 3년 만기 국채의 일평균 거래금액은 217억 8,600만 달러에 달했다. 한편 3년 만기 국채선물의 일평균 거래금액은 108억 7,700만 달러에 달했으므로, 현물시장에

---

119 다른 나라의 파생증권 거래량과 한국시장에서 다양한 파생증권의 거래량에 관한 상세한 자료는 www.kif.re.kr과 www.kofia.or.kr을 참조하라.
120 거래량의 관점에서 파생시장 전체에서 개인투자자들이 차지하는 비율은 32.3%였던 반면 외국투자자들과 기관투자자들의 비율은 각각 31.5%와 32.4%였다. 옵션시장의 제로섬게임 성격을 고려할 때 지나치게 많은 개인투자자들이 일확천금의 무모한 꿈을 꾸면서 이 시장에 참여했다. 이것은 그들이 옵션에 내재된 리스크의 성질에 대해 무지하다는 증거로 해석할 수 있다.

서의 일평균 거래금액의 약 50% 정도가 선물거래를 통해 헷징되었다고 해석할 수 있다.

그리고 외환시장에서의 거래금액을 감안할 때 달러선물의 경우에도 같은 이야기가 성립한다. 따라서 코스피200 선물시장과 옵션시장은 투자자들이 헷징보다는 투기적 목적을 위해 현물 주식과 함께 파생증권들을 이용해 복합적인 포지션을 구축할 수 있는 기회를 제공했다. 이런 상황에서 특히 외국투자자들은 우월한 정보와 선진매매기법을 바탕으로 이 시장을 선도했다. 그런데 한국시장에서 더 주목해야 할 것은 거래금액의 관점에서 코스피200 선물의 압도적 우위다. 앞의 〈표 6.8〉에서도 알 수 있듯이 코스피200 선물의 일평균 거래금액은 343억 9,300만 달러였으며, 옵션 거래금액은 13억 4,500만 달러에 불과했다. 거래금액의 관점에서 보면 코스피200 선물은 옵션시장보다 25배 이상 컸다. 이것 또한 코스피200 선물의 일평균 거래금액이 현물 거래금액의 6배를 초과한다는 사실과 함께 선물거래의 투기적 성질을 보여주는 명백한 증거다. 자본시장에서 가장 중요한 것이 정보임을 고려한다면 외국투자자들이 코스피200 선물시장을 좌우해 왔다는 점은 의심할 여지가 없다. 이것은 자본시장에서 일종의 공유지식common knowledge에 해당한다.[121] 이런 이유로 기관투자자들은 외국투자자들의 거래패턴을 모방한 반면, 개인투자

---

[121] 정보의 관점에서 공유지식은 중요한 의미를 갖는다. 왜냐하면 정보를 알고 있는 상태의 서열을 매기는 경우 공유지식은 가장 높은 정보의 서열을 나타내기 때문이다. 예를 들어 갑, 을 두 사람의 어떤 사실 A와의 관계는 다음과 같이 분류할 수 있다. 첫째, 갑과 을은 각각 A를 알고 있다. 둘째, 을은 갑이 A를 알고 있다는 것을 알고 있다. 셋째, 갑은 을이 갑이 A를 알고 있다는 것을 알고 있다. 이런 식으로 계속 진행되어 더 이상 진행할 수 없는 상태가 바로 공유지식에 해당한다. 따라서 이 상태에서는 어느 누구도 정보적으로 우월한 입장에 있다고 할 수 없다.

자들은 무모하게 자신들의 거래패턴을 개발하려고 시도했으나 무위로 끝났다.

  외국투자자들이 현물 및 선물시장을 완전히 장악하고 있다는 사실은 한국경제에서 증권시장의 역할과 관련해 두 가지 중요한 쟁점을 제기한다. 첫째, 코스피200 선물시장을 통제함으로써 외국투자자들은 현물시장에서 항상 자본이득을 얻을 수 있으며 그 반대의 경우도 마찬가지다. 이것은 한국의 증권시장은 이미 외국투자자들의 글로벌 투자전략에 봉사하는 종속적인 시장으로 전락했다는 것을 의미한다. 이런 이유로 한국 증권시장은 외국투자자들의 현금지급기ATM라고 조롱을 받고 있는 실정이다. 1992년 외국투자자들이 한국시장에 직접 투자하도록 허용된 이래 지금까지 외국투자자들에게 귀속된 배당소득 및 자본이득의 연평균 규모 및 누적 규모에 대한 공식적인 자료는 없지만 천문학적일 것으로 추정된다.[122]

---

[122] 외국투자자라 하면 마치 단일한 주체가 있는 것으로 오해하기 쉽지만 그렇지는 않다. 실제로 많은 외국투자자들이 한국 자본시장에서 활동하고 있으며 이들 간에 담합이 이루어지고 있다는 증거는 없다. 그렇지만 인적 네트워크를 통해 이들 간에 끊임없이 정보 교환이 이루어지고 있으리라 예상할 수 있다. 이들은 한국 주식시장에서 시가총액 기준 대략 35%의 지분을 보유하고 있으므로 금액으로는 약 350조 원에 해당한다. 그리고 선물 및 옵션시장에서도 상당한 포지션을 구축하고 있으므로 이들이 한국 자본시장에 투자하고 있는 평균 금액은 적어도 400조 원 이상일 것으로 추정된다. 즉, 임의의 날짜를 선정해 이들이 보유하고 있는 각종 금융자산의 가치를 평가하면 이 정도가 될 것으로 추정된다는 의미다. 따라서 이들이 배당소득과 현물과 선물 및 옵션거래에서 발생하는 자본이득을 모두 합해 매년 평균 10% 정도 수익을 내고 있다고 가정한다면 그 액수가 대략 40조 원, 달러로는 약 400억 달러에 달할 것으로 예상된다. 필자는 이것이 근거 없는 추정이기를 바란다. 그렇지 않다면 이것은 또 다른 의미에서 우리에게 치욕적인 내용이기 때문이다. 만약 이것이 사실이라면 한국의 경상수지가 최근 5년간 연평균 약 424억 달러 흑자였음을 감안할 때, 수많은 기업들과 근로자들이 일년간 벌어들인 외화가 모두 자본시장을 통해 외국으로 다시 빠져나간다는 것을 의미한다. 이것은 금융주권을 상실했다는 명백한 증거다. 따라서 이와 관련된 정확한 자료를 바탕으로 한국 자본시장의 현황

둘째, 오랫동안 선물시장이 현물시장을 압도해 왔기 때문에 대부분의 시장 참여자들은 증권시장의 원래 기능에 대한 신뢰를 상실했다. 이들은 주가는 단기뿐만 아니라 장기에서도 더 이상 기업의 사업 성과에 의해 결정될 것으로 기대하지 않는다. 이것이 한국 증권시장의 미래와 관련해 가장 심각한 문제다. 투자의 귀재 워런 버핏Warren Buffett도 여러 번 지적했듯이 대부분의 파생증권은 대량살상무기와 같은 역할을 할 뿐이다. 이것은 2008년 글로벌 금융위기 때 세계 곳곳에서 확인되었다. 그렇지만 아직도 미국뿐만 아니라 한국을 비롯해 많은 나라에서 파생증권들로 인한 폐해를 줄이기 위한 어떤 조치도 취해지지 않고 있는 실정이다. 파생상품시장이 여러 주요 국가에서 여전히 자본시장의 중심에 있다는 사실은 국제금융시장이 신자유주의를 신봉하는 사람들에 의해 장악되어 있다는 것을 의미한다. 우리는 현재 금융자본이 산업자본을 압도하는 시대에 살고 있으므로 가까운 장래에 파생상품시장이 본원증권시장에 지배적 지위를 양보하리라 기대하기 어렵다. 따라서 증권시장의 유동성에 큰 문제를 야기하지 않는 가운데 주식과 같은 현물상품에 대한 파생상품의 과도한 영향을 줄이는 방법을 강구해야 한다.

과 대응책을 논할 필요가 있다.

3. 코리아 디스카운트와 재벌의 반사회적 행위

1) 재벌과 증권시장

1997년 외환위기는 끝까지 살아남은 재벌에게는 도약을 위한 새로운 기회를 제공했다. 무엇보다도 자본시장 자유화는 외국투자자들이 한국 주식에 대한 투자를 늘리도록 유도했다. 외환위기 이전 한국 증권시장은 비효율적일 뿐만 아니라 활성화되지도 않았다. 이것은 재벌 계열사들의 경우도 예외가 아니었다. 이런 이유로 이들 기업들은 회사채를 발행하거나 기업공개 또는 유상증자를 통한 직접금융 대신 은행에 크게 의존했던 것이다.

그런데 자본시장이 자유화되면서 외국투자자들은 한국시장에 충분한 유동성을 공급했을 뿐만 아니라 선진투자기법을 제공했다. 이를 통해 그들이 한국 자본시장의 선진화에 일정 부분 기여한 것은 사실이다. 그렇지만 그들이 그렇게 행동한 것은 한국경제를 위해서가 아니라 자신들의 이익을 위해서였음은 자명하다. 그들은 종종 자신들의 이익을 지키기 위해 한국정부와 기업에게 적절한 조치를 취해 줄 것을 요구했으며 이로 인해 기업의 지배구조와 회계투명성이 일정 부분 개선된 것은 사실이다. 이것이 그들이 한국시장에 적극적으로 참여해 발생한 긍정적인 효과였다. 반면 재벌은 외국투자자들의 요구가 그들에게 일방적으로 불리하게 작용할 것이라 우려했으나, 결과는 정반대였다. 재벌총수와 그 일가는 자신의 이익에 크게 반하지 않는 범위 내에서 그들의 요구를 수용하는 가운데, 증권시장을 적극 활용하면 쉽게 재산을 증식시킬 수 있다는 사실을 깨달았다.

과거 증권시장에 상장되어 있는 대부분의 기업들은 공개기업public company이라 하기 어려웠다. 왜냐하면 이런 기업들은 소액주주들을 위해서가 아니라 대주주, 특히 재벌총수들을 위해 경영되었기 때문이다. 그런 기업들은 공개기업으로 위장한, 사실상 비공개기업private company이었다. 그러나 외국투자자들이 한국 증권시장에 참여한 후 많은 것이 변했다. 재벌총수들은 초기에는 계열사에 대한 경영권을 행사하는 데 상당한 제약을 받았기에 피해자인 것처럼 보였다. 그렇지만 그들이 증권시장을 이용해 전례 없는 방법으로 재산을 증식시킬 수 있었다는 의미에서 축복임이 드러났다.

재벌의 반사회적 행위는 과거에는 횡령, 비자금 조성, 조세 포탈 및 권력 남용 등에 국한되었지만, 증권시장이 활성화된 후에는 일감 몰아주기와 부실계열사 지원과 같은 교묘한 방법이 적극적으로 활용되었다. 왜냐하면 이런 방법을 적절히 활용하면 증권시장을 통해 막대한 자본이득을 얻을 수 있다는 것을 알았기 때문이다. 이와 관련해 한 가지 언급할 점은 국제적으로 권위 있는 경제 전문지인 『이코노미스트』, 『파이낸셜 타임스』 및 『타임스The times』 등에 반복해서 재벌의 반사회적인 행위에 관한 기사가 실렸다는 사실이다. 대부분의 기사는 재벌뿐만 아니라 이런 반사회적 행위에 대해 미온적인 태도를 취한 정부에 대해서도 비판적이었다. 그들의 비판적인 시각은 재벌총수가 딸이나 손녀에게 빵집을 물려주려 한다는 냉소적인 기사에서 절정을 이루었다.[123]

---

[123] 『이코노미스트』에 실린 "Let them eat cake"이라는 제목의 짧은 기사는 재벌의 행태와 이에 대해 미온적인 정부의 대응에 대한 비판으로 가득 찼다. 우리는 이런 잡지들의 견해에 대해

일감 몰아주기는 정당한 입찰 과정 없이 재벌총수의 가족구성원들이 대주주로 있는 계열사에 부당하게 신규사업을 제공하거나 사업거래를 개시하는 행위를 말한다. 이것은 현실적으로 광범위하게 실행되어 왔지만 대부분의 한국인들은 그 정확한 실상을 알 수 없었다. 최근 언론에서 이 문제를 다루었지만 아직도 많은 사람들이 그 심각성을 모르고 있다. 그래서 공정거래위원회는 재벌 계열사들 간의 부당하고 불평등한 내부거래를 더욱 어렵게 만들기 위해 관련 법을 강화하려고 시도했지만 그 효과는 여전히 미지수다. 지금까지 경쟁입찰 없이 재벌 계열사들 간에 이루어진 대부분의 내부거래는 재벌총수와 그 일가의 재산을 빠르게 늘리는 데 결정적으로 기여했다.

일감 몰아주기는 보통 비상장이면서 재벌총수 일가가 소유한 특정 기업에 유리한 조건으로 일감을 제공하는 것으로 시작한다. 그런 다음 오랜 기간 동안 유리한 계약을 바탕으로 막대한 이익을 실현한 후 법적 요건을 갖추기 위해 공모 절차를 거쳐 그 기업을 공개한다. 그러면 그 기업의 대주주인 재벌총수와 그 일가는 상장 과정을 통해 막대한 자본이득을 얻게 된다. 그런 다음 그들은 기업집단의 핵심 기업의 지분을 확보하는 데 이 막대한 자본이득을 이용한다. 이를 통해 그들은 경영권을 확보하고 후일 자녀들에게 경영권을 상속할 수 있도록 확실한 기반을 다진다. 이런 목적을 위해 이용된 기업으로는 현대차그룹의 경우 글로비스, SK그룹의 경우 SK C&C 그리고 삼성그룹의 경우 에버랜드를 들 수 있다.

보다 더 관심을 가져야 한다. 그 이유는 이런 잡지들이 국제사회에서 영향력이 있기 때문만이 아니라 기사 내용의 타당성 때문이다. 상세한 내용은 2012년 2월 4일자 『이코노미스트』의 관련 기사를 참조하라.

이 가운데 에버랜드의 경우는 다른 기업들과 다소 다르지만 본질적으로는 차이가 없다.

부실계열사 지원은 일감 몰아주기와 유사한 점이 있지만 전적으로 같지는 않다. 이것은 동일한 기업집단에 있는 어려운 기업이 재무적으로 안정된 다른 기업으로부터 재정적 지원을 받는 것을 말한다. 이 경우 지원을 받는 기업의 대주주는 주로 재벌총수의 가족들인데 이런 부당지원으로 인해 재정적 지원을 한 우량기업의 소액주주들이 큰 피해를 보게 된다. 보통 소액주주들은 그들이 지분을 보유하고 있는 기업의 경영 상태에 관한 정확한 정보를 얻는 데 한계가 있으므로 부실 계열사 지원은 언제라도 은밀하게 이루어질 수 있다. 따라서 부실 계열사 지원은 소액주주의 입장에서 볼 때 일감 몰아주기 못지 않게 불리하다. 이런 이유로 외국투자자들은 이런 부당한 행위에 대해 크게 반발하고 있는 것이다. 요약하자면 이 모든 반사회적 행위들이 소액주주들에게 커다란 피해를 줄 수 있음에도 불구하고 어떤 심각한 제재도 없이 대주주들에 의해 악용되어 왔다. 이런 관점에서 볼 때 외국투자자들이 그런 반사회적 행위와 관련된 기업들의 주식의 가치를 낮게 평가하는 것은 당연하다.

2) 지배와 소유의 불일치

한국에서 재벌총수들은 지금까지 아무런 제약 없이 기업집단에 속해 있는 기업들에 대해 경영권을 행사해 왔다. 그런데 진짜 문제는 재벌총수와 그 일가의 지분율이 매우 낮았음에도 불구하고 복잡한 순환출자를 통해 기업집단에 속해 있는 계열사들을 완벽하게 지배해 왔다는 사실이다. 공정거래위원회의 자료에 의하면 2013년 4월 기준 총수가 있는 43개 기업집단의 평균 내부지분율은 54.8%였으며, 2014년 4월 기준 총수가 있는 40개 기업집단의 평균 내부지분율은 54.7%였다.[124] 이 비율은 큰 변화 없이 지난 5년간 50% 이상을 유지해 왔다. 여기서 내부지분율은 재벌총수, 가족구성원들, 그룹 내 임원들, 계열사들, 관련된 비영리단체(재단, 사단법인 등)가 보유한 지분과 자사주로 보유한 지분을 모두 합한 것이다. 재벌총수와 그 일가의 지분율은 전체 기업집단의 1% 안팎에 불과했음에도 불구하고 내부지분율이 이런 수준을 유지했기 때문에 총수는 계열사들을 완벽하게 지배할 수 있었던 것이다. 이것은 모든 재벌들이 널리 사용하고 있는 복잡한 순환출자 덕분에 가능했다. 다음 〈표 6.9〉는 2014년 4월 기준 30대 재벌의 평균 내부지분율 현황을 보여준다.[125]

〈표 6.9〉 30대 기업집단의 내부지분율

(단위: 퍼센트)

기업집단	총수	친족	계열사	기타	합계
상위집단 (1위-4위)	0.9	1.2	44.7	1.5	48.3
중위집단 (5위-10위)	0.9	3.0	53.3	2.1	59.2
하위집단 (11위-30위)	4.0	2.9	48.2	3.1	58.2

출처: www.ftc.go.kr

124 STX그룹, 동양그룹 및 웅진그룹이 제외되면서 총수가 있는 기업집단의 수가 43개에서 40개로 줄었으며 계열사의 수도 1,519개에서 1,420개로 줄었다.
125 최근 5년간 30대 기업집단의 내부지분율은 상위, 중위 및 하위 집단에 따라 다소 다르게 변동했다. 예를 들어 상위집단의 내부지분율은 2010년 47.1%에서 2014년에는 48.3%로 조금 증가한 반면 중위집단의 경우 2010년 47.9%에서 59.2%로 크게 증가했다. 하위집단의 경우 2010년 56.9%에서 2014년에는 58.2%로 소폭 증가했다. 30대 기업집단의 내부지분율은 전반적으로 조금 증가했다. 상세한 내용은 www.ftc.go.kr을 참조하라.

이들 기업집단 가운데는 SK그룹, 현대중공업그룹 그리고 삼성그룹이 총수일가의 지분율이 가장 낮은 집단으로 집계되었다. 2014년 4월 기준 SK그룹의 경우 총수 단독 지분율은 겨우 0.04%였으며 총수일가의 지분율은 0.5%에 불과했다.[126] 현대중공업그룹의 경우 총수 단독 지분율은 1.0%였으며 총수일가의 지분율은 1.2%에 그쳤다. 삼성그룹의 경우 총수 단독 지분율은 0.7%에 불과했으며 총수일가의 지분율은 1.3%였다.[127] 이것을 10대 재벌로 확대한다면 총수일가 지분율은 평균 3.47%로 상승한다. 그렇지만 여전히 최소한의 지분으로 기업집단을 지배하고 있음을 확인할 수 있다. 이것은 다음 〈표 6.10〉에 요약되어 있다.

〈표 6.10〉 10대 재벌총수와 친족 지분율

(단위: 퍼센트)

기업집단	총수	친족	합계
삼성	0.70	0.56	1.26
현대차	1.90	1.64	3.54
SK	0.04	0.45	0.48
LG	1.29	2.42	3.70

---

126 총수일가의 지분율에는 총수의 지분율이 포함된다.
127 여기서 지분율은 재벌 산하 각 계열사에 대해 총수 및 친족들이 보유한 지분율을 단순 평균한 것이다. 필자는 이것보다는 가중평균이 실상을 더 정확하게 반영한다고 생각한다. 만약 시가총액을 가중치로 해서 재벌총수의 지분율의 평균을 구한다면 이것보다 증가할 것이다. 2012년 말 기준 삼성그룹 총수가 보유한 삼성전자의 지분율은, 우선주를 포함해 3.43%였다. 삼성그룹에서 차지하는 삼성전자의 압도적인 우위를 고려한다면 그의 실제 지분율은 0.7% 이상으로 평가할 수 있다. 필자는 특정 재벌총수를 두둔하려고 이 점을 지적하는 것이 아니라 산술평균보다는 가중평균이 현실을 더 잘 반영한다고 생각하기에 이런 제안을 하는 것이다. 어떤 비판도 객관적인 자료를 바탕으로 이루어져야 하기 때문이다.

기업집단	총수	친족	합계
롯데	0.05	2.37	2.42
현대중공업	1.03	0.13	1.15
GS	1.47	11.59	13.06
한진	1.76	2.90	4.66
한화	1.13	0.79	1.92
두산	0.06	2.41	2.47
평균	0.94	2.53	3.47

출처: www.ftc.go.kr

    2013년 10대 재벌총수의 평균지분율은 1.07%였고, 친족의 평균지분율은 2.97%였던 것과 비교해 총수와 그 일가의 평균지분율이 전반적으로 하락했음을 알 수 있다. 그리고 이 표에서 알 수 있듯이 재벌 서열이 낮아질수록 이들의 지분율은 상승하는 경향을 보이는데, 그 이유는 명백하다. 하위 재벌의 자본금 규모가 상위 재벌에 비해 상대적으로 작기 때문이다.

    이와 같이 재벌들은 복잡한 순환출자 덕분에 최소한의 개인 지분을 가지고 기업집단에 속한 기업들에 대한 경영권을 확보하고 이들을 완벽하게 지배하고 있다. 상법과 공정거래법상 상호출자제한을 받고 있는 기업집단들이 대안으로 즐겨 사용하는 순환출자를 현재로서는 법적으로 제한하기 어려운 실정이다. 그렇지만 순환출자가 변칙적인 상호출자로서, 재벌총수와 그 일가가 적은 자기자본으로 계열사들을 지배하도록 허용함으로써 시장경제의 원리에 어긋나는 방식으로 재벌의 경영권 승계와 경제력 집중을 허용한다는 점에서 반드시 해결되어야 할 문제임에

는 틀림없다.[128]

문제는, 재벌은 이미 한국경제를 지배하고 있다는 데 있다. 공정거래법을 개정하고 관련 세법을 엄격하게 적용하면 재벌 문제를 해결할 수 있는 것처럼 보이지만 실제로 이런 일은 일어나지 않을 것이다. 이런 의미에서 필자는 재벌개혁은 외부에서가 아니라 내부에서 시작되어야 한다고 주장하는 것이다. 이것은 재벌총수와 그 일가의 의식 수준이 상승한다면 충분히 실현 가능한 일이다.

이와 같이 한국에서 재벌의 경우 소유와 지배는 일치하지 않는다. 재벌총수와 그 일가는 그들이 누릴 자격이 있는 것 이상을 향유하고 있다. 이것이 재벌과 관련된 모든 쟁점들에 있어 핵심 사항이다. 이것은 진정한 주주자본주의 정신에 위배된다. 혹자는 주주자본주의는 신자유주의의 다른 이름에 불과하므로 유럽 스타일의 이해당사자 자본주의와 같은 것으로 대체되어야 한다고 주장할지도 모른다. 그렇지만 주주자본주의와 이해당사자 자본주의 가운데 무엇을 추구하든 중요한 것은 기업의 지배구조다. 그리고 기업의 지배구조 개선의 첫 번째 원칙은 기업 경영의 투명성과 책임감을 확보하는 것이다. 만일 이 두 가지 원칙이 잘 정립되지 않는다면 주주자본주의는 천민자본주의로, 이해당사자 자본주의는 정실자본주의로 전락할 것이다.[129]

---

[128] 박상인(2012)은 재벌개혁과 관련해 탄탄한 논리에 근거해 실천적이면서도 포괄적인 대안을 제시하고 있다. 필자 또한 그의 주장에 전적으로 공감한다. 재벌개혁은 한국경제, 나아가 한국의 미래를 위해 반드시 이루어져야 하는 지상 과제다. 그렇지만 재벌에 포획된 파워엘리트들이 실질적으로 재벌개혁을 추진할 의사가 없다는 것이 문제다.

[129] 이와 같은 입장을 잘 정리한 것으로는 김상조의 『종횡무진 한국경제』(2012)를 추천한다. 그의 책 5장에는 이에 대한 논의가 잘 정리되어 있다. 그리고 재벌개혁과 관련해 지금까지 적지 않은 논의가 있었지만 대부분 합리적인 대안을 마련하는 기회였다고 보기 어렵다. 그런데 박창

재벌총수와 그 일가의 지분을 몰수한다거나 재벌총수의 경영권 행사를 금지하는 것과 같은 혁명적인 조치를 고려하지 않는 한, 가장 시급한 일은 주주자본주의의 원래 정신을 회복하는 것이다. 그리고 이런 조치의 핵심은 기업의 지배구조를 확립하고 시장규율, 행정지도 및 법적 규제를 강화하는 것이다. 무엇보다도 이런 조치들이 과도한 내부거래에 적용되어야 한다. 물론 내부거래를 무조건 비난하기는 어렵다. 왜냐하면 재벌이 다양한 사업을 포괄하는 복합기업의 형태로 진화한 이유 중 하나가 내부거래의 장점을 이용해 거래비용을 절감함으로써 경쟁력을 강화하는 것이었기 때문이다. 한 분석에 의하면 2011년 30대 재벌의 내부거래 금액은 1,624억 5,600만 달러로서 총매출액 1조 1,859억 3,100만 달러 중 내부거래 비율이 13.7%에 달했다고 한다.[130] 이것을 4대 재벌로 압축하면 내부거래 금액은 1,056억 달러로서 전체 내부거래 금액의 65%에 해당하며, 4대 재벌 총매출액의 24.9%에 달한다. 4대 재벌의 압도적 우위는 이런 자료를 통해서도 확인할 수 있다.

이런 사실은 공정거래위원회에서 발표한 최근 자료를 통해서도 확인할 수 있다. 여기서 중요한 것은 정치적인 공방이나 행정적인 규제 강화 노력에도 불구하고 재벌들의 내부거래 관행에 거의 변화가 없다는 사실이다. 예들 들어 2013년 4월 기준 49개 민간기업집단의 총매출액 대비 내부거래 금액은 1,645억 달러, 내부거래 비중은 12.3%였다. 그리고 2014년 4월 기준 47개 민간기업집단의 내부거래 금액은 1,657억 달

기(2012)와 박상인(2012)이 제시한 대안은 이런 면에서 주목할 만하다.
130 이와 관련해서는 www.ceoscoredaily.com/news/article_print.html?no=590의 기사를 참조하라.

러, 내부거래 비중은 12.5%였다.[131] 이 가운데 총수가 있는 기업집단의 내부거래 비중은 총수가 없는 기업집단보다 높았는데, 2013년 12.5%에서 2014년 12.6%로 소폭 상승했다. 그리고 4대 재벌의 내부거래 금액은 2013년에는 1,009억 달러, 2014년에는 1,086억 달러로서 민간기업집단 전체 내부거래 금액 대비 각각 61%, 66%였다. 이와 같이 최근에도 재벌 산하 계열사들 간의 내부거래 비율에는 거의 변화가 없다. 이것은 재벌 문제를 정치적인 방법이나 행정적인 규제를 통해 해결하는 데는 한계가 있다는 또 다른 증거다. 재벌은 이제 정치적으로 압박하거나 법적 규제를 강화하더라도 이것을 무력화시킬 정도의 경제력을 보유하고 있다. 이 점을 결코 간과해서는 안 된다. 그렇기 때문에 재벌 내부에서 변화가 일어나도록 유도해야 하는 것이다.

진짜 문제는 터널링, 즉 부당한 일감 몰아주기에 있다. 이것은 내부거래의 극단적인 사례로서 한국경제에서 일종의 관행이었다. 그런데 그동안 정부는 이 문제를 가볍게 다뤄 오다가 왜 최근에 와서 심각성을 인식한 것처럼 행동하는지 이유가 궁금하다. 필자는 이것이 한국사회에 만연한 도덕적 해이의 전형이라고 생각한다. 규제당국은 문제의 심각성을 충분히 알고 있으면서도 국민을 위해서가 아니라 자신의 이익을 위해 이 문제를 적당히 처리해 온 것이다. 최근 자료에 의하면 언론의 비판적

---

131 사실상 내부거래와는 무관한 수출액 및 모자관계 계열사들 간의 거래를 제외한 총매출액 대비 내부거래 비율은 당연히 더 높아져 2013년에는 20.9%, 2014년에는 23.1%에 달했다. 대기업집단 내부거래 현황에 대한 상세한 내용은 www.ftc.go.kr을 참조하라. 어떤 기준에 의해 이들의 내부거래를 분석하더라도 우리가 얻을 수 있는 결론은 한 가지다. 이들 기업집단에 속한 계열사들 간의 내부거래 비중에는 어떤 의미 있는 변화를 기대할 수 없으며, 공정한 거래가 이루어지는지 여부도 파악하기 어렵다는 사실이다.

인 보도에도 불구하고 이런 종류의 내부거래는 거의 감소하지 않았다. 특히 재벌총수와 그 일가가 30% 이상의 지분을 보유한 95개 계열사들 가운데 40개 계열사들은 2012년 매출액의 절반 이상을 내부거래를 통해 달성했다.[132]

예를 들어 현대차그룹의 총수와 그 아들은 현대차그룹의 계열사인 현대오토에버의 지분 30.1%를 보유하고 있다. 그런데 2012년 이 회사 매출액의 83.5%는 내부거래를 통해 달성되었다. 삼성그룹의 총수와 그 가족들은 사실상 그룹의 지주회사 역할을 하고 있는 삼성 에버랜드의 지분 46.0%를 보유하고 있다. 2012년 이 기업 매출액의 44.5%는 내부거래를 통해 달성되었다. 이것은 전체의 극히 일부에 지나지 않는다. 여기서 주목할 것은 이들 기업은 모두 비상장으로서 상장기업만큼 규제를 받지 않는다는 사실이다. 그런데 얼핏 보기에는 이런 사실이 공정거래위원회가 발표한 2014년 4월 기준의 다음 자료와 양립하기 어려운 것처럼 보인다.

〈표 6.11〉 총수 있는 기업집단의 내부지분율 현황

(단위: 퍼센트)

상장 유무	총수	친족	계열사	기타	합계
상장기업 (218)	2.4	2.5	31.3	2.9	39.1
비상장기업 (1,202)	1.4	1.8	70.3	1.2	74.7

출처: www.ftc.go.kr
주: 괄호 안의 수는 기업의 수를 나타낸다.

---

[132] 이와 관련해서는 www.ceoscoredaily.com/news/article_print.html?no=873의 기사를 참조하라.

이 표에 의하면 재벌총수와 그 일가의 지분율은 상장기업의 경우 4.9%인 반면, 비상장기업의 경우에는 3.2%에 불과하다.[133] 이것은 통상적으로 예상했던 것과 반대인 것처럼 보인다. 그렇지만 상장기업의 경우보다 비상장기업의 경우가 내부지분율이 훨씬 높다는 사실을 주목할 필요가 있다. 이것은 비상장기업의 이익 대부분은 재벌총수와 그 일가에게 귀속되게 되어 있다는 것을 의미한다. 또한 여기서 모든 자료가 평균치임을 주의해야 한다. 재벌총수와 가족들의 지분은 비상장기업들 가운데 일부에 집중되어 있는 것이 보통이다. 그리고 내부거래를 통해 큰 이익을 실현하는 것은 바로 이런 기업들이다.

오늘날 정치인들이라면 누구나 재벌 규제에 관해 목소리를 높이는 것이 유행이지만 모든 것이 용두사미로 끝날 가능성이 높다. 재벌에 대한 강화된 규제안이 행정부와 정치권에서 논의되어 왔다. 그런데 내부거래에 관한 새로운 규제안의 성패는 이들이 설정하는 기준에 크게 의존한다. 만약 이 새로운 규제안이 재벌총수와 그 일가가 일정 지분율 이상 보유한 계열사에만 적용된다면 이 안은 거의 효력이 없을 것으로 예상되고 있다. 예를 들어 이 규제안이 재벌총수와 그 일가가 10% 이상의 지분을 보유하고 있는 계열사에만 적용된다면 새로운 기준에 의해 규제를 받게 될 내부거래 규모는 급격히 줄어든다. 예를 들면 삼성전자의 경우 2012년 말 기준 총수일가의 지분율은 4.09%였다. 그리고 이 기업의 내부거래 규모는 1,038억 3,800만 달러로 매출액의 83%에 달했다. 그런데

---

[133] 2013년에도 총수일가의 지분율은 상장기업의 경우 5.1%였고 비상장기업의 경우 3.4%였다. 그리고 상장기업의 경우 내부지분율은 39.5%였으며 비상장기업의 경우에는 75.1%였다. 2014년에도 거의 변화가 없음을 알 수 있다.

이들의 지분율은 10% 미만이므로 새 규제안은 삼성전자에는 적용되지 않는다.[134] 만약 이 기준이 20%나 30%로 조정된다면 새 규제안은 급격히 그 효력을 상실할 것이다. 이것이 실제 현실에서 벌어지고 있는 일이다.

이런 이유로 필자는 재벌 문제와 관련해 지속적으로 의식 변화의 중요성을 강조했던 것이다. 한국경제는 이미 재벌에 의해 장악되었기 때문에 법적 조치를 강화하는 것으로는 재벌로의 경제력 집중을 막기 어렵다. 재벌 또한 이 사실을 잘 알고 있다. 이런 점에서 경제민주화를 저해하는 주범으로 재벌을 비난하는 것은 좋은 전략이 아니다. 왜냐하면 그들은 이미 장악하고 있는 언론을 통해 지속적으로 이를 반박하는 보도를 내보낼 수 있기 때문이다. 따라서 재벌 문제를 해결하기 위해서는 정치인, 관료, 언론인 그리고 일부 학자 들이 급속한 경제성장 달성이라는 명분하에 다양한 방법으로 재벌의 출현과 성장을 적극 지원했다는 의미에서 재벌의 공범임을 인정해야 한다. 만약 이들이 실수를 인정하고 개발 기간 내내 중소기업들과 일반 서민들을 희생하는 가운데 재벌들을 일방적으로 지원한 것에 대해 국민들에게 사죄한다면, 국민은 정치인들이 주동이 되어 재벌개혁을 시도하는 것을 지지해 줄 것이다. 그렇다면 재벌은 더 이상 종전과 같이 오만한 태도를 유지하지 못할 것이다. 이와 같이 이들 모두가 진심으로 잘못을 인정할 때 비로소 공존과 공영을 위한 조화로운 방법을 모색할 수 있다. 이것이 최소한의 비용으로 코리아 디스카운트를 극복할 수 있는 길이다.

---

[134] 이에 대한 상세한 내용은 www.seoulfn.com/news/articlePrint.html?idxno=168602의 기사를 참조하라.

4. 코리아 디스카운트와 금융주권

주식과 같은 위험자산이 평균적으로 저평가되었는지 판단하는 가장 쉬운 방법은 그 나라의 전반적인 주가이익비율을 다른 나라의 주가이익비율과 비교하는 것이다. 그런데 주가이익비율이 간편한 기준인 것은 사실이지만, 매년 변할 뿐만 아니라 이것으로는 파악할 수 없는 다른 경제적 요인들도 있기 때문에 이 기준이 때로는 우리를 오도誤導할 수도 있다. 따라서 이것을 이용하기 전에 코리아 디스카운트의 원인에 대해 다시 한번 생각해 볼 필요가 있다.

한 나라의 증권시장에 상장된 기업들의 주식은 금융자산의 일부이며 금융자산은 부동산으로 통칭되는 실물자산과 함께 국부의 주요 구성 요소들이다. 국부를 논하는 경우에는 파생증권들을 제외하는 것이 자연스럽다. 왜냐하면 이런 증권들의 거래는 기본적으로 제로섬게임이므로 서로 상쇄되기 때문이다. 이것은 국채나 회사채 같은 부채증서의 경우에도 마찬가지다. 이런 자산들을 제외한 후 남는 자산들은, 주식이든 부동산이든 그 보유자들에게 일정한 소득흐름을 제공하기 때문에 고유한 내재가치를 갖게 된다. 이론적 관점에서 보면 이런 자산들의 가격은 이들로부터 기대되는 미래의 소득흐름의 할인된 가치, 즉 현재가치의 총계에 해당한다. 이것이 다양한 가치평가 모형에서 널리 채택되고 있는 현금흐름 할인법의 핵심적인 내용이다. 이 방법에서 가장 중요한 것은 미래의 소득흐름에 적용될 할인율을 결정하는 것이다. 그리고 이 할인율을 결정하는 데 핵심 요소는, 주식이든 부동산이든, 해당 자산에 적용되어야 하는 위험 프리미엄이다. 위험 프리미엄이 시장에서 적절한 수준에서 결정된다면 해당 자산이 저평가되었는지 여부에 대해 논쟁할 이유가 없다. 이 원칙은 개별 자산뿐만 아니라 한 나라 전체에도 적용될 수 있다.

어떤 특정한 자산이 저평가되어 있는지는 다른 나라의 동종 자산과 비교해서 판단하는 것이 보편적이다. 예를 들어 서울의 아파트가 저평가되어 있는지 판단하려면 서울 소재 아파트 가격을 유사한 조건을 가진 뉴욕이나 도쿄의 아파트 가격과 비교해야 한다. 여기에 환율의 역할이 등장한다. 그 대상이 무엇이든 경제적 가치를 국제적으로 비교하려 할 때마다 환율의 중요성이 부각된다. 만약 환율이 적절한 방법으로 결정되지 않는다면 한 나라의 자산가격은 다른 나라의 자산가격에 비해 저평가될 수도, 고평가될 수도 있다. 위험 프리미엄과 환율은 시장에서 결정될 것으로 예상되므로 이들 시장이 자유롭고 경쟁적인 시장으로서 원활하게 작동하고 있는 한 이들 자산가격이 저평가되어 있는지 여부에 대해 문제를 제기하는 것 자체가 의미 없다.

그런데 한국에서 이 시장이 자유롭기는 하지만 경쟁적이지는 않다는 것이 문제다. 현재 외국투자자들은 이 시장에서 가격 결정에 큰 영향력을 행사하고 있다. 이들은 한국의 증권시장과 외환시장에서 시장지배적인 참여자들이다. 더욱이 개인투자자들뿐만 아니라 기관투자자들도 외국투자자들의 시장지배력에 대해서 잘 알고 있기 때문에 대체로 그들의 투자전략을 모방하는 경향이 있다. 따라서 한국 증권시장에는 일종의 자기 실현적인 기대self-fulfilling expectation가 형성되어 있으며, 이로 인해 외국투자자들의 시장지배력이 계속 강화되어 왔다.

필자는 여기서 한국의 자산시장에서 코리아 디스카운트의 주요 원인들 가운데 하나는 낮은 주가이익비율이나 높은 환율 자체가 아니라 증권시장과 외환시장에서 외국투자자들의 시장지배력이라는 점을 다시 강조하고 싶다. 그들이 이런 시장지배력을 유지하는 한 자신들의 글로벌 투자전략에 따라 한국의 주가를 통제할 수 있기 때문이다. 이들 시장이 외국투자자들에 의해 통제되고, 그래서 그들의 전략과 롱long 또는 쇼트short 포지션에 따라 가격이 그들에게 유리하게 결정된다면, 이것이 진정 코리아 디스카운트가 의미하는 것이다. 코리아 디스카운트를 극복하는 근본적인 방법은 외국투자자들의 시장지배력을 약화시키는 것이다.

물론 외국투자자들의 시장지배력이 코리아 디스카운트의 궁극적인 원인이라 하더라도 주식의 저평가 여부를 판단하는 간편한 방법으로서 주가이익비율의 타당성이 사라지는 것은 아니다. 단, 이것은 코리아 디스카운트의 원인이 아니라 결과로 해석되어야 한다. 그리고 다음과 같은 이유로 이 지표를 이용하는 경우에는 조심해야 한다. 첫째, 주가이익비율과 함께 이용하면 주식의 저평가 여부를 판단하는 데 도움되는 다른 지표들이 있다. 대표적으로는 주가순자산비율PBR과 배당수익률 dividend yield ratio을 들 수 있다.[135] 다음 〈표 6.12〉는 2000년부터 2013년까지 이 지표들의 추이를 보여준다. 앞에서도 언급했듯이 코스피200은 한국 증권시장에 상장된 200개의 블루칩으로 구성된 종합지수를 말한다. 즉, 이 기업들은 코스피시장에 상장된 777개 기업들 중 특별히 선정된 기업들이다. 따라서 코스피200에 포함된 기업들의 전반적인 주가이익비율과 주가순자산비율은 코스피 전체의 평균 주가이익비율이나 주

---

135 배당수익률=(배당금/주가)×100으로서 주가 대신 액면가를 사용하는 배당률과 다르다. 투자자의 입장에서 중요한 것은 배당수익률이지 배당률이 아니다.

가순자산비율보다 높을 것으로 기대된다. 왜냐하면 코스피200에 포함된 기업들이 코스피에 포함된 나머지 기업들보다 재무구조가 훨씬 더 안정적이며 수익성이 높기 때문이다.[136]

〈표 6.12〉 코스피와 코스피200의 주가이익비율 · 주가순자산비율 비교

연도	코스피 주가이익비율	코스피200 주가이익비율	코스피 주가순자산비율	코스피200 주가순자산비율
2000	15.34	12.29	-	-
2001	29.29	16.35	-	-
2002	15.61	15.22	1.05	1.15
2003	10.06	11.83	1.02	1.11
2004	15.84	13.75	1.16	1.26
2005	10.98	10.64	1.63	1.71
2006	11.40	11.11	1.46	1.53
2007	16.84	15.84	1.75	1.78
2008	8.99	8.90	0.94	0.97
2009	23.68	22.93	1.34	1.41
2010	17.80	17.95	1.50	1.60
2011	10.90	10.53	1.19	1.24
2012	12.92	12.26	1.25	1.31
2013	14.95	12.79	1.20	1.24
평균	15.33	13.75	1.29	1.36

출처: www.krx.co.kr

[136] 주가이익비율의 역수는 무위험 수익률과 위험 프리미엄의 합으로 해석될 수 있다. 이것은 또한 어떤 특정한 자산에 대한 요구 수익률과 동일하다. 예를 들어 어떤 특정 주식의 주가이익비율이 20이고 무위험 수익률이 2%라면 이것은 이 자산에 대한 위험 프리미엄이 3%라는 것을 의미한다. 왜냐하면 이 경우 주가이익비율의 역수는 0.05(5%)이기 때문이다. 따라서 만약 더 우량주식이므로 낮은 위험 프리미엄이 요구된다면 다른 주식들보다 주가이익비율이 높아야 한다. 같은 논리가 주가순자산비율에도 적용된다.

이 표에서 알 수 있듯이 코스피의 주가이익비율은 평균적으로 코스피200의 주가이익비율보다 높은데, 이것은 예상했던 것과 반대다. 이것은 한국시장에서 주식은 기업의 수익성, 안정성 및 미래의 성장잠재력에 의해서 평가되지 않았다는 것을 의미한다. 다른 한편 코스피의 주가순자산비율은 평균적으로 코스피200의 주가순자산비율에 비해 다소 낮았는데, 이것은 예상했던 것과 일치한다. 여기 제시된 자료는 모순된 결과를 보여주므로 한국 증권시장에는 일종의 가격 왜곡이 존재한다는 의심이 간다. 필자는 이런 가격 왜곡 또한 코리아 디스카운트의 징표 가운데 하나로 해석할 수 있다고 생각한다. 만약 시장에서 주식이 공정하게 평가된다면 이런 가격 왜곡은 일어나지 않을 것이기 때문이다. 한편 코리아 디스카운트를 평가하는 데 적용할 수 있는 다른 보조지표로 배당수익률을 들 수 있다. 다음 〈표 6.13〉에 제시된 것처럼 한국시장에서 배당수익률은 다른 나라에 비해 그다지 높지 않다.

〈표 6.13〉 배당수익률 추이

(단위: 퍼센트)

연도	코스피	코스피200
2000	2.44	2.10
2001	1.73	1.67
2002	1.77	1.56
2003	2.09	2.00
2004	2.06	2.02
2005	1.74	1.80
2006	1.66	1.63
2007	1.39	1.43

연도	코스피	코스피200
2008	2.58	2.62
2009	1.17	1.15
2010	1.12	1.08
2011	1.54	1.53
2012	1.33	1.30
2013	1.14	1.12
평균	1.70	1.64

출처: www.krx.co.kr

이 표에서 알 수 있듯이 코스피200의 배당수익률은 코스피에 비해 다소 낮은데, 이것은 우리가 예상했던 것과 일치한다. 주가이익비율과 주가순자산비율에 관한 자료와 함께 이 사실을 고려한다면 한국 증권시장이 비효율적으로 작동해 왔다고 결론 내리기 어렵다. 그렇지만 다른 나라의 자료와 비교함으로써 상대적인 관점에서 이 문제를 살펴본다면 다른 결론이 유도될 수 있다. 예를 들어 한국의 배당수익률과 다른 나라들의 배당수익률을 비교하면 2011년 코스피200의 배당수익률은 1.53%였는데, 이것은 모건스탠리지수MSCI에 기초한 이머징 마켓emerging market의 평균 배당수익률 2.9%에 비해 명백히 낮은 수준이었다.[137] 한국 증권시장에서 대부분의 상장기업들이 낮은 배당정책을 유지하려는 경향이 코리아 디스카운트의 또 다른 원인일 수도 있다.

주가이익비율의 경우에도 동일한 이야기가 성립할 수 있다. 만약 코

---

[137] 이에 관한 상세한 내용은 2013년 1월 21일자 『파이낸셜타임스』의 기사를 참조하라.

스피의 주가이익비율이, 관련된 몇몇 요인을 고려하는 가운데, 다른 나라들의 주가이익비율에 비해 일관되게 낮은 것으로 드러난다면 이것은 코리아 디스카운트의 증거로 해석될 수 있다. 이런 점에서 우리는 경제성장률, 이자율, 회사채 수익률 및 자본 비용과 같은 경제적 요인들을 고려하는 가운데 코스피의 주가이익비율과 다른 나라의 그것을 비교해야 한다. 이런 관점에서 본다면 코스피의 주가이익비율은 중국, 일본, 독일, 브라질 및 러시아 같은 나라들과 비교해 결코 낮지 않다는 연구 결과도 있다.[138] 필자 또한 개인적으로는 최근 한국의 주식이 저평가되고 있다는 명백한 증거가 있다고 생각하지 않는다. 그렇지만 이것은 한국 증권시장을 특정 시점에서 평가해서 일관된 답을 얻을 수 있는 문제가 아니다. 어떤 시점에서 평가하는가에 따라 결과가 달라질 수 있다. 이것이 한국 증권시장의 특징이자 한계다.

우리는 더 이상 코리아 디스카운트의 원인과 결과를 혼동해서는 안 된다. 낮은 주가이익비율과 주가순자산비율은 코리아 디스카운트의 징표로 해석될 수 있다. 따라서 주가이익비율과 주가순자산비율에 관한 자료는 코리아 디스카운트의 결과로 해석되어야지 그 반대가 되어서는 안 된다. 다른 한편 평가절하된 환율과 낮은 배당수익률은, 외국투자자들의 시장지배력과 함께 코리아 디스카운트의 원인으로 해석될 수 있다. 그 이유는 이런 요인들이 한국의 주식이 저평가되도록 유도하기 때문이다. 즉, 한국 주식이 저평가되었기 때문에 환율이 평가절하되거나

---

138 이런 연구 결과에 관해서는 특히 www.lgeri.com에서 2013년 1월 23일자 〈LG Business Insight〉에 수록된 이한득의 보고서를 참조하라. 지금까지 필자가 정의한 의미에서의 코리아 디스카운트에 관한 논쟁은 거의 찾아보기 어려웠다. 이런 의미에서 필자는 그의 보고서가 이 문제와 관련해 읽을 만한 가치가 있다고 생각한다.

배당수익률이 낮거나 또는 외국투자자들이 시장을 지배하는 것이 아니라 그 반대인 것이다. 코리아 디스카운트를 논할 때 원인과 결과를 혼동해서는 안 된다. 그래야만 진정한 코리아 프리미엄을 달성할 수 있는 실천적인 방안을 마련할 수 있다.

7장 _ 코리아 프리미엄의 과제

1. 코리아 프리미엄과 물질·정신의 조화

1) 물질적 풍요와 정신적 성숙의 조화

　인류의 역사는 물질과 정신이 상호작용하는 가운데 다양한 문명이 명멸해 온 과정으로 이해할 수 있다. 인간 개개인이 몸과 마음으로 구성된 존재이듯, 사회 또한 물질과 정신을 기반으로 유지되는 공동체다. 이 두 요소가 어떻게 상호작용을 하는가에 따라 개인과 사회의 명운이 결정된다. 고대 수메르, 이집트, 중국 및 인도문명과 그리스, 로마문명 등 세계사에서 중요한 위치를 점했던 문명들을 살펴보면 문명의 부침을 결정하는 핵심 요인은 물질적 풍요와 정신적 성숙 간의 조화였음을 알 수 있다. 한마디로 이들 간의 조화가 유지되면 문명이 번성했고, 조화가 깨지면 붕괴했다. 과거의 문명에 비해 비교할 수 없을 정도로 복잡해지고 규모가 커졌지만, 현대문명도 동일한 관점에서 접근할 수 있다. 정신적 성숙이 뒷받침되지 않는 경우 문명의 붕괴는 시간 문제일 뿐이다.

사람들의 생활 수준에 큰 영향을 미치는 물질적 풍요는 대체로 전반적인 생산성 수준, 적절한 제도적 기반 그리고 이용 가능한 다양한 자원에 의해 결정된다. 자기발전을 위한 여가시간과 함께 의·식·주라는 기본적 욕구가 충족되어야 한다는 점에서 물질적 풍요가 중요하다는 사실에는 의심의 여지가 없다. 이것이 모든 문명의 기초인 것은 분명하지만, 장기적인 번영을 위한 충분조건은 아니다. 어느 시대, 어느 지역에서든 사람들은 물질적 풍요에 중독된 이후에는 쉽게 이 명백한 사실을 망각하는 경향이 있다.

정신적 성숙의 의미를 한마디로 정의하기는 어렵지만, 필자는 이것을 사람들의 전반적인 의식 수준의 관점에서 해석해 왔다. 부연하자면 이것은 인간의 이성적·감성적 그리고 영성적 측면을 모두 망라하는 가운데 파악할 수 있다. 따라서 정신적 성숙은 특정한 종교적 깨달음이나 특정한 지식의 축적에 국한되지 않는다. 사람들이 특정한 종교적 교리를 맹목적으로 신봉하거나 특정한 지식만이 궁극적인 진리인 것으로 확신한다면, 오히려 전반적인 정신적 성숙을 저해할 수 있다. 만약 우리가 지금까지 이룩한 것들을 냉정하고 객관적으로 되돌아보는 데 관심이 없으며 현재 우리 사회에서 벌어지고 있는 일들을 제대로 이해하지 못하고 있다면 정신적으로 미숙한 상태에 있는 것이다. 이런 관점에서 우리 자신을 되돌아보는 훈련이 필요하다.

이런 훈련을 통해 얻을 수 있는 중요한 교훈은 의식 수준의 향상을 통해 정신적 성숙을 추구하는 것이 장기적으로는 물질적 풍요보다 더 가치 있다는 사실이다. 그러나 유감스럽게도 현재 한국사회에서는 물질적 풍요만이 가치 있는 것으로 인정받고 있다. 달리 말하면 물질적 풍요를 위해서는 정신적 가치 따위는 언제라도 무시할 수 있다는 사회적 분위기가 형성되어 있다. 그 이유는 극단적인 배금주의의 망령이 한국사회를 지배하고 있기 때문이다. 배금주의는 어느 시대, 어느 사회에서나 관찰할 수 있는 보편적인 현상이지만 우리의 경우 정도가 지나친 것이 문제다. 물질적 풍요가 제공하는 쾌락은 강렬한 반면 정신적 성숙은 그렇지 못하다. 또한 물질적 풍요는 다른 사람들에게 과시할 수 있지만 정신적 성숙은 개인의 내면에서 일어나는 변화이므로 그렇지 못하다. 따라서 내면의 변화보다 다른 사람들의 평가를 중시하는 한 정신적 성숙을 추구하는 사회적 분위기를 정착시키기 어렵다. 이것이 현재 한국사회의 현실이다.

인간은 자신의 생존과 자손의 번영을 위해 최선을 다하도록 진화해왔다. 이것은 자연이 우리에게 준 선물이자 한계다. 그래서 물질적 풍요에 더 큰 가치를 부여하는 것이 자연스럽게 여겨지는 반면, 이것을 폄하하는 것은 위선적으로 간주될 수도 있다. 이런 이유로 사람들이 의식 수준을 상승시키는 것은 지극히 어렵지만, 불가능한 것은 아니다. 적절한 훈련을 통해 의식 수준을 상승시킬 수 있다는 많은 연구가 축적되었기 때문이다.[139] 그렇지만 인간은 오랜 세월에 걸쳐 보이는 것, 만질 수 있

---

[139] 2012년에 작고한 정신과 의사이자 저명한 영성운동가였던 데이비드 호킨스는 근육테스트라는 과학적 기법을 이용해 인간의 의식 수준을 측정할 수 있다고 주장했다. 그에 의하면 인간의 보편적인 의식 수준을 단기간에 향상시키는 것은 매우 어렵다. 그가 로그 스케일log scale로 측정한 인간의 보편적인 의식 수준은 1980년대까지 200 이하의 수준에서 오랫동안 머물렀는데, 소련이 붕괴하고 냉전시대가 종식되면서 인류 역사상 처음으로 의식 수준이 200을 넘어섰다고 한다. 그는 각 단계의 의식 수준을 하나의 단어를 이용해 상징적으로 나타냈는데, 깨달음은 가장 높은 수준인 700 이상에 해당한다. 평화는 바로 다음의 의식 수준인 600에 해당하며 가장 낮은 의식 수준은 수치심으로 20에 해당하고, 그 다음은 죄책감으로 30에 해당한다고 주장

는 것 그리고 자극적인 것에 반응하도록 진화해 왔으므로, 이 점을 고려하는 가운데 의식 수준의 상승이라는 문제를 다루어야 한다. 이것은 개인적이고 단기적인 차원이 아니라, 전체적이고 장기적인 관점에서 접근해야 하는 문제다. 그렇기 때문에 이 문제와 관련해서는 정신적 리더의 역할이 중요하다.

사람들이 물질적 풍요에만 집착한다면 모든 가치가 여기에 집중될 것이고, 정신적 가치는 무시될 수밖에 없다. 특히 이런 경향은 군중심리에 휩싸여 군집행동을 하는 사람들이 많은 경우에 더욱 심해진다. 그러면 물질적 풍요와 정신적 빈곤의 공존이라는 파행적인 상황을 피하기 어렵다. 만약 이런 상태가 오랫동안 지속된다면 그 사회는 내부에서부터 서서히 붕괴하게 될 가능성이 높다. 이런 의미에서 가장 이상적인 상태는 물질적 풍요가 정신적 성숙으로 이어지는 것이다. 이것은 칼 융이 말하는 대극합일에 해당하는데, 사람들이 물질적 풍요를 쾌락의 원천으로만 간주하지 않고 자기발전과 사회발전을 위한 경제적 자원으로 활용하는 경우에 가능하다. 이런 상태에 도달하기 위해서는 무엇보다도 높은 수준의 문화적 전통과 건전한 사회규범이 확립되어야 한다. 전반적인 의식 수준의 상승만이 이런 상태를 실현할 수 있는 유일무이한 원천이다. 현재 한국사회에 만연한 물질적 풍요와 정신적 가치의 불균형을 극복할 수 있다면 코리아 프리미엄의 실현은 결코 불가능한 과제가 아니다.

했다. 그는 수십 년에 걸쳐 수많은 실험을 통해 이 방법이 과학적으로 타당할 뿐만 아니라 이를 바탕으로 의식 수준을 상승시킬 수 있는 방법을 제시했다. 필자는 기본적으로 그의 생각에 동의하며 명상을 비롯한 다양한 정신 훈련을 통해 의식 수준을 상승시킬 수 있다고 생각한다.

2) 물질적 풍요의 이중적 측면

과거 수천 년 동안 빈곤을 벗어날 수 없었기에 한국인들에게는 생존 자체가 가장 중요했다. 따라서 일부 종교적인 사람들과 진지한 지식인들을 제외하고는 정신적 성숙에 대해 생각해 볼 여유가 없었다. 대부분의 사람들이 원했던 것은 살아생전에 물질적 풍요를 즐기는 것이었다. 하지만 그렇다고 해서 과거에 정신적 가치가 완전히 무시되었던 것은 아니다. 역설적으로 과거 지배층은 형식적으로는 정신적 가치를 존중하는 것처럼 행동했는데, 그 이유는 그것이 기득권을 유지하는 데 유리했기 때문이다. 그렇지만 일부 열성적인 신봉자들을 제외하고 대부분의 사람들에게 정신적 가치는 표면적이고 과시적인 수단에 불과했다.[140] 대신 우리의 의식은 만성적인 빈곤을 극복하고 물질적 풍요를 달성하려는 열망에 사로잡히게 되었다. 칼 융의 표현을 빌리면 이것은 대극반전에 해당한다.[141]

한국인이 유사 이래 처음으로 물질적 풍요를 누리기 시작한 것은 경제개발계획의 성과가 본격적으로 나타나기 시작한 1980년대 이후다. 지

---

[140] 이 점에서 우리 조상들이 지녔던 선비정신에 대해 생각해 볼 필요가 있다. 이만열(2013)은 선비정신에서 현재 글로벌 시대에 적용할 수 있는 새로운 도덕적 기준을 발견할 수 있다고 말한다. 그렇지만 필자는 이에 대해 회의적이다. 고려시대와 조선시대에 자신에게 엄격하고 군자의 도를 실천하려 했던 선비들이 적지 않았다. 그러나 이들에게는 이런 정신도 결국은 관직에 등용되기 위한 수단에 불과하지 않았나 하는 의구심이 든다. 그들의 학문과 노력을 폄하해서가 아니라 봉건적 신분질서 속에서 그들의 정신세계에는 분명 한계가 있었다는 점을 지적하려는 것이다. 또한 유교원리 자체가 예학을 통해 왕(중국의 경우 천자)을 중심으로 하는 신분질서를 강화하는 데 기여한다는 한계를 가지고 있었음을 유념할 필요가 있다.

[141] 칼 융은 이런 현상을 정신적 '에난치오드로미아Enantiodromia'라고 불렀다.

속적으로 높은 경제성장을 실현해 국민소득이 증가하고 전국이 동시다발적으로 개발되면서 부동산가격이 치솟자 사람들은 이런 변화에 처음에는 제대로 적응하지 못했다. 그러다가 주변에 운이 좋아 재산을 크게 불린 사람들이 등장하면서부터 한국인의 의식에 큰 변화가 생기기 시작했다. 사람들은 형식적으로나마 남아 있던 정신적 가치를 과감하게 버리고 노골적으로 물질적 풍요를 추구하기 시작했다. 이런 변화 속에서 군중심리와 군집행동의 경향이 더욱 강화되었으며, 모든 분야에서 한국적 패러다임으로 자리 잡게 되었다. 이때부터 한국인들은 새로운 가치를 창출하기보다는 수단 방법을 가리지 않고 기존에 있는 것을 더 많이 확보하는 데 전념하게 되었다. 그 후 한국인의 의식은 이 수준에서 조금도 상승하지 않았다. 왜냐하면 이런 변화의 충격이 너무 강해서 누구도 더 많이 소유하고자 하는 욕구로부터 자유롭지 않게 되었기 때문이다. 물질적 풍요는 우리에게 감각적 쾌락을 제공해 주었지만 우리의 마음은 조급함, 불안감 그리고 시기심으로 가득 차게 되었다.

일반적으로 물질적 풍요는 두 가지 상반된 효과를 야기한다. 물질적 풍요는 만성적인 빈곤으로부터 우리를 해방시켰으며, 우리가 원하는 목적을 추구할 수 있는 자유와 힘을 제공했다. 물질적 풍요는 우리에게 다양한 재화와 서비스를 공급해 줌으로써 일상생활을 윤택하게 했으며, 여가를 즐길 수 있게 해주었다. 이것은 동전의 한 면에 해당하며, 다른 면은 의식 수준의 하락과 밀접하게 관련되어 있다. 물질적 풍요는 직간접으로 의식 수준에 영향을 미친다. 우선 물질적 풍요는 보통 소득의 불평등을 동반하며, 궁극적으로 재산의 불평등을 심화시킨다. 그리고 시간이 경과함에 따라 이런 격차는 더욱 확대되게 되어 있다. 이런 불평등이 용인할 수 있는 범위를 벗어나면 사회적 불안과 개인적 불행의 원천이 된다. 따라서 물질적 풍요를 유지하고 싶다면 이런 불평등이 일정한 한계를 넘지 않도록 해야 한다. 그러나 한국사회에서 조만간 불평등이 완화될 것 같은 징후는 어디에도 없다. 그 이유는 한국경제의 지대추구적인 특성이 점점 강화되고 있기 때문이다. 그리고 이 문제의 핵심에는 재벌이 존재한다. 대부분의 파워엘리트들이 교묘한 방법으로 재벌을 지지하고 있기 때문에 지대추구적인 특성은 우리의 의식 수준을 낮춰 향후 코리아 프리미엄을 실현하는 데 장애 요인으로 작용할 것이다.

또한 한국사회에는 물질적 풍요에 기여하지 못하는 정신 활동을 폄하하는 분위기가 만연해 있다. 이것은 물질적 풍요가 한국인의 의식 수준을 낮추고 있다는 명백한 증거다. 한국인 대부분이 이런 식으로 생각한다면 전반적인 의식 수준이 낮아지는 것은 시간 문제다. 이미 우리의 의식 수준이 전반적으로 낮아졌다는 증거를 도처에서 발견할 수 있다. 이런 전도된 현상을 막을 수 있는 방법은 문화 수준을 높이고 건전한 사회 규범을 확립하는 것이다. 왜냐하면 전반적인 의식 수준은 문화적 전통 및 사회규범과 밀접하게 관련되어 있기 때문이다. 문화적 전통이 제대로 확립되면 사람들이 물질적 가치 외에 다른 가치를 존중하는 분위기가 형성될 수 있으며, 건전한 사회규범이 확립되면 크고 작은 다양한 갈등들이 급격히 줄어들 것으로 기대할 수 있다. 이런 긍정적인 변화가 지속적으로 일어난다면 한국인의 의식 수준을 높이는 데 크게 기여할 것이다.

3) 조화와 균형의 회복

한 사회에서 정신적 성숙은 사람들이 삶의 신비로운 측면에 특별한 의미를 부여할 때에만 달성할 수 있다. 이것은 사람들이 자신의 내면세계를 인정하고, 스스로 존재론적 질문을 던질 수 있을 때 가능하다. 눈 앞의 쾌락만이 부정할 수 없는 실체라고 믿는 사람에게 정신적 성숙은 연목구어緣木求魚에 지나지 않는다. 우리는 몸과 마음이 조화를 이룬 경우 진정한 건강을 유지할 수 있다. 그런데 몸을 만들기 위해 여러 가지 운동을 하거나 마음을 닦기 위해 명상 수행을 한다 하더라도 이런 행위들이 조화를 이루지 못한다면 건강을 유지하기 어렵다. 이런 논리를 사회에도 그대로 적용할 수 있다. 사람들이 정신적 가치를 무시한다는 것은 물질적인 풍요에 경도傾倒되어 있다는 명백한 증거다. 예를 들면 현재 한국사회에 만연한 외모지상주의는 이런 편향을 보여주는 대표적인 사례다. 물질적 풍요를 추구하는 것과 외모지상주의는 별 관련이 없는 것으로 보이지만 실제로는 그렇지 않다. 외모를 중시하는 사람들은 잘생기고 호감이 가는 외모를 바탕으로 물질적 보상을 얻으려 한다. 이런 의미에서 물질만능주의, 즉 배금주의와 외모지상주의는 이란성 쌍둥이다. 배금주의는 외모지상주의를 자극하고, 외모지상주의는 배금주의를 강화한다. 이 둘은 물질적 풍요와 정신적 성숙 간의 조화를 저해하는 주요 원인이다.

현재 한국사회는 이 두 가지 현상으로 인해 질식할 지경이다. 정신적 가치의 최후 보루라 할 수 있는 종교계와 교육계마저도 배금주의의 늪에 빠져 있다는 사실은 한국사회의 현주소를 말해 주고 있다. 우리의 의식과 무의식에는 이미 배금주의가 견고하게 자리 잡고 있다. 나아가 한국인들의 군집행동으로 인해 이런 상황이 더욱 악화되고 있다. 여기서 다시 강조하지만 재벌 문제는 한국사회에 만연한 배금주의와 밀접하게 관련되어 있다. 이런 이유로 물질적 풍요와 정신적 가치의 조화를 위해 재벌의 역할이 중요한 것이다. 특히 코리아 프리미엄의 실현을 위해서는 재벌총수와 그 일가의 의식 수준에 변화가 있어야 한다. 이것은 그들 자신을 위해서도 필요하다. 그들에 포획된 파워엘리트들이 소극적으로 법과 제도를 정비하는 것으로는 의미 있는 변화를 기대하기 어렵다. 필자는 법과 제도를 정비해 재벌개혁을 추진하는 것을 반대하는 것이 아니라 그 효과를 기대하기 어렵다는 점을 강조하려는 것이다.

여기서 배금주의가 한국사회를 지배하게 된 배경을 역사적 관점에서 생각해 볼 필요가 있다. 필자는 극단적인 배금주의는 정신적인 가치를 지나치게 강조했던 과거의 전통에 대한 반발 때문이라고 생각한다. 이것은 대극반전에 해당한다. 이런 의미에서 물질적 풍요와 정신적 성숙 간에는 일종의 상충관계가 성립하는 것으로 간주되어 왔으나, 이들은 상보적일 수 있다는 점을 인식해야 한다. 왜냐하면 물질적 풍요는 얼마든지 정신적 성숙을 위한 물적 기반으로서 일정한 역할을 할 수 있기 때문이다. 이런 관점에서 사회지도층, 특히 재벌총수와 그 일가의 역할이 중요하다. 노블레스 오블리주는 이런 목적에 기여할 수 있는 대표적인 덕목이다.

한국사회에는 과시적인 의도나 체면 때문이 아니라 진정으로 노블레스 오블리주를 실천하려는 사람들이 필요하다. 그러나 현재 형식적인 체면을 넘어서서 진정한 명예를 존중하는 사람은 찾아보기 어렵다. 만약 정신적 성숙의 가치를 계속 무시함으로써 이들 간의 조화와 균형을 회복할 가능성이 점점 낮아진다면 우리의 잠재력은 크게 약화될 것이다. 우리 스스로 코리아 디스카운트의 원인을 제공하고 있는 셈이다. 결자해지結者解之라는 말이 있듯이 이런 불균형을 해결하는 실마리를 제공해야 하는 주체는 바로 재벌과 정부다. 필자는 과거 정부에서 물질적 번영을 위해 '새마을운동'을 추진했던 것처럼 현 정부에서는 정신적 성숙을 위해 '새마음운동'을 추진할 것을 제안한다. 전자가 물질적 복지에 초점을 맞추었던 것처럼 후자는 의식 수준을 높이는 데 기여하도록 설계되어야 한다.

한국사회에서 재벌은 부러움과 시기의 대상일망정 존경의 대상은 아니다. 재벌총수와 그 일가는 많은 사람들이 고통을 받고 있는 가운데 홀로 경제력을 강화하고 부를 즐기는 것이 부질없는 일임을 알아야 한다. 이것은 의식 수준이 낮은 사람들에게 해당되는 행위임을 자각해야 한다. 사유재산권을 보장하고 선택의 자유와 계약의 자유를 기본으로 하는 시장경제에서는 누구나 자신의 재산과 소득에 대한 권리를 타인에게 주장할 수 있다. 단, 재산과 소득을 합법적으로 취득했을 뿐만 아니라 사회규범에 비추어 정당한 것으로 인정받는 경우에는 그러하다. 시장경제에서는 누구나 예외 없이 책임과 권리를 갖고 있다. 이를테면 세금을 납부해야 하는 것은 책임인 반면, 소득에 대한 배타적인 소유권을 주장할 수 있는 것은 권리에 해당한다. 그런데 평균적으로 다른 사람들에 비해 더 많은 특혜를 받아 재산을 축적한 사람이 있다면, 이에 상응해 더 많은 책임을 부담하는 것이 이성적이며, 건전한 사회규범에도 부합한다. 재벌총수와 그 일가는 가장 많은 특혜를 받은 사람들이다. 경제개발계획이 본격적으로 추진된 이래 각종 정부정책을 통해 이들이 받은 혜택은 상상을 초월한다. 따라서 이런 특별한 혜택에 상응하는 만큼 사회에 환원하는 것이 순리고 상식이다. 그런데 이와 반대로 재벌은 지대추구적 경제구조를 더욱 견고하게 함으로써 이런 책임을 면하려 했다. 이것은 경제적 자원이 부족했던 경제개발 초기부터 최근까지 다른 부문을 희생하는 가운데 재벌을 집중적으로 지원했던 정부정책의 정당성을 부인하고 국민을 기만하는 행위다.

그들은 자기들이 받은 특혜에 상응해 많은 세금을 납부했고, 많은 사람들에게 일자리를 제공했으며, 좋은 품질의 상품을 공급함으로써 총체적으로 경제발전과 국민복지에 기여했다고 항변할 수 있다. 그렇지만 이것이 억지 논리라는 것은 그들도 알고 있다. 그들은 합법적으로 기업을 경영했으므로 자신들이 받은 각종 혜택도 결국 시장원리에 따라 제품에 반영되었다고 주장할 수 있다. 즉, 국민들에게 좋은 제품을 낮은 가격에 공급함으로써 자기들이 받은 특혜를 시장원리에 따라 되돌려 주었다고 주장할 수 있다. 그러나 이것 또한 억지임을 그들도 알고 있다. 이런 책임을 통감하고 재벌 스스로 기업이익의 상당 부분을 사회에 환원하라는 것이 아니다. 사회에 환원하는 책임은 기업에 있는 것이 아니라 재벌총수와 그 일가에 있는 것이다. 이들은 막대한 재산의 상당 부분이 위험을 감수하고 창의적으로 노력한 결과라기보다는 이런 특혜에 의존했음을 인정하는 용기를 보여주어야 한다. 그런 후 어떤 방식으로 사회에 환원하는 것이 가장 바람직한지 그들 스스로 자유의지에 따라 결정할 수 있는 기회를 가져야 한다. 이것은 법으로 강제할 문제가 아니라 가치판단의 문제이며 명예의 문제다.

필자는 그들이 한국사회에서 물질적 풍요와 정신적 성숙 간의 조화를 회복하는 데 기여하기를 바란다. 그들이 진정 명예를 존중한다면 그렇게 해야 한다. 지금까지 그들은 물질적 가치만이 유일한 가치인 것처럼 행동함으로써 사람들의 가치판단에 혼란을 제공했다. 그들은 사람들이 정신적 가치를 무시하고 물질적 풍요에 집착하도록 만든 책임을 면할 수 없다. 또한 한편으로는 사람들이 부를 추구하면서도 다른 한편으로는 부를 폄하하는 이중적인 가치체계를 형성하게 된 데는 그들의 책임이 크다. 어느 것이 '깨끗한 부'인지 '더러운 부'인지 구분하기 어려운 경우 사람들은 대부분 더러운 부일 것으로 짐작하고 폄하하려 한다. 이로 인해 깨끗한 부를 축적한 사람들마저 제대로 평가받지 못하는 실정이다. 이것도 일정 부분 그들의 책임이다. 그들이 깨끗한 부를 축적했다고 믿는 사람은 없다.

인간이 극복하기 어려운 세 가지 독소인 탐貪, 진嗔, 치痴, 즉 탐욕, 원망, 어리석음 가운데 재벌총수와 그 일가는 특히 '탐'과 '치'의 굴레를 벗어나지 못하고 있다. 필자는 이 가운데 어리석음이 더 근본적인 독소라고 생각한다. 왜냐하면 어리석은 사람은 자신이 탐욕에 빠져 허우적거리고 있다는 것조차 모르고 맹목적으로 탐욕을 추구하기 때문이다. 진실로 현명한 사람은 결코 탐욕에 빠지지 않는다. 그러나 그들은 탐욕과 어리석음의 굴레에 갇혀 물질적으로 호화롭게 사는 과정에서 무엇을 잃는지도 모르고 있다. 그들이 이런 굴레에서 벗어날 수만 있다면, 짧은 기간 동안 물질적 쾌락을 즐기는 것보다 사회적 약자들에게 도움을 줌으로써 오랫동안 존경받는 것이 더 가치 있는 삶이라는 사실을 알게 될 것이다. 그들도 진정한 명예의 가치는 돈으로 환산할 수 없다는 것을 알고 있을 것이다. 그들이 우리의 문화 수준을 높이고 사회규범을 확립하는 데 적극적으로 기여한다면 한국사회에 큰 변화를 기대할 수 있다. 그러면 그들은 지금까지 코리아 디스카운트의 원인을 제공했다는 오명을 벗을 뿐만 아니라, 코리아 프리미엄의 초석을 마련한 사회적 리더로 존경받을 수 있다.

2. 코리아 디스카운트와 한국사회의 현주소

1) 한국사회의 가치체계

인간은 물질적이든 정신적이든 가치를 추구하는 존재다. 우리는 감각적인 쾌락을 제공하는 맛있는 음식, 사치품 그리고 멋진 옷과 같은 재화를 소비하면서 행복을 느낀다. 또한 마음을 편안하게 해주는 모임에 참여하거나 사랑하는 사람들과 같이 시간을 보내는 경우에도 행복을 느낀다. 가치 있는 것과 가치 없는 것을 항상 의식하도록 되어 있기에 인간은 가치판단을 하지 않고는 한 발자국도 나아갈 수 없는 존재다. 따라서 개인이 추구하는 가치와 사회가 추구하는 가치 간에 갈등이 없는 경우 사회의 잠재력을 극대화할 수 있다. 반면 이들 간에 갈등이 지속된다면 사회적 통합은 불가능할 뿐만 아니라 사회의 잠재력도 점점 고갈된다.

한국사회를 500년 이상 지배했던 유교원리와 농경사회의 특징으로 인해 한국인들은 대체로 개인주의보다는 공동체정신을 따르도록 강요받아 왔다. 그러다가 서구문화가 도입되고 경제개발이 성공적으로 이루어지면서 한국인들은 그동안 억압되었던 개인적인 자유와 욕망을 여과 없이 분출하기 시작했다. 다른 사람들의 자유를 존중하는 가운데 자신의 자유를 즐긴다는 진정한 개인주의 원칙은 외면당한 채, 사이비 개인주의가 한국인들의 의식을 점령했다. 그 결과 한국인들은 무분별하게 개인의 자유를 남용하기 시작했고, 이런 가운데 유일한 가치기준으로 자리잡은 것은 물질적 가치, 즉 돈이었다. 이런 상황에서 공동체의 복지나 평등과 같은 공동선을 추구하는 것은 공허한 정치적 구호로 전락했다. 어떤 정치인도, 사회운동가도 공동선을 추구해야 하는 당위성을 일반대중에게 알리는 데 실패했다. 따라서 정권이 바뀌고 파워엘리트들이 교체되어도 개인적 가치와 사회적 가치 간의 갈등이라는 모순된 상황은 조금도 완화되지 않고 있다. 이런 상황에서는 코리아 프리미엄은 기대하기 어렵다.

오늘날 대부분의 한국인들은 공통의 가치기준 없이 살아가고 있다. 전통적인 가치체계는 영향력을 상실한 반면, 새로운 가치체계는 아직 형성되지 않은 상황에서 우리는 주변에서 일어나는 모든 일들을 오직 주관적인 관점에서 해석하는 데 익숙해졌다. 사회현상을 이해하는 데 주관적인 관점을 완전히 배제할 수는 없지만, 공통의 기준이 없어 지나친 주관적 편향을 보인다는 것은 결코 사소한 문제가 아니다. 결혼식이나 장례식과 같은 전통적인 영역에는 어느 정도 공통의 기준이 있지만, 새로운 영역에서는 주관적 편향이 두드러진다. 그래서 전통적인 영역을 벗어나면 우리는 길을 잃은 아이처럼 행동한다.

이와 같이 전통적인 영역과 새로운 영역에 상이한 가치기준이 적용되고 있는 이분법적 상황은 한국사회에서 보편적인 가치체계의 형성에 부정적인 영향을 미치고 있다. 더욱이 이 두 영역에 속하지 않는 중간 영역이 추가됨에 따라 한국사회의 가치체계에는 더욱 혼란이 가중되고 있다. 여기서 중간 영역이란 새로운 영역 가운데 아직 우리에게 충분히 익숙하지 않은 영역을 말한다. 예를 들면 노사협상이나 정치적·종교적 집회 그리고 서구적인 사교모임 등이 여기에 속한다. 다음 〈표 7.1〉은 사람들이 관심을 갖는 영역과 참여주체의 성격에 따라 어떤 종류의 가치체계가 적용되고 있는지 비교한 후, 이들 간의 조화를 모색하려는 의도에서 시도해 본 것이다.

〈표 7.1〉 가치체계의 매트릭스

부문 \ 영역	전통적인 영역	중간 영역	새로운 영역
민간부문	가족주의, 높은 신뢰 수준, 가부장적 질서, 공동체정신	약한 가족주의, 사회 규범의 부재, 중간 신뢰 수준, 극단적 기회주의	매우 약한 가족주의, 강력한 개인적인 기준, 낮은 신뢰 수준, 이해관계의 갈등
중간부문 (NGO 및 비영리단체 등)	순종적인 태도, 유교원리, 현실적 타협	이해관계의 갈등, 공격적인 태도, 공통 기준의 부재	사회규범의 부분적 부재, 거침 없는 행동, 강력한 개인적인 기준, 낮은 타협의 가능성
공공부문	공동체정신, 집단적인 행동, 유교원리, 극단적 형식주의	군중심리, 수동적 기회주의, 가치체계들 간의 갈등	개인적인 기준, 조직에 특화된 질서, 사회규범의 부재, 갈등의 연속

여기서 필자가 주장하려는 것은, 우리는 아직까지 이해당사자들 모두가 수용할 수 있는 보편적인 가치체계를 확립하지 못했다는 점이다. 이런 현상은 가족구성원, 친구 그리고 직장동료들과의 관계를 포괄하는

민간부문에 국한되지 않는다. 이것은 NGO를 비롯한 비영리단체들을 포괄하는 중간부문 그리고 공공기관, 법조계, 행정부 및 국회와 같은 공공부문에 더욱 만연해 있다. 각 부문에 적용될 수 있는 공통의 가치기준이 없기 때문에 사회 전반에 적용될 수 있는 보편적인 가치기준을 확립할 길이 없다. 우리는 사회적 통합을 유지한다는 책임은 망각한 채 개인적인 권리만 주장하고 있는 셈이다.

진짜 문제는 이런 현상이 정치인, 관료, 특히 재벌총수와 같은 사회지도층에게 더욱 현저하다는 사실이다. 서구와 극명하게 대조되는 것은 한국사회에서 사회지도층은 고통과 비용을 분담하기보다는 자신들의 특권과 혜택에만 관심이 있다는 점이다. 그렇지만 중산층에 속하는 사람들 가운데 적지 않은 사람들이 고통과 비용을 분담할 준비가 되어 있다는 점은 고무적이다. 지금 한국사회에서는 이와 같이 전도된 의식 수준이 문제다. 가장 높은 의식 수준을 실현해야 할 정치권이 가장 저급한 의식 수준을 보여주고 있다는 것이 의식 수준의 전도된 상태에 해당한다. 그리고 더 심각한 것은 정치인들은 이런 사실을 인식하지 못하고 있다는 사실이다. 이런 상황에서 가장 시급한 것은 모두가 동의할 수 있는 행동의 준칙으로서 보편적인 기준을 확립하는 일이다. 이것이 바로 건전한 사회규범이 필요한 이유다. 한국사회에서 표면적으로는 어느 정도 법치주의가 달성된 것처럼 보이지만, 아직도 상당히 미흡하다. 여전히 '유전무죄, 무전유죄'라는 냉소적인 정서가 사람들 사이에 지배적이라는 것이 이를 반증한다. 이런 한계를 극복하는 방법은 모든 영역에서 갈등을 조정해 주는 건전한 사회규범을 확립하는 것이다. 코리아 프리미엄을 위해서도 건전한 사회규범은 필수불가결하다.

2) 사례로 본 한국사회의 현황

필자는 앞에서 광의의 코리아 디스카운트의 원천으로 한국사회의 독특한 특성인 가족주의, 형식주의, 군집행동 그리고 역사의식의 부재를 거론했으며, 그 배경으로 우리에게 이성의 시대가 없었다는 점을 강조했다. 어느 사회나 고유한 특성을 갖고 있다. 따라서 이 사실만으로 그 사회를 낮게 평가할 수는 없다. 그렇지만 한국사회에 만연한 이런 특성들이 글로벌 기준에 비추어 보편성을 갖지 않는다면 이로 인해 한국사회가 지속적으로 저평가될 가능성을 배제하기 어렵다.

이 점을 감안할 때 향후 우리가 해야 할 일은 글로벌 기준과 양립 가능한 기준을 확립하든가 아니면 누구나 수용할 수 있는 새로운 글로벌 기준을 만드는 것이다. 만약 외국인들의 반응을 무시하면서 계속 우리 방식대로 행동한다면 그들에 의해 저평가되는 상황을 극복하기 쉽지 않다. 이런 불이익을 당하지 않으려면 우리가 지금까지 해왔던 행동이 글로벌 기준에 비추어 볼 때 어떻게 평가받을 수 있는지 반성해야 한다. 이를 위해서는 앞에서 거론했던 가족주의나 형식주의를 비롯한 한국인의 특성이 과연 어떤 문제를 야기하고 있는지 구체적인 사례들을 통해 이해할 필요가 있다. 다음은 이런 관점에서 코리아 디스카운트를 초래하는 구체적인 증거 사례로 선정된 것들이다. 이것은 일부에 불과하지만, 이런 구체적인 사례들을 통해 우리의 한계를 확인함으로써 향후 코리아 프리미엄을 위해 무엇을 해야 하는지 알 수 있다.

- 원칙 없이 빈번하게 이루어지는 정부조직 개편은 광의의 코리아

디스카운트의 원천이 될 수 있다. 한국을 주의 깊게 관찰한 외국인이라면 새로운 정부가 들어설 때마다 예외 없이 정부조직을 개편했다는 사실을 알고 있을 것이다. 이런 전통은 과거 새로운 왕조가 등장하는 경우 의도적으로 전 왕조를 매도했던 역사적 전통과도 무관하지 않다. 예를 들어 고려왕조는 고구려와 백제 두 나라를 멸망시키고 한반도를 통일한 신라왕조를 비난했으며, 정부조직을 변경했을 뿐만 아니라 전 왕조와 관련된 귀한 문헌이나 기록을 대부분 파괴했다. 조선왕조가 고려왕조를 대체했을 때도 같은 일이 반복되었다. 우리 역사에 관한 기록이나 문헌이 많이 보존되지 못한 것은 이런 이유 때문이다. 그래서 우리는 역사로부터 교훈을 얻을 수 있는 기회를 갖지 못했다. 역사적 기록을 보존하지 않는다는 면에서 한국인은 유대인과 확연히 비교된다. 이런 방식으로 선행했던 시대를 비판하고 기록을 없애는 것은 근시안적일 뿐만 아니라 반민족적이다. 한국인들이 역사에 더 많은 관심을 갖지 못하게 만든 원인 중 하나이기 때문이다. 역사의식이 부족한 민족은 결코 세계사의 주역이 될 수 없다. 최근 대통령이 한국사를 이해해야 한다는 것을 공식적으로 강조한 것은 좋은 소식이지만, 우리가 알아야 하는 한국사의 내용에 대해 언급하지 않은 것은 유감이다.

한국은 극단적으로 상반되는 역사관이 공존하고 있는 나라다. 더욱 유감스러운 것은 상반된 견해를 가지고 있는 사학자들이 진지하게 대화하려 하지 않는다는 사실이다. 이 문제와 관련해서는 주류사학자들의 책임이 더 크다. 이런 혼란으로 인해 우리는 독도 문제를 둘러싼 일본과의 국경 분쟁, 중국의 일방적인 동북공정에 대해 과거의 사료史料에 입각해 체계적으로 반박하지 못하고 감정적으로 대응하고 있는 실정이다.

따라서 논란의 여지가 없는 우리의 역사를 확립하는 것은 중요한 일이다. 그래야 역사의식을 가지고 우리의 행동을 되돌아볼 수 있기 때문이다. 우리는 아직까지도 이런 나쁜 관습을 극복하지 못하고 있다. 반복되는 정부조직 개편은 과거의 역사를 부정했던 전통을 상기시키는 사례라 할 수 있다. 또한 이것은 한국사회에 만연한 형식주의의 다른 표현에 해당한다. 모든 정부조직 개편이 그러하다는 것이 아니라, 과거를 부정하기 위한 빈번한 정부조직 개편은 문제가 있다는 것이다. 이런 전통이 광의의 코리아 디스카운트의 원천으로 작용할 수 있기 때문이다.

• 사외이사 제도는 외국에서 도입한 좋은 제도가 한국적 기업 풍토에서 제 역할을 못하는 제도로 전락한 전형적인 사례에 해당한다. 이 제도는 1997년 외환위기 이후 IMF의 구제금융에 부과된 조건들 가운데 하나로 기업부문의 구조조정 과정에서 도입되었다. 이 제도의 목적은 전문경영자가 대주주(대체로 재벌총수)의 이익을 위해 기업을 독단적으로 경영하는 것을 막고, 그럼으로써 이사회의 결정에 영향을 미치기 어려운 외국투자자들을 비롯한 소액주주들을 보호하는 것이다. 이 제도가 의도한 대로 잘 작동한다면 이 제도를 채택한 기업의 시장가치는 증가할 것이고, 모든 주주들에게 더 많은 혜택이 돌아갈 것으로 예상된다.

그런데 이 제도의 성공을 좌우하는 핵심 요인은 객관적인 자격 요건을 갖춘 독립적인 인사를 사외이사로 선정하는 것이다. 그렇지만 한국에서 이 기준에 의해 사외이사들이 선정되는 경우는 매우 드물었다. 반대로 대부분의 사외이사는 해당 기업의 대주주와 개인적으로 밀접한 관계 여부 또는 이사회의 결정에 호의적인 태도를 갖는지 여부에 따라서 선정되었다. 이런 기준에 의해 선정된 사외이사는 대주주가 원하는 경영정책을 무조건 추종함으로써 소액주주들을 보호한다는 본래의 역할을 수행하지 못한다. 이것이 이 제도의 현실이며 한국사회에 만연한 형식주의의 또 다른 사례다. 좋은 제도가 이런 식으로 변형되어 실행된다면 한국의 기업들은 내재가치 이상 평가받기 어렵다. 이것 또한 협의의 코리아 디스카운트를 초래하는 원인 중 하나에 해당한다.

- 외국인에 대한 한국인의 이중 기준은 광의의 코리아 디스카운트의 또 다른 원천이다. 한국인들은 미국, 독일, 프랑스 등 부유한 나라에서 온 외국인들을 과도하게 존중하는 경향이 있는 반면 파키스탄, 베트남, 필리핀과 같은 가난한 나라에서 온 외국인들을 지나치게 무시하는 경향이 있다. 이것은 한국인의 무의식의 관점에서 설명될 수 있다. 강한 자에게 비굴하고 약한 자에게 가혹했던 과거의 수많은 경험들이 우리의 무의식에 깊이 각인되어 있다. 외국인에 대한 이중 기준은 이런 무의식의 발현일 뿐이다. 예를 들어 헐리우드의 유명한 영화배우들이 한국을 방문할 때마다 그들은 한국 팬들의 예상치 않은 성대한 환대에 놀란다. 한국인들의 이런 태도는 부유한 나라에서 온 일반 관광객들에게도 그대로 적용된다. 한편 대부분의 한국인들은 가난한 나라에서 온 사람들, 특히 한국에서 일하는 근로자들을 인격적으로 무시하고 착취하는 데 익숙하다. 이런 이중 기준이 우리의 행동을 지배하는 한 코리아 디스카운트의 불명예를 극복하기 어렵다.

한국은 오랫동안 가난한 나라였다. 대부분의 한국인들은 생활필수품이 부족한 가운데 일상생활을 영위해 왔다. 따라서 가난은 가능하면 잊

어버리거나 무시되어야 할 일종의 결함으로 한국인들의 무의식에 각인되었다. 다른 한편 고조선 시대의 진취적인 기상이 점차 사라지게 되면서 고대 중국-예컨대 송宋이나 명明-에 아부하는 사람들이 고려시대 말 이래 조선시대에도 파워엘리트로 등장했다. 그들은 사대주의가 한국의 주권을 유지하는 최상의 외교적 방법이라고 주장했지만, 실제 그들의 의도는 잃어버린 고조선의 영토를 회복하려는 진취적인 움직임이라면 무엇이든지 억압함으로써 기득권을 유지하는 것이었다.

그런데 한국사회에서 사대주의라는 용어는 항상 혼란을 유발해 왔기에 이 용어의 의미를 분명히 할 필요가 있다. 여기서 사대주의란 '사회적인 편익을 희생하면서 오직 개인적인 편익을 확보할 목적으로 국내외의 강력한 세력에게 일방적으로 편향되어 있는 행동패턴이나 사고방식'을 말한다. 이런 관점에서 보면 과거부터 지금까지 한국사회에는 온갖 종류의 사대주의적 발상이 끊이지 않고 이어져 왔다. 조선시대의 파워엘리트들은 일반대중을 위해서가 아니라 자신들의 기득권을 위해 중국에 아부했다는 의미에서 사대주의의 전형을 보여주었다. 제국주의 일본에 적극적으로 협력했던 사람들은 일반대중을 위해서가 아니라 오직 자신과 가문의 번영을 위해 그렇게 행동했던 것이다.

북한에서 김일성을 도와 공산주의 체제를 수립했던 사람들, 그리고 과거 한국의 전직 대통령을 열광적으로 지지했던 사람들에게도 마찬가지 논리가 적용될 수 있다. 이들에 대해 비판적으로 말할 수 있는 이유는 이들이 일반대중의 복지를 위해서가 아니라 자신들의 복지를 위해 그렇게 행동했다는 객관적인 증거가 많이 남아 있기 때문이다. 이런 의미에서 사대주의는 한국사회에 만연한 병리현상이다. 이것은 강한 자에게 비굴하고 약한 자에게 가혹했던 굴절된 우리의 사고방식을 반영한 것이므로 코리아 프리미엄을 실현하기 위해서는 반드시 극복해야 할 대상이다.

• 적지 않은 한국인들이 다른 사람들 앞에서 체면을 유지하려고 결사적으로 노력하는데, 이것 또한 형식주의의 극단적인 표현이다. 이것은 명예를 존중하는 것과는 전혀 다름에도 불구하고 한국인들은 이 둘을 혼동하고 있다. 정확하게 말해 대부분의 한국인들은 명예의 진정한 의미에 대해 잘 모른다. 그 이유는 명예의 진정한 의미에 대해 배울 기회가 없었기 때문이다. 무엇보다도 명예는 다른 사람들의 혜택을 위해 개인적인 이익을 희생하고자 하는 자발적인 의지와 관련되어 있다. 명예의 의미를 이해하는 사람이라면 자신의 자유의지에 근거해 행동하게 되어 있다. 반면 체면을 유지하는 데 급급한 사람은 다른 사람들이 자신을 어떻게 평가하는가를 지나치게 의식하는 경향이 있다. 이들에게 중요한 것은 다른 사람들의 반응이지 자신의 자유의지가 아니다.

　이 두 가지 태도 사이에는 커다란 차이가 있다. 예를 들어 과거 몇몇 재벌총수들이 몇 천억 원을 사회에 기부하겠다고 발표했지만, 이것을 명예로운 행동으로 간주하는 사람은 없었다. 왜냐하면 그들은 임박한 법적 처벌을 경감하기 위해 마지못해 그렇게 결정한 것이지 자유의지를 따른 것이 아니기 때문이다. 그들의 기부행위는 미국의 빌 게이츠나 워런 버핏의 기부행위와는 근본적으로 다르다. 그들에게는 단지 체면을 유지하는 것이 문제일 뿐이다. 그런데 진짜 문제는 이런 성향이 그들에게 국한된 것이 아니고, 일반대중의 의식에도 깊이 스며들었다는 점이다. 이런 이유로 한국사회에서는 노블레스 오블리주 정신이 자라나기 어렵다. 이것은 광의의 코리아 디스카운트의 또 다른 원천이다.

• 오늘날 대부분의 한국인들은 전통적인 명절인 추석이나 설날을 제외하고는 전통의상을 입지 않는다. 정확하게 언제부터 한국인들이 전통의상보다는 서구식 의상을 선호하게 되었는지 불확실하지만, 일제시대 때부터일 것으로 추정된다. 왜냐하면 일본인들은 메이지유신 이후 서구 문물을 적극적으로 받아들이면서 서구식 의상에 열광적이었기 때문이다.[142] 일제시대에 서구식 의상에 익숙해진 후 대부분의 한국인들은 서구식 의상을 입는 것을 일상생활에서 하나의 관습으로 받아들이기 시작했다. 물론 거기에는 서구식 의상이 제공하는 편리함과 다양성이 한국인들에게 어필했다는 점도 크게 작용했다.

오늘날 한국인들이 서구식 의상을 즐겨 입는 것 자체는 특별히 문제가 되지 않는다. 마치 필요에 의해 영어를 배우고 사용하는 것이나 근본적으로 다르지 않기 때문이다. 그렇지만 한국인들이 서구식 의상에 비해 전통의상을 열등한 것으로 취급한다면 문제가 달라진다. 예를 들어 한국의 전직 대통령들은 대부분 다른 나라의 정치지도자들을 만나는 경우 한복을 입는 경우가 거의 없었다. 반면 우리보다 덜 개발되었다고 간주되는 아프리카나 아시아 여러 나라의 정치지도자들은 동일한 상황에서 대부분 자신들의 전통의상을 입는 것을 선호했다. 필자는 한국의 전직 대통령들이 무의식적으로 우리의 전통의상을 열등한 것으로 여기지

---

142 아시아에서 일본이 왜 최초로 서구식 의상에 대해 열광적인 나라가 되었는지에 대해서는 니얼 퍼거슨(2011) 5장을 참조하라.

않았나 의구심이 든다. 우리의 고유한 전통을 경시하는 것은 광의의 코리아 디스카운트를 초래하는 원인으로 작용할 수 있다.

- 한국인들은 스스로 노래와 춤을 사랑하는 민족이라고 평가해 왔다. 과거 우리 조상들은 수확기의 축제 기간 중 노래와 춤을 추며 즐겼는데, 이것이 우리의 문화적 전통이 되었다. 시중에 있는 수많은 단란주점이나 노래방들은 이런 전통의 변형된 형태에 해당한다. 전 세계에서 한국인들보다 노래 부르는 것을 더 좋아하는 민족을 찾아보기 어렵다. 그런데 한 가지 기이한 현상은 대부분의 한국인들은 '창'과 '판소리' 같은 전통적인 성악, 그리고 옛 악기들을 사용하는 전통적인 음악인 국악에 대해 거의 관심이 없다는 사실이다. 만약 전통음악이 한국인들의 정서를 반영하고 있다면 여전히 대중적으로 인기가 있어야 정상이다. 그러나 현실은 정반대다. 소수의 사람들만이 전통음악을 듣고 싶어하는 반면, 많은 사람들이 서구의 고전음악과 미국의 대중음악에 열광하고 있다. 언제부터, 어떻게 이런 극단적인 현상이 발생했는지 정확하게 알 수는 없지만, 한국인 특유의 군집행동이 이런 현상을 초래한 원인인 것으로 추정된다. 더 많은 사람들이 외국의 대중음악을 좋아할수록 상대적으로 더 적은 사람들만이 전통음악에 관심을 보인다. 한국인들은 대부분 다수의 편에 서는 것을 좋아한다. 그렇지 않으면 소외될까 두렵기 때문이다. 또한 한국의 전통음악은 이제 더 이상 한국인의 정서를 반영하지 못하고 있는지도 모른다.

전통음악과 민속음악은 모든 문화에서 핵심적인 요소이다. 만약 시대가 달라지면서 이런 음악 장르가 대중의 관심을 받지 못하게 된다면, 그런 문화는 결국 정체성을 상실할 가능성이 크다. 일반대중이 다양한 외국음악을 즐기고 있더라도, 대부분의 문화에서는 자신의 전통음악이 여전히 핵심적인 부분으로 남아 있다. 이런 사례를 아프리카, 라틴 아메리카 그리고 유럽의 여러 나라들에서 발견할 수 있다. 그들의 경우와는 달리 우리의 전통음악이 계속 무시당한다면, 이것은 광의의 코리아 디스카운트의 또 다른 원천으로 작용할 수 있다.

- 외국에서 유래한 좋은 것이 한국에 도입된 이후 나쁜 것으로 변질되는 현상이 빈번하게 발생한다면, 이것은 광의의 코리아 디스카운트의 또 다른 원천이 될 수 있다. 예를 들어 많은 한국인들이 열광하고 있는 골프 게임을 생각해 보자. 골프 게임은 어떤 상황에서도 경기자는 규칙을 지켜야 하며 또한 동반 경기자들이 편안하게 경기할 수 있도록 노력해야 한다는 의미에서 신사의 게임이다. 그리고 축구, 럭비 및 미식축구와 같은 스포츠와는 달리 경기자들 간 신체적 접촉이 없다. 또한 프로 골퍼가 아니라면 다른 골퍼의 스코어에 크게 신경 쓸 필요가 없다. 이런 저런 이유로 골프 게임 자체는 매력적이다.

한국은 골퍼들의 숫자 그리고 골프클럽, 골프공 및 다른 골프 장비들의 시장 규모 면에서 이미 선진국이다. 그런데 한국은 골퍼들의 에티켓과 게임의 규칙에 관한 지식 면에서는 후진국에 속한다. 한국에는 수백 만의 아마추어 골퍼가 있지만 경기를 하는 동안 다른 골퍼들을 배려하는 사람들은 극소수다. 그리고 많은 골퍼들은 종종 게임의 규칙을 위반하는 것을 당연하게 받아들인다. 또한 한국사회에서 대부분의 골퍼들은 내기하는 것을 좋아하는데, 그 이유는 내기에 이김으로써 자신의 우월감을 확인하기 위해서다. 게임에 몰두하기 위한 수단으로 작은 규모의 내기는 어느 사회에서든 충분히 용인될 수 있지만, 한국에서는 외국인의 관점에서는 상상하기 어려울 정도로 크게 내기를 하기 때문에 문제다. 많은 한국인들에게 골프 게임은 다른 동반 경기자들에게 자신의 우월함을 자랑하는 비용이 많이 드는 게임, 그 이상도 이하도 아니다. 신사도를 추구하는 게임이 한국에서는 이런 수준의 게임으로 전락한 것이다. 이와 같이 좋은 것이 나쁘게 변질되는 한국의 풍토는 광의의 코리아 디스카운트의 원천이 될 수 있다.

• 종교에 대한 한국인들의 태도에서 광의의 코리아 디스카운트를 초래할 수 있는 또 다른 원천을 발견할 수 있다. 이것은 한국인들의 극단적인 쏠림 현상, 즉 군집행동과 관련이 있다. 한국인들은 어떤 의미에서는 매우 종교적이다. 많은 사람들이 정기적으로 교회나 절의 행사에 참석하고 있다는 사실이 이를 뒷받침한다. 문제는 그들의 믿음이 영성의 심층적 수준으로 고양高揚되지 않고, 오직 복을 바라는 표층적 수준에 머물고 있다는 점이다. 여기서 종교의 표층적 수준이란 오로지 자신과 가족 및 후손들의 건강, 그리고 물질적 풍요를 위해 축복을 내려 주기를 고대하면서 종교를 믿는 것을 말한다. 그들은 세속적인 관점에서 다른 사람들보다 더 행복해지기 위해 종교를 믿는다. 그들은 영적 각성覺性에는 별 관심이 없는 반면, 건강과 행복에는 큰 관심을 가지고 있다. 이런 의미에서 그들은 오히려 물질적인 가치에 더 큰 의미를 부여하고 있는 셈이다. 종교적 믿음으로 포장되어 있지만, 그들의 행위는 본질적으로 위선적이다.

신약성서의 핵심 개념 중 하나는 그리스어로 '메타노이아metanoia'라고 한다. 이것은 영적 변환 내지 의식 전환을 의미한다. 예수 그리스도가 진실로 사람들에게 촉구했던 것은 바로 이것으로 추정된다. 그런데 이런 의식 전환은 사람들이 종교의 심층적 차원을 제대로 이해하는 경우에만 가능하다. 사람들이 표층적 차원에 머물러 있는 한 결코 심층적 차원을 이해할 수 없으며, 메타노이아를 실현하는 것은 불가능하다. 한국사회에서 사람들은 다른 교회들보다 더 많은 축복을 준다고 소문난 교회로 몰려가는 경향이 있다. 이런 이유로 세계에서 가장 큰 교회가 한국에 존재하는 것이다. 이것 또한 군집행동의 사례에 해당한다. 필자는 이런 행동이 광의의 코리아 디스카운트의 또 다른 원천이라고 생각한다. 왜냐하면 이것은 사람들이 종교적 믿음의 영역에서조차 깊이 생각하지 않는다는 것을 보여주는 증거이기 때문이다. 깊이 생각하지 않는 사람들은 다른 나라 사람들로부터 존경을 받기 어렵다.

지금까지 구체적인 사례를 통해 코리아 디스카운트를 초래하는 여러 가지 원천들을 살펴보았다. 이런 사례들을 통해 우리가 얻어야 하는 교훈은 우리 자신의 고유한 가치를 회복하고 외국인들로부터 존중받기 위해서는 우리의 의식 수준을 높여야 한다는 것이다. 물론 이것이 상투적인 표현으로 보일 수도 있다. 그렇지만 여기에 중요한 메시지가 포함되어 있다. 우리가 글로벌 시대에 무엇인가 기여하기 위해서는 더 이상 우리만의 기준에 입각해서 행동해서는 안 된다. 우리는 이제 한국이라는 국지적인 한계를 극복해야 한다. 이것은 글로벌 시대에 적합한 이성적인 사고로 무장해야 한다는 것을 의미한다. 우리의 의식 수준을 낮추는 물질만능주의, 형식주의, 가족주의 등 오래된 문제들을 해결할 수 있는 유일한 방법은 이성이 지배하는 사회를 만드는 것이다.

3. 코리아 디스카운트를 넘어 코리아 프리미엄으로

한국인들 대부분은 재벌이 공급하는 재화와 서비스 없는 일상생활은 생각조차 할 수 없는 사회에서 살고 있다. 우리는 재벌 산하 건설회사가 지은 아파트에서 살고 있고, 재벌 계열사가 만든 자동차를 운전하며, 재벌 계열사인 전자회사와 이동통신회사가 제공하는 인터넷 서비스와 스마트폰을 사용하고 있다. 또한 우리는 재벌이 소유한 할인점에서 생활필수품을 구입하고, 재벌 계열사인 백화점에서 상품을 쇼핑하는 데 익숙해 있다. 이외에도 재벌에 의해 공급되는 재화와 서비스는 일일이 거론하기조차 힘들다. 우리는 일상생활의 모든 면에서 점점 더 재벌에 의존하고 있다. 물론 일반대중에게 좋은 품질의 다양한 상품을 공급해 준 것도 재벌 산하의 대기업들이다. 이들이 규모의 경제를 이용해 좋은 품질의 상품을 저렴한 가격에 공급해 주는 것은 일반대중의 경제적 복지에 크게 기여한 부분이다. 재벌을 비난한다고 해서 그들이 잘한 것마저 매도하는 것은 객관적이고 공정한 태도가 아니다.

그런데 문제는 소수의 재벌이 우리 일상생활의 거의 모든 분야를 독과점하고 있다는 것이다. 이런 독과점 상태가 점점 더 강화되면, 일반대중뿐만 아니라 궁극적으로는 재벌 자신도 위태로워진다. 이들은 국내에서는 독과점적인 지위를 누리고 있지만 글로벌 차원에서는 치열한 경쟁 상태에 있는데, 최근의 금융위기를 통해 확인했듯이 글로벌 경기침체가 장기화되는 가운데 글로벌 차원에서 경쟁력을 잃게 되면 재벌만 위태로워지는 것이 아니라 한국경제 전체가 위태로워지는 것이다. 재벌로의 경제력 집중은 우리 스스로 보험 기회를 박탈하는 것과 마찬가지다. 경제력의 분산은 글로벌 차원에서 리스크에 대비하는 유일한 방법이다. 한국경제는 재벌로 인해 이런 가능성을 박탈당하고 있는 셈이다. 이것은 다른 나라에서는 찾아보기 어려운 현상이다.

재벌 문제에 관해 논의하는 경우 관련된 모든 이해당사자들이 동시에 고려되어야 한다. 여기에는 정치인, 관료, 피고용자, 임원, 은행가, 하청업체 그리고 소비자 들도 포함된다. 한국사회 거의 모든 계층의 사람들이 직간접적으로 재벌과 연관되어 있기 때문이다. 이들의 물질적 생활뿐만 아니라 의식 수준 또한 재벌의 압도적인 경제력에 의해 크게 영향받아 왔다. 따라서 한국사회 대부분의 쟁점들은 이런 일방적인 관계의 결과라 볼 수 있다. 그런데 진짜 문제는 한국사회에 재벌에 대해 '대항력 있는 세력countervailing power'이 존재하지 않는다는 점이다. 왜냐하면 오늘날 대부분의 파워엘리트와 사회지도층이 재벌에 의해 포획되어 있기 때문이다. 이로 인해 가장 우려되는 일은 재벌로 인해 한국인들의 보편적인 의식 수준이 하락하는 것이다. 한국사회에 만연한 배금주의와 외모지상주의는 재벌의 지배와 밀접하게 관련되어 있다. 재벌총수와 그 일가 그리고 추종자들은 일반대중이 이런 생각에 사로잡혀 있을 때 그들의 영향력을 극대화할 수 있다고 믿기 때문이다. 이로 인해 물질적 풍요와 정신적 성숙 간의 불균형이 심화되고 있다. 이런 불균형을 극복하는 것이 코리아 프리미엄의 과제다.

코리아 디스카운트는 단지 증권시장에서의 재벌의 반사회적인 행동에만 국한되지 않으며, 우리의 전반적인 의식 수준과 밀접하게 관련되어 있다는 점을 깊이 인식해야 한다. 그리고 재벌은 우리의 의식 수준을 상승시키는 문제와도 밀접하게 관련되어 있다는 사실을 이해하는 것이 한국사회를 선진사회로 만드는 데 중요하다. 만약 각계각층의 사람들이 동시에 사고방식을 바꾼다면 재벌이라도 이런 사회적 변화를 무시하지 못할 것이다. 많은 지식인과 전문가들이 재벌을 개혁할 수 있는 제도와 법에 대해 논의하고 있으며 정치권에서 가장 뜨거운 쟁점은 재벌을 개혁하는 것이다. 그렇지만 냉혹한 현실을 고려한다면 실제로 큰 변화를 기대하기 어렵다.

재벌의 과거사를 되돌아보면 재벌개혁이 쉽지 않다는 것을 알 수 있다. 필자는 재벌개혁 자체를 반대하는 것이 아니라, 효과적으로 달성할 수 있는 방법이 중요하다는 점을 강조하려는 것이다. 앞에서도 언급했듯이 재벌이 한국사회 모든 문제의 원천이라고 비난하는 것은 좋은 전략이 아니다. 한국사회의 파워엘리트와 사회지도층은 현재의 재벌을 만든 데 상당 부분 책임이 있으므로, 그들 또한 잘못을 인정하고 국민들에게 진심으로 사과해야 한다. 그러고 나서 그들은 한국사회를 위해 재벌이 해야 할 일을 설득하는 작업을 시도해야 한다. 이들 간에 모종의 공감대가 형성된 이후 관련된 법과 제도를 정비해야 한다. 따라서 최상의 전략은 재벌총수와 그 일가의 죄의식을 경감시켜 줌으로써 그들에게 한국사회의 선진화를 위해 기여할 수 있는 기회를 제공하는 것이다.

누구도 어떤 이유로든 다른 사람들에 의해 저평가되기를 원치 않는다. 이 점은 개인이나 기업뿐만이 아니라 나라의 경우도 마찬가지다. 한 나라가 부당한 이유로 계속 저평가되는 상황은 반드시 바로잡아야 한다. 만약 이런 부당한 저평가를 바로잡기 위해 노력하지 않는다면 그 나라는 주권을 가진 독립국가라 하기 어렵다. 한국은 오랫동안 외국인들로부터 부당한 평가를 받아 왔고, 지금이 이것을 바로잡을 시점이다. 그런데 코리아 디스카운트의 근본 원인은 외국인들이 아니라 우리 자신이 제공했다는 사실을 유념해야 한다. 나아가 코리아 디스카운트를 극복하는 궁극적인 방법은 물질적 풍요와 정신적 성숙 간의 조화와 균형을 회복하는 것임을 명심해야 한다. 이를 위한 전제조건들 중 하나는 모든 사람들에게 적용되는 공통의 기준으로서 사회규범을 확립하는 것이다. 그런 후 다음 과제는 일정 수준 이상으로 우리의 의식 수준을 높이는 것이다. 의식 수준의 상승과 건전한 사회규범의 확립은 상보적이다. 그래서 이 두 가지를 동시에 추구해야 하는 것이다.

필자는 이런 관점에서 지금이 재벌과 그 주변 세력들이 한국사회의 선진화에 기여할 수 있는 절호의 기회라고 생각한다.[143] 왜냐하면 재벌이 가진 막강한 경제력을 감안할 때 그들만이 진정한 변화를 선도할 수 있는 힘을 가진 주체이기 때문이다. 지금까지 재벌은 한국사회 전반에 걸쳐 많은 문제를 야기한 주체였다. 그렇지만 그들이 한국사회 전반의 의식 수준을 향상시킬 수 있는 구체적인 프로그램을 실행한다면, 그동안의 과오를 모두 해소할 수 있다. 물질적 풍요와 정신적 성숙의 조화

---

143 최윤식(2013)이 예측했듯이 조만간 한국이 과거 일본과 같이 '잃어버린 10년'이라는 함정에 빠진다면 더 이상 재벌이 기여할 수 있는 기회는 없을 것이다. 그러나 '잃어버린 10년'을 예방하는 데 재벌이 기여한다면 이는 재벌뿐만이 아니라 한국의 미래를 위해 최선이다. 이를 위한 선결과제는 재벌총수를 비롯한 핵심 인사들의 의식 수준이 상승하는 것이다.

를 달성하는 데 그들이 선두에 선다면 코리아 프리미엄을 실현하는 것이 불가능한 일은 아니다. 그러면 우리의 굴곡 많은 오랜 역사에서 최초로 코리아 프리미엄의 새로운 시대가 열릴 수 있다. 이것은 우리가 후손들을 위해서만이 아니라, 인류의 번영을 갈망하는 모든 사람들을 위해서도 반드시 성취해야 하는 과제다. 우리는 진정 역사의 기로에 서 있다. 우리가 앞으로 나아갈지 뒤로 물러설지 여부는 전적으로 우리의 결심에 달려 있다.

■ 참고문헌

곽정수,『재벌들의 밥그릇』, 홍익출판사, 2012
그렉 브라진스키,『대한민국 만들기, 1945~1987』, 나종남 옮김, 책과함께, 2011
김상조,『종횡무진 한국경제』, 오마이북, 2012
김상태,『한국 고대사와 그 역적들』, 책보세, 2013
김인준 외,『외환위기 10년, 한국금융의 변화와 전망』, 서울대학교 출판부, 2008
노스코트 파킨슨,『동양과 서양』, 김영사, 2011
니얼 퍼거슨,『시빌라이제이션』, 구세희 외 옮김, 21세기북스, 2011
니얼 퍼거슨,『금융의 지배』, 김선영 옮김, 민음사, 2010
니얼 퍼거슨,『위대한 퇴보』, 구세희 옮김, 21세기북스, 2013
데이비드 봄,『창조적 대화론』, 강혜정 옮김, 에이지21, 2011
데이비드 호킨스,『의식혁명』, 백영미 옮김, 판미동, 2011
데이비드 호킨스,『놓아버림』, 박찬준 옮김, 판미동, 2013
레베카 코스타,『지금, 경계선에서』, 장세현 옮김, 쌤앤파커스, 2011
마이클 샌델,『정의란 무엇인가』, 김영사, 2010
박상인,『벌거벗은 재벌님』, 창해, 2012
박창기,『혁신하라 한국경제』, 창비, 2012
브루스 커밍스,『브루스 커밍스의 한국현대사』, 김동노 외 옮김, 창비, 2001
성삼제,『고조선, 사라진 역사』, 동아일보사, 2012

송희영, 『절벽에 선 한국경제』, 21세기북스, 2013
스튜어트 랜슬리, 『우리를 위한 경제학은 없다』, 조윤정 옮김, 비지니스북스, 2012
신채호, 『조선상고사』, 박기봉 옮김, 비봉출판사, 2006
윤내현, 『우리 고대사: 상상에서 현실로』, 지식산업사, 2014
윤내현, 『고조선 연구』, 일지사, 1995
윤내현, 『사료로 보는 우리 고대사』, 지식산업사, 2007
이규태, 『한국인의 의식구조 1-4』, 신원출판사, 1983
이덕일 외, 『고조선은 대륙의 지배자였다』, 역사의 아침, 2006
이병천, 『한국경제론의 충돌』, 후마니타스, 2012
이영환·김홍범, 『과학에서 규범으로』, 율곡출판사, 2011
이정전, 『시장은 정의로운가』, 김영사, 2012
이주환, 『한국사가 죽어야 나라가 산다』, 역사의 아침, 2013
이철환, 『숫자로 보는 한국의 자본시장』, BRAINstore, 2011
이한구, 『한국 재벌사』, 대명출판사, 2010
임마누엘 페스트라이쉬, 『세계의 석학들, 한국의 미래를 말하다』, 다산북스, 2012
임마누엘 페스트라이쉬, 『한국인만 모르는 다른 대한민국』, 21세기북스, 2013
정운찬 외, 『외환위기 10년, 한국사회 얼마나 달라졌나』, 서울대학교 출판부, 2009
조지프 스티글리츠, 『불평등의 대가』, 이순희 옮김, 열린책들, 2013
주영하 외, 『한국인의 문화유전자』, 아모르문디, 2012
칼 융, 『인간과 상징』, 이윤기 옮김, 열린책들, 2012
프랜시스 후쿠야마, 『트러스트』, 구승회 옮김, 한국경제신문사, 1996
피터 드러커, 『기업가정신』, 이재규 옮김, 한국경제신문사, 2004
피터 번스타인, 『리스크』, 안진환 옮김, 한국경제신문사, 2010
피터 언더우드, 『퍼스트 무버』, 황금사자, 2012
한국은행, 『2011년 기업경영분석』, 한국은행, 2012

함석헌, 『뜻으로 본 한국역사』, 한길사, 2003

홍사중, 『한국인, 가치관은 있는가』, 사계절, 1998

홍익희, 『유대인 이야기』, 행성:B잎새, 2013

Eichengreen, Barry et al., *From Miracle to Maturity*, Harvard University Press, 2012

Grant, Ruth W., *Strings Attached*, Princeton University Press, 2012

Jon Elster, *Reason and Rationality*, Princeton University Press, 2009

Lee, Young-hwan and Joseph Schouweiler, *Rising Korean Potential, Declining American Privilege*, Jiphil Media, 2012

Stiglitz., Joseph E., *Globalization and its Discontents*, W.W. Norton & Company, 2002

Tudor, Daniel, *Korea: The Impossible Country*, Tuttle Publishing, 2012